大国经济研究

LARGE COUNTRY ECONOMY RESEARCH

2018
（第十辑）

大国发展经济学的逻辑体系／欧阳峣

大国如何出口：国际经验与中国贸易模式回归／易先忠 欧阳峣

中国的大国经济发展道路及其世界意义／欧阳峣

发展中大国提升全要素生产率的关键／袁礼 欧阳峣

重新审视大国工业化运行机制／霍斯特·汉思奇

后发大国怎样培育国家创新／欧阳峣 刘霞辉 黄先海 金邓建

欧阳峣 主编

中国财经出版传媒集团
经济科学出版社
Economic Science Press

图书在版编目（CIP）数据

大国经济研究. 2018 年/欧阳峣主编. —北京：经济科学出版社，2018.11

ISBN 978-7-5218-0090-6

Ⅰ.①大… Ⅱ.①欧… Ⅲ.①世界经济—经济发展—研究 Ⅳ.①F113.4

中国版本图书馆 CIP 数据核字（2018）第 289484 号

责任编辑：范　莹
责任校对：刘　昕
责任印制：李　鹏

大国经济研究 2018（第十辑）
欧阳峣　主编
经济科学出版社出版、发行　新华书店经销
社址：北京市海淀区阜成路甲 28 号　邮编：100142
总编部电话：010-88191217　发行部电话：010-88191522
网址：www.esp.com.cn
电子邮箱：esp@esp.com.cn
天猫网店：经济科学出版社旗舰店
网址：http://jjkxcbs.tmall.com
北京季蜂印刷有限公司印装
787×1092　16 开　15.5 印张　290000 字
2018 年 12 月第 1 版　2018 年 12 月第 1 次印刷
ISBN 978-7-5218-0090-6　定价：58.00 元
（图书出现印装问题，本社负责调换。电话：010-88191510）
（版权所有　侵权必究　打击盗版　举报热线：010-88191661
QQ：2242791300　营销中心电话：010-88191537
电子邮箱：dbts@esp.com.cn）

学术指导委员会

主　任
　　张卓元　　　　　　　　　　　　中国社会科学院

委　员
　　裴长洪　　　　　　　　　　　　中国社会科学院
　　魏后凯　　　　　　　　　　　　中国社会科学院
　　刘尚希　　　　　　　　　　　　财政部财科研究所
　　刘　伟　　　　　　　　　　　　北京大学
　　蔡继明　　　　　　　　　　　　清华大学
　　杨瑞龙　　　　　　　　　　　　中国人民大学
　　李晓西　　　　　　　　　　　　北京师范大学
　　万广华　　　　　　　　　　　　复旦大学
　　庄宗明　　　　　　　　　　　　厦门大学
　　Dwight H. Perkins　　　　　　　哈佛大学
　　Scott Rozelle　　　　　　　　　 斯坦福大学
　　Nicholas C. Hope　　　　　　　 斯坦福大学
　　Tao Zha　　　　　　　　　　　 埃默里大学
　　Richard Nelson　　　　　　　　哥伦比亚大学
　　Barbara Harriss – White　　　 牛津大学
　　Dmitry Sorokin　　　　　　　　俄罗斯科学院
　　Santosh C. Panda　　　　　　　德里大学
　　Marcos Cordeiopires　　　　　 圣保罗大学
　　Heinz Dieterich　　　　　　　　墨西哥城市大学

前　　言

经济学发展历史表明，经济理论的重要程度往往取决于被解释现象的重要程度。中国的崛起被称为"东亚奇迹"，"金砖国家"的崛起已成为"世界奇迹"，这说明大国经济现象的重要程度是毋庸置疑的。如果将典型大国经济发展现实和经验的研究提升为普遍性的理论体系和知识体系，那么，中国经济学就有可能掌握国际话语权。

一般地说，掌握国际话语权应该具备三个条件：一是研究的对象具有典型意义，被解释的现象不仅对某个国家的发展具有重要意义，而且对世界的发展具有重要意义；二是取得的成果具有创新价值，在学术上有重要发现，乃至创造出新的科学理论和知识体系；三是交流的手段具有国际性，研究方法符合国际规范，可以在世界范围交流和传播。

在大国经济研究领域，第一个条件是已经给定的，因为大国经济发展具有世界意义。关键是要在第二个条件和第三个条件上下功夫。要通过创造性的思维和研究，深刻把握大国经济的特征和发展规律，构建大国经济的理论体系和知识体系，追求深层次的学术创新和理论突破；要使用国际化的交流手段，运用规范的研究方法和逻辑思维开展研究，从中国与世界关系的角度来看待大国经济问题，并向世界传播大国经济理论和知识体系，从而使大国经济理论具有世界意义和国际影响力。我们将致力于探索超大规模国家经济发展的特征和规律，进而构建大国经济理论体系和知识体系。

我们拥有这样的梦想，并且在集聚追求梦想的力量。我们期望这个梦想成为现实，并用行动构建中国风格的经济学话语体系，为中国经济学走向世界做出积极的贡献。

欧阳峣

目　　录

大国经济理论 …………………………………………………………………… 1

大国发展经济学的逻辑体系/欧阳峣 ……………………………………………… 3
大国经济发展优势的形成机理及实证研究
　　——基于中国1979~2012年发展数据/李坚飞　欧阳峣 ………………… 16
内需压力、经济规模与中国出口的可持续增长/高凌云 ………………………… 31
大国如何出口：国际经验与中国贸易模式回归/易先忠　欧阳峣 ……………… 51
发展中大国的农业规模经营与农业发展/罗富政 ………………………………… 74
重新审视大国工业化运行机制/霍斯特·汉思奇 ………………………………… 89

国别经济研究 …………………………………………………………………… 99

中国的大国经济发展道路及其世界意义/欧阳峣 ……………………………… 101
发展中大国提升全要素生产率的关键/袁礼　欧阳峣 ………………………… 121
后发大国的农业适度规模经营/欧阳峣 ………………………………………… 152
融入全球产品内分工为何不应脱离本土需求/易先忠　高凌云 ……………… 160
大国开放发展的中国经验/汤凌霄 ……………………………………………… 186
人力资本、国际分工新形态与全球失衡/蔡兴　肖翔 ………………………… 189

学术研究动态 …………………………………………………………………… 217

后发大国怎样培育国家创新优势/欧阳峣　刘霞辉　黄先海　金邓建 ……… 219
技术需求、创新优势和大国发展
　　——2017年大国经济论坛观点综述/罗富政 ………………………… 225

中国经济学界的学术标杆
——我眼中的《经济研究》杂志/欧阳峣 …………………………………… 229
国家自然科学基金项目成果简介 ……………………………………………… 234

Contents

Large Country's Economy

    Logical System of Development Economics of Large Countries ...... Ouyang Yao (3)

    The Mechanism and Empirical Research of The Advantages of Economic Development in Big Countries .... Li Jianfei, Ouyang Yao (16)

    Domestic Demand Pressure, Economic Scale and Sustainable Growth of China's Exports .... Gao Lingfei (31)

    How Do Large Economies Export: International Experience and Reconstructing of China's Export Model .... Yi Xianzhong, Ouyang Yao (51)

    Agricultural Scale Management and Agricultural Development in Developing Large Countries .... Luo Fuzheng (74)

    The Operation Mechanism of Large Country's Industrialization Revisited .... Horst Hanusch (89)

Research on National Varieties

    Large Countries' Economic Development Path and Its World Significance in China .... Ouyang Yao (101)

    The Key of the Large Developing Countries to Promote Total Factor Productivity .... Yuan Li, Ouyang Yao (121)

    Moderate Scale Management of Agriculture in Later Developing Large Countries .... Ouyang Yao (152)

    Can Participating in Global Intra - Product Specialization Deviate from Domestic Demand .... Yi Xianzhong, Gao Linyun (160)

    China's Experience in the Open Development of Large Countries .... Tan Linxiao (186)

    Human Capital, New International Division and Global Imbalance .... Cai Xing, Xiao Xiang (189)

Academic Research Trends

How to Cultivate National Innovation Advantage for Later Developing Large
Countries ·············· Ouyang Yao, Liu Xiahui, Huang Xianhai, Jin Dengjian (219)

Technological Needs, Innovative Advantages and Development of Large
Countries ·· Luo Fuzheng (225)

Academic Benchmarking in China's Economic Circles ·············· Ouyang Yao (229)

A Brief Introduction to the Project Achievements of the National Natural
Science Foundation of China ·· (234)

大国经济理论

大国发展经济学的逻辑体系*

欧阳峣**

摘　要　发展中大国是指人口数量、国土面积和市场潜力大，但劳动生产率和国民人均收入较低、二元经济结构明显的国家；大国经济的核心问题是规模问题，发展中国家经济的核心问题是结构问题，发展中大国经济的基本问题是规模和结构问题；从要素规模到供需均衡机制形成大国内生能力原理，从多元结构到要素耦合机制形成大国综合优势原理；基于发展中大国的基本特征和重要原理，在经济发展实践中应该选择内生发展、稳定发展、协调发展和创新发展战略。

关键词　大国发展经济学；逻辑结构；理论体系

发展经济学是研究发展中国家从贫困走向富裕的理论，用更专业的语言表述，就是研究发展中国家通过工业化和结构转换而向发达国家演进的理论；遵循这样的逻辑，大国发展经济学就是研究发展中大国通过工业化和结构转换向发达国家演进的理论。张培刚教授在1989年提出"发展中大国应该成为发展经济学的重要研究对象"的命题，引发了学术界对发展中大国经济发展的经验性特点的探讨；进入21世纪以后，伴随着"金砖国家"的群体性崛起，大国经济问题成为学术界研究的热点。湖南师范大学大国经济研究团队，致力于大国经济发展理论的系统研究，专门探讨了发展中大国的概念及典型特征、大国经济的规模和结构问题、大国的内生能力和综合优势，以及基于内需的工业化、城市化和全球化战略，从而构建了大国发展经济学的逻辑体系。

一、研究对象：发展中大国及其特征

张培刚认为，发展中大国是指人口众多、幅员辽阔、资源丰富、历史悠久、人

---

* 本文原载于《湖南师范大学社会科学学报》2018年第6期。
** 欧阳峣，经济学教授，博士生导师，湖南师范大学副校长，大国经济研究中心主任。

均收入水平低下的发展中国家。沿着这种思路，可以对发展中大国的内涵和外延做出更加细致的分析：发展中大国是"发展中国家"和"大规模国家"的结合体，拥有"发展"和"规模"双重含义。所谓"大国"就是大规模的国家，它有两个初始条件，即人口规模庞大和国土规模庞大，由此出发推演出市场规模、产业规模和经济规模庞大；"发展中国家"的共同特点就是人均收入低和没有现代经济增长，但不同的发展中国家处在经济发展的不同阶段。由此，可以把"发展中大国"定义为：人口数量、国土面积和市场潜力大，劳动生产率和国民人均收入较低、二元经济结构明显的国家。通过建立包括人口总量、国土面积、国民收入和人类发展的评价指标体系，对发展中国家进行综合评价，我们遴选出中国、印度、俄罗斯、巴西、墨西哥、印度尼西亚、巴基斯坦、尼日利亚、埃及、埃塞俄比亚、伊朗、刚果（金）、南非为发展中大国，以这13个国家作为大国发展经济学的具体研究对象，收集数据和分析研究。在选择研究对象之后，还需要认识研究对象的特征和地位，从而理解研究的意义和价值。

认识研究对象的特征，应该从认识初始特征开始，然后深入到核心特征和典型特征。初始特征是人们可以观察到的原本的客观特征，它是认识客观事物及其规律的出发点。库兹涅茨（1971）把人口数量作为大国的初始特征，并把人口数量达到5000万人的国家称为"真正大国"；帕金斯和赛尔昆（1975）把人口规模和国土规模作为大国的初始特征，分析大国的人口和幅员对经济增长的影响。我们课题组确定的初始条件为：人口数量在5000万人以上，国土面积在80万平方公里以上。人口众多导致需求规模和人力资源规模庞大，幅员辽阔导致自然资源总量和区域差异巨大，这两个初始特征可以影响国家的经济规模和经济结构，进而影响到大国经济发展型式及其战略选择。从自然和社会的初始特征出发，可以演进到大国的经济特征：一是规模特征，即经济总量及要素规模、市场规模和产业规模大；二是内源特征，即主要依靠国内要素供给和市场需求，实现经济自主发展；三是多元特征，即大国内部存在要素禀赋差异，从而形成多层次的经济结构。[①] 同时，作为发展中大国，在大国经济中也具有特殊性：一是多元特征比发达大国更加突出，要素差异和区域差异更加明显。2012年中国不同区域的人均国内生产总值，东部、中部、西部地区分别为9376美元、5948美元和4640美元。二是劳动生产率较低。从2010年的人均国内生产总值看，属于发达国家的美国和德国分别为48374美元、41726美元；属于发展中大国的中国和印度分别为4515美元、1417美元。三是国民人均收入较低。根据2010

[①] 欧阳峣. 大国经济发展理论 [M]. 北京：中国人民大学出版社，2014：65.

年的数据,美国和德国分别为48950美元、44780美元;中国和印度分别为4300美元、1290美元。

在近现代世界经济史上,发展中大国与发达大国的经济权力和国际地位是不平等的,发展经济学家劳尔·普雷维什把这种关系描述为"中心—外围"关系,这个世界格局中属于"外围"的发展中国家,主要为属于"中心"的发达国家生产粮食和原材料。进入21世纪以后,随着新兴大国的群体性崛起,发展中大国对世界经济增长的贡献增大,在世界经济格局中的地位愈益重要。我们建立评价指标体系进行测度的结果,发展中国家的综合影响力从2001年的0.1449上升到2014年的0.1813,而且综合影响力的差异性在不断扩大,主要表现在发展中大国的国际影响力迅速增大,它们比其他发展中国家的国际地位相对更高。具体地说,一是自然影响力,我们遴选的13个发展中大国,拥有41亿人和5147万平方公里陆地面积,分别占全球57.7%、38.3%;二是经济影响力,这些国家2013年的国民生产总值为194382亿美元,占全球的25.67%,其中"金砖国家"对世界经济增长的贡献率已经超过50%;三是产业影响力,新兴大国的产业逐渐壮大和升级,特别是把高新技术产业列入战略性新兴产业,它们与主要发达经济体共同推进产业变革;四是区域影响力,中国和印度尼西亚、巴西和墨西哥、埃及和伊朗、印度和巴基斯坦、埃塞俄比亚和南非以及俄罗斯,均已经成为不同区域经济发展的领头羊;五是治理影响力,新兴大国致力于建立公平公正的国际经济秩序,增强制度性话语权,成为全球经济治理机制的重要建设者。①

经济学发展历史表明,经济理论的创新往往要求有两个基本条件:一是被解释对象的重要程度;二是被解释对象的普遍意义。当今世界的发展中大国已经具备这两个条件。首先是进入21世纪以后,发展中大国经济迅速崛起,在世界经济格局中的地位愈益重要,使大国经济现象令世人瞩目;其次是新兴大国经济的群体性崛起,表现出带有共性的大国效应,其中蕴含着大国经济发展的普遍规律。可见,研究发展中大国的经济发展,构建大国发展经济学理论,具有历史必然性和理论可行性。

二、逻辑起点:大国规模和结构问题

一种理论的创立,必须建立逻辑自治的理论体系,厘清内在的逻辑联系。为了构

---

① 欧阳峣,罗富政,罗会华. 发展中大国的界定、遴选及影响力评价[J]. 湖南师范大学社会科学学报,2016(6):5-14.

建大国发展经济学的逻辑体系，需要通过深入研究发展中大国的基本特征，准确把握大国经济的基本问题，并将这些基本特征和基本问题提炼为经济学范畴，从而明确理论演绎的逻辑起点。

前面已经描述了发展中大国的初始条件和典型特征。而大国经济的核心特征应该是规模特征，规模范畴是理解大国经济优势的钥匙。经济学家对大国规模优势的研究，可以追溯到现代经济学鼻祖亚当·斯密那里。首先，他在《国富论》中明确提出了市场规模问题，即"市场范围假说"，认为"分工起因于交换能力，分工的程度，因此总要受交换能力大小的限制，换言之，要受市场广狭的限制"。① 同时，他还描述了中国的市场规模及其大国效应："中国的幅员是那么广大，居民是那么多，气候是各种各样，因此各地方有各种各样的产物，各省间的水运交通，大部分又是极其便利，所以单单这个广大国内市场就够支持很大的制造业，并且容许很可观的分工程度"。② 可见，斯密从幅员和人口这两个初始条件出发，阐述了大国的市场规模或市场范围，进而分析了促进专业化分工和经济繁荣的大国效应。后来，西蒙·库兹涅茨专门探讨了"国家大小的影响"，提出"国家的大小也可能决定其合理的经济规模，从而形成国内的生产结构"。③ 霍利斯·钱纳里和莫伊斯·赛尔昆则从"规模效应"的视角分析了大国型式，认为大规模的最明显的效应，反映在生产型式上。与较闭锁、专业化程度较低的贸易格局相对应的，是较平衡、变动较小的国内生产型式。而且，由于大国一般采取内向发展政策，这对积累和资源配置的其他方面也将产生影响。德怀特·帕金斯和莫伊斯·赛尔昆在《发展经济学手册》中更加集中地阐述了大国的规模及其影响，他们认为：第一，国家规模对经济确实有重要影响，主要是人口规模而非地理规模对经济结构的影响；第二，大国庞大的市场使许多行业可以享有规模经济的好处，其资本和人力资源投入效率更高；第三，在分配方面，大国比小国的地区差更大，在其他方面大国比小国拥有更多的差异。总之，大国经济是一种具有国家规模优势的经济，规模优势是大国经济的核心优势。

如果说经济规模是大国经济的核心特征，那么，多元结构就是发展中大国经济的核心特征，结构范畴是理解发展中大国经济转型的钥匙。一般地说，大国经济拥有比小国经济更加复杂的结构，而发展中大国经济又拥有比发达大国经济更加复杂的结构，这两个"更加复杂"充分展现了发展中大国的结构性特征。阿瑟·刘易斯

---

① 亚当·斯密. 国民财富的性质和原因的研究（上卷）[M]. 北京：商务印书馆，2003：16.
② 亚当·斯密. 国民财富的性质和原因的研究（下卷）[M]. 北京：商务印书馆，2003：247.
③ 西蒙·库兹涅茨. 各国的经济增长 [M]. 北京：商务印书馆，2007：144.

提出了"二元结构"分析框架，在此基础上创立了发展经济学。他认为发展中国家经济中存在着相互影响的"现代部门"和"传统部门"，而"劳动力以无限的供给弹性，从传统部门转向现代部门"。他的理论模型揭示了发展中国家的"生产二元结构"，即"农业部门"和"工业部门"并存的结构；而与此相连的，就是"城乡二元结构"，劳动力从农业部门转移到工业部门，实际上就是从乡村转移到城市。刘易斯二元经济理论的贡献在于，不仅揭示了发展中国家经济的结构性特征，而且揭示了二元经济增长的本质，即劳动力从生产效率低的部门向生产效率高的部门转移的配置机制。后来西蒙·库兹涅茨系统地阐述了经济增长中的结构变化，他认为：结构变化的主要方面包括从农业工作向非农业工作转变，以及最近从工业向服务业转变；生产单位规模的变化，以及相应的从个人企业向非个人的经济厂商组织转变，同时劳动力职业身份也相应发生变化。还可以再列举一些经济结构其他方面的转变（如消费结构的变化，国内和国外供给品相对份额的变化等）。在他那里，经济结构涉及产业经济组织结构和消费结构等方面。冈纳·米尔达尔研究了一国地区经济不平等问题，认为人口流动、资本运动和贸易活动，"通过它们累积过程发生，或是在幸运的地区向上运动，在不幸的地区向下运动"。[①] 由于人口流动、资本运动和贸易活动都偏向于较富裕、较进步的地区，从而加剧了地区经济的非均衡发展。总之，发展中大国经济拥有明显的结构性特征，主要包括要素禀赋结构以及相应的产业结构、城乡结构、区域结构。

大国经济的核心问题是规模问题，发展中国家经济的核心问题是结构问题，那么，发展中大国经济的基本问题，就是规模和结构问题。从"规模"范畴出发，可以逐步展现从人口规模和国土规模，再到市场规模、产业规模和企业规模的？演进过程，从而形成大国经济发展优势，并实施相应的经济发展战略；从"结构"范畴出发，可以逐步展现从要素结构到产业结构、城乡结构和区域结构，再到现代化经济结构的演进过程，从而提出发展中大国经济结构转型的战略思路。显然，从"规模"范畴出发形成的大国经济学的逻辑链条，从"结构"范畴出发形成的发展经济学的逻辑链条，两者有机地结合起来，就可以构建大国发展经济学的逻辑体系。

[①] 郭熙保. 发展经济学经典论著选 [M]. 北京：中国经济出版社，1998：349.

三、基本原理：内生能力和综合优势

通过研究发展中大国经济发展道路，可以揭示带普遍性的运行机制，从而提出带规律性的理论原理。一方面，发展中大国具有人口规模庞大和国土规模庞大的初始特征，由此形成人力资源、自然资源和市场需求的规模优势，进而形成国内生产要素供需均衡的内生能力；另一方面，发展中大国具有要素结构的多元性特征，由此形成多元的技术结构、产业结构和空间结构，进而形成实现多元要素耦合的综合优势。从要素规模到供需均衡机制，形成了大国内生能力原理；从多元结构到要素耦合机制，形成了大国综合优势原理。

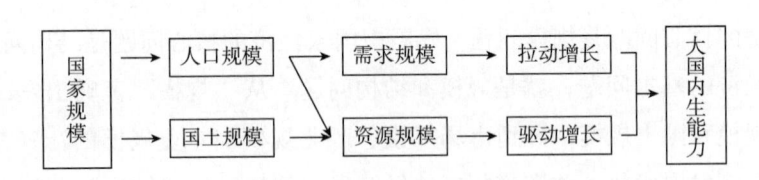

1. 大国内生能力原理

所谓"大国内生能力"，就是指发展中大国由于具有资源丰富和市场广阔的优势，而形成的一种内生发展能力。从大国经济发展的动力机制看，大国拥有丰富的自然资源和人力资源，可以满足国内生产的要素需求；大国拥有广阔的国内市场，可以支撑国内产业发展的专业化和规模经济。这两种因素的有机结合就形成了大国内生能力。（见图1）

国家规模 → 人口规模 → 需求规模 → 拉动增长 → 大国内生能力
国家规模 → 国土规模 → 资源规模 → 驱动增长 → 大国内生能力

图1 大国内生能力模型

从经济增长的动力系统看，资源和需求是两个基本的因素。资源要素包括自然资源、人力资源和金融资源，需求要素则包括消费需求和投资需求。在封闭的经济体系里，各个国家主要依托国内的资源和市场实现经济增长；在开放的经济体系里，各个国家往往会利用国际、国内两种资源和两个市场实现经济增长。然而，不同规模国家的增长优势是不同的，比较而言，小国只有依托国际的资源和市场方能实现经济增长。大国则可以进行相机抉择：在国际经济环境好的时候，有效地利用两种资源和两个市场，实现开放型的经济增长；在国际经济环境差的时候，主要利用国内资源和国内市场实现内向型的经济增长。与这种内生增长模式相适应，大国就拥有一种内生能力，即利用本国资源优势推动经济增长和利用本国的市场优势拉动经济增长的国家发展能力。

经济学家霍利斯·钱纳里在《发展的型式》中分析了经济增长的大国型式,认为"大国采取了内向发展政策,这对积累和资源配置的其他方面产生了影响"。他根据1950~1970年26个大国的出口、储蓄、投资、消费的数据进行研究,发现大国的规模效应"导致一整套具有广泛后果的内向政策",使其在工业化初期具有较快的发展速度。经济学有一种测度在一定时期内某种需求因素对经济增长贡献率的方法,主要是通过消费需求、投资需求和净出口需求分项的增量与国内生产总值增量之比来计算的。我们选取中国、印度、俄罗斯、巴西为典型大国,运用2000~2011年的数据进行实时分析,发现这些国家的经济增长主要是由消费需求和投资需求拉动的。如2011年美国的消费和投资贡献率之和为93.6%,净出口贡献率仅为6.4%;中国的消费和投资贡献率之和为74.8%,净出口贡献率为25.2%。同时,美国作为成熟大国,三大需求对经济增长的贡献率趋于稳定,国内需求的拉动作用处于绝对优势地位;中国作为转型大国,三大需求对经济增长的贡献率处于变动之中,国内需求的拉动作用仍在逐步上升。①

2. 大国综合优势原理

所谓"大国综合优势",就是依托发展中大国的经济规模和多元结构,由技术多元性、经济多元化和空间多元性所形成的一种整合性优势。具体地说,发展中大国具有国土面积广阔、人口数量众多、自然资源丰富和市场潜力巨大的特殊国情,由此导致经济发展的规模性、差异性、多元性和完整性特点,并进而形成分工优势、互补优势、适应优势和稳定优势,这就是"大国综合优势"的形成机理(见图2)。②

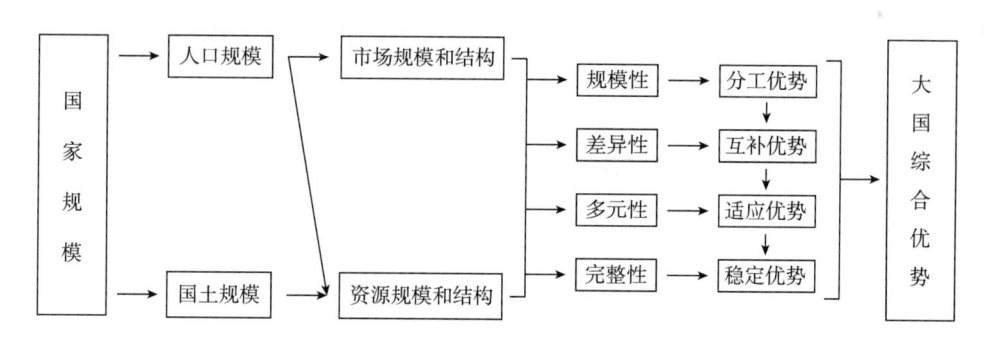

图2 大国综合优势模型

---

① 欧阳峣. 大国模式:以内需为主的视角[J]. 商业时代,2013(18):1-3.
② 欧阳峣. 大国综合优势的提出及研究思路[J]. 经济学动态,2009(6):20-22.

第一,发展中大国的经济规模、市场规模和产业规模庞大,这种规模性特点可以形成分工优势,广阔的市场范围能够支撑大产业的发展,由分工深化促进专业化生产,有利于提高技术水平和生产效率。而且,伴随着生产规模的扩大,将在边际范围内出现成本下降的趋势,从而降低产业价格和增加利润;庞大的国内需求可以拉动经济增长,并且促进产业规模的扩大,培植一些在国民经济中起重要作用的支柱产业。

第二,发展中大国的国土面积广阔,空间差异较大,具有不同的资源优势、产业优势和产品优势,并在区域、产业和产品等方面形成互补优势。从区域角度看,不同区域有着不同的自然特征和经济特征,适合发展不同的产业,从而形成不同的主体经济区,促进全国经济协调发展。从产业角度看,不同的资源结构成为建立的完整产业体系的条件,促进不同产业形成优势互补的结构。从产品角度看,不同的消费群体对产品的需求具有差异性,促进多样性产品结构的形成,可以满足国内和国外不同层次的消费需求。

第三,发展中大国具有多元性经济结构,并且在人力资源、技术和产品等方面表现出多元特征,能够形成一种适应不同的生产和生活需求的适应性优势。具体地说,多元的人力资源结构,可以适应不同产业发展的需求,有利于形成产业协调发展的格局;不同层次的专业技术,可以适应不同层次的产品生产,形成多样化的产品结构;不同层次的产品,可以适应消费者的多元需求,从而促进经济的繁荣和协调发展。

第四,发展中大国的国内需求、资源和产业的完整性特点,可以形成促进国家经济发展的稳定性优势。发展中大国需要从战略上考虑建立相对独立完备的经济体系和工业体系,其资源和市场条件也有利于构建相对独立和完整的国民经济体系;大国经济基于庞大的规模和多元的结构,使其倾向于向内发展,其外贸依存度往往低于小国。依托国内经济循环系统,可以形成一种自我调节能力,从而保障经济的稳定发展。

四、发展战略:基于大国特征的思路

国家经济发展战略是指国民经济发展中带有全局性和长远性的总体思路,也是国家关于国民经济发展的基本思想及其实施的总体规划和政策。从功能上看,它属于政府引导经济发展的政策工具。制定经济发展战略的依据:一是基本国情,主要包括自然资源条件、人力资源状况及经济发展水平;二是经济规律,主要包括经济发展特征及其内在的必然性。制定发展中大国的经济发展战略,也应该立足于大国国情,遵循大国经济发展规律,进行战略性的研究和思考,形成一套比较完善的发展思路和政策措施。基于发展中大国的特征,已经在实践中形成一系列战略思路,包括内生发展、稳定发展、协调发展和创新发展。

1. 基于内需的大国经济全球化战略

自从 1957 年国际经济协会海牙会议提出"大国经济更多地依赖于国内需求"的假说以后,库兹涅茨、钱纳里、帕金斯等进行了实证检验,证明了人口越多的国家其对外贸易在 GDP 中所占的份额越低,对外贸易在 GDP 中所占份额随着国家规模的增大而降低,因而大国更倾向于内向发展。在经济全球化条件下,大国如果不融入开放的世界经济,就有可能丧失全球化红利而被小国超越。为此,大国的战略选择是实施基于内需的全球化战略,充分利用国内需求规模巨大的优势,最大限度地整合国内外优质资源,推动经济的高质量发展。

发展中大国不可能像小国那样通过外向型经济发展而实现经济起飞,而是主要通过发展内向型经济来实现经济起飞;由于大国拥有比较丰富的自然资源和劳动力资源,以及相当规模的国内市场,在工业化初期可能占有某些发展优势。20 世纪 60 年代,墨西哥、巴西、阿根廷等国选择了"进口替代"的内向型发展战略,其核心是通过保护性关税和进口配额保护国内进口替代品的生产企业。具体地说,第一阶段是发展最终消费品工业;第二阶段转向国内短缺的资本品和中间产品的生产。这种战略推动了发展中大国经济的快速增长,从 1950~1984 年,巴西工业增长率为 7.7%,特别是 1969~1976 年达到 12.7%,创造了世界经济的"巴西奇迹"。从 1945~1972 年,墨西哥经济增长速度年均 6.5%,也创造了"墨西哥奇迹"。然而,这种内向型战略的保护政策没有促使其企业通过技术创新增强国际竞争力,因而在 20 世纪末期出现增长下滑,导致经济一蹶不振。可见,实行长期的保护政策并没有充分发挥大国经济优势,为了在经济全球化条件下发挥大国经济优势,应该实行基于内需的全球化战略,而美国就是实行这种战略的成功典范。美国人口众多而且购买力强,国内拥有巨大的市场规模,他们立足于为自己生产高质量产品,主要满足国内市场需求,进而引导国际市场需要,构建全球化经济体系。[①] 中国在改革开放初期虽然人口众多,但是人均收入和购买力低,借助外向型经济获得了制造业的快速发展,目前开始转向基于内需的全球化战略,通过供给侧改革更好地满足国内市场需求,培育大产业和大企业,增强国际经济竞争力。

2. 独立完整的国民经济全面发展战略

1957 年的海牙会议也提出了"大国经济比小国经济更加稳定"的假说,大国经济

---

① 欧阳峣. 新时代视域下大国经济的规模与结构 [N]. 光明日报, 2018-01-10.

的稳定性源于追求独立的国民经济全面发展战略,即在发展初期就试图建立独立完备的国民经济体系。与此相适应,发展经济学家提出了平衡增长和"大推进"理论,主张在整个国民经济各个部门同时进行大规模投资,以此摆脱贫穷落后的状态。罗森斯坦·罗丹认为,生产需求和投资具有不可分性,从而要求发展中国家实行"大推进"战略,即在国民经济的各个部门大规模全面投资,建立比较完备的工业化体系。拉格纳·纳克斯认为,要打破发展中国家人均收入低和有效需求不足所引起的连锁反应,就应该对国民经济各个部门进行全面投资,以多样化平衡增长创造一个经济增长启动所需要的市场需求,形成广大的国内市场,把经济推进到起飞前的准备阶段。

"大推进"战略实际上是适合发展中大国在工业化初期的经济发展战略,许多发展中大国都采取这种战略,从而建立比较完备的国民经济体系,形成多样化的制成品结构。由于发展中国家的资本有限,价格机制不可能把宝贵的资本配置到基础产业上,为了确保"大推进"式投资所需的资本,往往是通过高度集中的计划体系,把有限的资金集中起来投入到各个工业部门。巴西在20世纪30年代进入工业化快速发展时期,对制造业各个部门进行大投入,使纺织、服装、食品、烟草等轻工业部门迅速增长;"二战"以后重工业迅速增长,并新建了石油、化工、汽车、造船、机械制造、飞机制造和电子工业等新兴工业部门。经过40年时间,建立了比较平衡和完整的工业体系。中国从20世纪50年代初期开始了社会主义工业化,总体目标就是建立独立和完整的工业体系,从1952~1958年,通过大投入使工业发展的实际增长率达到18%,很快建成了一批国家急需的基础工业,形成了比较完整的工业部门结构和地区结构;改革开放后加快了工业现代化步伐,钢铁、电力、煤炭、石油、化工、机械、建材、轻纺、食品、医药等工业部门迅速壮大,航空航天、电子工业、汽车工业迅速成长,形成了拥有39个工业大类的现代工业体系。

3. **区域经济发展不均衡的增长极战略**

发展中大国幅员辽阔,在不同区域的经济资源条件具有差异性,因而需要实施从不均衡逐步走向均衡的经济发展战略。艾伯特·赫尔希曼认为,发展中国家的经济发展受到资源不足的制约,而当国家的投资需求超过既有的资源数量时,就应当按照产业贡献进行排序,优先发展效率高的项目,实现关键产业的突破性发展,并通过引致新投资促进经济全面发展,因而不平衡增长是实现更高发展阶段平衡增长的手段。与此相应,发展经济学家提出了"增长极"理论和"扩散效应"理论。弗朗索瓦·佩鲁认为,"增长并不是同时在任何地方出现,它以不同强度首先出现在增长点或者增长极,然后通过不同的渠道扩散,而且对整个经济具有不同的终极影响"。① 这种地理上集中的关键产业,将给经济发展带来特殊影响,不仅改变直接的地理环境,而且有可能改变国民经济的全部结构,促进其他资源集中和积累中心的产生。冈纳·米尔达尔认为,经济增长过程中有一种"从工业扩张中心向其他地点和地区的扩散效应""如果离心的扩散效应有效地发挥,那么,一个国家所有的地区都处在这种平衡力量的边际之内是完全有可能的"。② 显然,发展中大国可以采取"增长极"战略,然后通过"扩散效应"带动整个国家的经济发展。

经济发展从不均衡走向均衡,符合发展中大国的特点,从而成为一种经济规律。在印度的经济发展中,"增长极"的情况特别明显,20世纪80年代中期,拉吉夫·甘地总理提出了优先发展知识密集型产业的战略,把计算机和电子技术作为印度经济发展的重要驱动力,寄希望于通过它把印度带入21世纪。同时,印度政府建立了一些软件技术园区,提供优良的基础设施和相关服务,根据2004年的统计,这些软件园区的软件产品和服务出口额占到全国的80%。在经济增长区位上,以班加罗尔为重点区域建立了5000多家软件企业,软件产业的产值超过全国的1/3,被誉为"印度的硅谷"。中国在区域经济发展上,改革开放后开始实施"不平衡发展"战略,首先确定了一批沿海开放城市,建立经济特区和工业园区,利用国内外的资源和市场发展制造业,形成了经济增长极,并通过发挥东部沿海地区经济的扩散效应,带动全国经济的发展。进入21世纪以后,通过实施"中部崛起"战略和"西部开发"战略,促进产业的雁阵推移或梯度推移,逐步实现全国经济的协调发展。

4. 从技术模仿到超越的创新驱动战略

国际经济协会海牙会议也提出了大国创新优势的假设,认为大国的经济规模可以使它在技术研发上获得更高的成就。相对而言,大国拥有更多的技术人才和规模庞大的技术需求,不仅技术研发的主体更加充裕,而且有众多的技术需求,研发成本可以摊薄,创新的回报率更高。西蒙·库兹涅茨认为,"一个国家的经济增长,可以定义为给它的居民提供种类日益增多的经济产品的能力长期上升,这种不断增长的能力是建立在先进技术以及所需要的制度和思想意识之相应的调整的基础上的"。③ 可见,先进技术在经济增长中起着最为重要的作用,劳动生产率的提高离不开技术进步。罗伯特·巴罗认为,后发国家可以利用发达国家的技术扩散效应,通过技术模仿追赶发达国家;

---

① 郭熙保. 发展经济学经典论著选 [M]. 北京:中国经济出版社,1998:335.
② 郭熙保. 发展经济学经典论著选 [M]. 北京:中国经济出版社,1998:352-353.
③ 西蒙·库兹涅茨. 各国的经济增长 [M]. 北京:商务印书馆,2007:57.

然而，一旦发达国家的技术发明被普遍模仿之后，后发国家就需要转入创新阶段。在现时代，全球经济形成一条价值链，各个国家由于技术水平的差异而处于价值链的低、中、高端，通过技术创新促使价值链上的跃迁，这是后发国家赶超发达国家的必由之路。后发大国只有实施创新驱动战略，才能在经济上赶超发达国家，从而实现从不发达经济向发达经济的转变。美国是实施大国创新战略的成功典范，它在工业化初期主要是移植英国的技术、机器和组织管理方式，并且利用经济规模优势，实行大规模生产和标准化生产，它很快就从模仿者变成了创新者，迅速取代英国的地位，跃升为新的工业革命的先驱。中国在改革开放以后，通过大量引进发达国家的技术和设备，进行模仿创新，有力地推动了制造业发展，已经成为世界的制造业大国，但是，由于没有掌握关键核心技术，这种技术上的低端锁定导致了产业价值链上的低端锁定；进入21世纪以后，国家特别重视实施创新驱动战略，正在逐步从模仿创新走向自主创新，从粗放型增长走向集约型增长，从经济大国走向经济强国，这是发展中大国跨越"中等收入陷阱"的必由之路。

参 考 文 献

［1］张培刚. 新发展经济学［M］. 郑州：河南人民出版社，1992：40.

［2］欧阳峣，罗富政，罗会华. 发展中大国的界定、遴选及影响力评价［J］. 湖南师范大学社会科学学报，2016（6）：5-14.

［3］欧阳峣. 大国经济发展理论［M］. 北京：中国人民大学出版社，2014：65.

［4］亚当·斯密. 国民财富的性质和原因的研究（上卷）［M］. 北京：商务印书馆，2003：16.

［5］亚当·斯密. 国民财富的性质和原因的研究（下卷）［M］. 北京：商务印书馆，2003：247.

［6］西蒙·库兹涅茨. 各国的经济增长［M］. 北京：商务印书馆，2007：144.

［7］霍利斯·钱纳里，莫伊思·赛尔昆. 发展的型式（1950~1970）［M］. 北京：经济科学出版社，1988：94.

［8］德怀特·帕金斯，莫伊思·赛尔昆. 大国：规模的影响［J］. 经济研究参考，2017（40）：34-50.

［9］阿瑟·刘易斯. 二元经济论［M］. 北京：北京经济学院出版社，1989：156.

［10］郭熙保. 发展经济学经典论著选［M］. 北京：中国经济出版社，1998：59-60.

［11］郭熙保. 发展经济学经典论著选［M］. 北京：中国经济出版社，1998：349.

［12］欧阳峣. 新时代视域下大国经济的规模与结构［N］. 光明日报，2018-01-10.

［13］欧阳峣. 大国内生能力和经济增长［N］. 光明日报，2013-03-27.

[14] 欧阳峣. 大国模式: 以内需为主的视角 [J]. 商业时代, 2013 (18): 1-3.

[15] 欧阳峣. 大国综合优势的提出及研究思路 [J]. 经济学动态, 2009 (6): 20-22.

[16] 欧阳峣. 大国综合优势 [M]. 上海: 格致出版社、上海三联书店、上海人民出版社, 2011: 139-148.

[17] 郭熙保. 发展经济学经典论著选 [M]. 北京: 中国经济出版社, 1998: 229-232.

[18] 郭熙保. 发展经济学经典论著选 [M]. 北京: 中国经济出版社, 1998: 245-246.

[19] 郭熙保. 发展经济学经典论著选 [M]. 北京: 中国经济出版社, 1998: 330-333.

[20] 郭熙保. 发展经济学经典论著选 [M]. 北京: 中国经济出版社, 1998: 335.

[21] 郭熙保. 发展经济学经典论著选 [M]. 北京: 中国经济出版社, 1998: 352-353.

[22] 西蒙·库兹涅茨. 各国的经济增长 [M]. 北京: 商务印书馆, 2007: 57.

[23] 罗伯特·巴罗, 夏威尔·萨拉-伊-马丁. 经济增长 [M]. 上海: 格致出版社, 上海三联书店, 上海人民出版社, 2011: 279-296.

Logical System of Development Economics of Large Countries

Ouyang Yao

Abstract Large developing countries refer to countries with large population, large land area and market potential, but low labor productivity and per capita national income, and obvious dual economic structure; the core problem of large economies is scale, the core problem of developing countries'economy is structure, and the basic problem of large developing countries' economy is scale and structure; from factor scale to supply and demand are equal. The balance mechanism forms the principle of endogenous capacity of large countries and the principle of comprehensive advantages of large countries from multiple structure to factor coupling mechanism. Based on the basic characteristics and important principles of large developing countries, we should choose endogenous development, stable development, coordinated development and innovative development strategies in economic development practice.

Key words Development Economics of Great Powers; Logical Structure; Theoretical System

大国经济发展优势的形成机理及实证研究*
——基于中国1979~2015年发展数据

李坚飞** 欧阳峣

摘　要　本文基于大国综合优势理论分析框架，对大国经济发展优势的形成机理进行分析，并以中国为样本，选取中国1979~2015年经济发展数据，对大国经济发展优势的形成进行实证检验。研究结果表明，大国所形成的经济发展优势不同于传统经济理论中提及的诸多"优势论"；大国表现出由国家规模引致的综合优势，即大国经济发展优势的形成，不仅来自大国自身资源要素禀赋所形成的比较优势和竞争优势，还来自大国经济发展积累，以及发展基础异质性所形成的互补性优势和多元结构形成的适应性优势以及稳定性优势。

关键词　大国经济；经济优势；国家规模；经济增长

一、引言

经济增长与经济发展是世界各国都经历过而且目前仍然在经历着的社会实践过程。经典的经济增长理论更多关注的是社会生产力某个特定构成形态的变化发展。经济发展实质上指的是社会生产力构成形态在其总体上的协调发展，以及在社会生产力的整体的全面的发展与人类社会的整体发展之间能保持一种良性关系。经济发展是经济增长的结果，经济增长是经济发展的基础和前提。一般情况下，没有经济增长就没有经济发展，经济发展是经济增长的延续和飞跃，但有经济增长却不一定就有经济发展。现代经济增长的趋势主要表现在四个方面：（1）经济增长越来越倚重全要素生产率的提升，而不是要素投入量的增加，开始由粗放增长为主向集约增长为主转变；（2）经济增长越来越倚重以技术创新和组织创新，而不是单凭资本和劳动投入；（3）经济增

---

* 本文原载于《湖南师范大学社会科学学报》2018年第3期。
** 李坚飞，湖南商学院工商管理学院副教授，中国社会科学院财经战略研究院博士后。

长越来越倚重自然、经济和社会三者的可持续性协调发展；（4）经济增长越来越倚重人力资本的积累和人的全面发展，而不是单纯财富的增长。传统基于效率视角下的经济增长优势理论在实践中开始逐步演变成了注重公平与效率的经济发展优势。构建长期、持续、稳定的经济发展优势，成为一个国家经济持续良性发展的基点与关键，自然也成为备受经济学诸多学者的关注焦点。尤其是进入21世纪，"金砖国家"的迅速崛起，新兴大国经济成为世界经济发展的重要力量，对其经济发展优势的研究逐渐成为了经济学的关注焦点。国家规模特征与经济增长以及经济发展优势形成之间是否存在一种内生或外生的关联性特征、大国在经济发展过程中与小国的发展有何异同，是否存在其自身的特殊性质等系列思考和问题，自然也就成为解释"金砖四国"发展动力以及新兴大国发展特征的关键问题之一。

国家经济优势理论最早源于对16世纪的古典贸易理论，该理论认为在国家经济发展过程中，各个国家由于发展基础与能力的异质性，都必然具有各自不同的优势。众多古典贸易理论学派的经济代表人物围绕这个问题进行了激烈的探讨与争论，亚当·斯密提出了"绝对优势"理论；大卫·李嘉图提出了"比较优势"理论；伊·菲·赫克歇尔（Eli F Heckscher）提出了要素禀赋论（H-O模型）；弗里德里希·李斯特（Friedrich List）提出的"国家经济学"理论体系和"落后优势"原理等。20世纪兴起的新古典贸易理论学派和发展经济学的代表人物们从经济增长视角以及所提出的"后发优势"等研究视角进行了激烈的探讨。亚历山大·格申克龙（Alexander Gerschenkron）提出的"后发优势论"；纳尔逊（Nelson P. R.）和温特（Winter S.）提出了先发与后发国家之间存在"均衡技术差距"；沃尔特·惠特曼·罗斯托（Walt Whitman Rostow）提出的"经济起飞"理论；刘易斯（W. A. Lewis）提出的后发国家经济发展的"二元经济"理论；索洛（Solow）、罗伯特·巴罗（Robert J. Barro）提出的后发国家经济增长及优势形成的"趋同假说"；以克罗斯曼（Crossman）和赫尔普曼（Helpman）的"产品周期模式"理论；伯利兹（Brezis）和保罗·克鲁格曼（Paul Krugman）提出的"国际竞争蛙跳增长模式"等为代表的国家经济增长"经济趋同"与"技术扩散"理论。此外，道格拉斯·诺斯（Douglass C. North）从制度变迁与经济绩效的角度对国家经济发展尤其是后发国家的经济发展优势进行了深入的研究。曼瑟尔·奥尔森（Mancur Lloyd Olson）从非效率制度、集体行动的研究视角对国家繁荣与衰落给予了充分的解释。国内学者陆德明、林毅夫、施培公、金明善、郭熙保、欧阳峣等人分别从发展经济学、制度经济学及政治经济学等不同研究视角对以中国为代表的后发国家的经济发展优势进行了较为深入的探讨与研究。

近年来，许多经济学者在前人对国家经济增长和竞争优势研究的基础上开始关注大国与小国经济发展的差异性以及大国经济优势等问题。纳迪·哈拉夫（Nadim G. Khalaf）对国家规模与经济发展、经济增长的稳定性以及对外贸易集中度之间的关系进行研究；西蒙·史密斯·库兹涅茨（Simon Smith Kuznets）、霍利斯·钱纳里（Hollis B. Chenery）等人均以国家人口数量作为规模界定标准对不同规模国家的国内生产结构、经济增长进行了比较分析。国内学者关注国家规模与经济发展的研究主要集中在对以中国为代表的大国经济发展相关问题上，著名发展经济学家张培刚教授对大国发展的问题，大国的特征、大国发展的难题和大国的特殊道路等问题作了初步探讨。陈文科对以中国为代表的一类发展中大国发展中存在主要矛盾与问题进行了相对比较系统的研究，对发展中大国内在发展逻辑中存在十大矛盾进行了总结和分类。李由对国家规模及其与市场结构、资源禀赋、区域经济、经济开放、产业政策和管理体制的关系进行了分析，揭示了国家规模约束下的经济发展与政府管理的特征和方式，提出了大国经济发展的自主性优势特征。童有好探讨了大国经济的内涵与主要特点、大国经济与开放经济的关系，以及中国作为大国经济发展的典型代表国家的经济发展路径。蔡昉对中国大国发展所面临的挑战和解决路径进行了详细的研究。何庆光和莫玲娜运用动态博弈理论构建了开放经济条件下的大国经济博弈模型，验证了大国与外部经济体之间的动态博弈关系。欧阳峣等人提出了大国优势概念，比较明确而系统地阐述了其内涵与特征，提出了大国经济最大的特征是多元性和适应性，多元性导致了发展层次的差异，同时提出了大国经济的优势是一种综合优势，即大国综合优势。黄琪轩分别从海外贸易、国内市场与全力转移三个方面结合阐述了大国经济成长模式。欧阳峣、尹向飞和易先忠从生产要素供需均衡的视角出发，构建了一个由生产资料厂商、消费品厂商和消费者所组成的三部门经济增长模型来刻画大国经济的运行机理。

国家经济发展优势理论以及大国经济与综合优势基础理论经过国内外学者专家多年的探索，已经取得了较好的进展，但就一个完整的理论体系而言，还有很多内容需要进一步的研究与探索。目前关于"大国综合优势"的研究更多集中在基础理论和模式路径研究，而对实证研究和比较研究文献不多，实证性的文献主要集中在国家经济竞争力评价方面，如 WEF 的国家竞争力评价体系、IMD 的国家竞争力评价、迈克·波特的国家竞争优势"钻石模型"等。将国家规模变量引入进行实证比较的研究相对较少。目前的国家竞争力评价研究更多侧重于从某个产业、行业或企业能力的培养视角切入进行研究，大多数研究内容关注于国家某个时点的竞争能力，而不是研究国家经济发展的持续能力和稳定发展能力，而且在目前的评价研究过程中，缺乏对国家规模特征变量的控制。本文从经济增长与经济发展的关系切入，以"大国综合优势理论"

为理论假设与基础，阐述分析了大国经济发展优势的形成机理，选取中国 1979～2012年的经济发展数据，对中国经济发展优势的形成进行检验和论证，从历史和经济发展效率两个方面，验证不同国家规模与国家经济发展综合优势形成之间是否存在典型显著性差异。

二、大国经济发展优势的形成机理

一个国家的经济发展优势不仅仅是古典经济框架下的资本和劳动力影响的经济增长优势，而是在漫长的历史发展过程中积累形成的综合发展优势。国家经济发展优势的形成受到人口规模、资源禀赋规模、国土面积规模以及市场需求规模等的影响，不同规模国家的经济增长模式存在典型的差异性，大国的经济增长模式更多依赖于大国自身资源要素禀赋所形成的国家贸易中的比较优势和企业资源利用形成的竞争优势，还来自大国经济增长不断积累的基础异质性而引致的互补性优势和多元结构形成的适应性优势。大国的经济增长依托的基础来自其国内丰富的资源禀赋、经济结构的多元、资源层次的互补及环境需求的不断适应，其经济增长优势是一种基于大国资源禀赋引致的综合性优势的经济增长；而小国经济增长模式更多情况下是一种基于国内某种特殊资源禀赋而引致的比较优势的经济增长。

从长期的可持续发展看来，国家经济发展优势更多应该来自国家规模所带来的多元经济结构所形成的竞争优势，而这种多元经济结构特征主要表现在地区多元化、经济多元化和技术多元化引致的发展优势、动机、主体、产业和区域的多元化等方面。欧阳峣教授提出了一个大国综合优势模型，即新宝葫芦模型，认为一般的大国具有自然资源丰富、国土面积广阔、人口数量众多、市场潜力大的特殊国情，以及由此引申出的国家经济规模性、差异性、多元性和完整性，并进而形成了大国经济发展优势，其主要反映在经济发展的分工优势、互补优势、适应优势和稳定优势等四个方面。

1. 基于经济规模性的大国经济发展分工优势

传统经济学中定义的国家规模更侧重于一个国家所具有的经济资源的规模大小，经济资源往往包括人口资源、自然资源、土地资源和能源资源等。任何一个国家的经济增长都要受制于其国家规模的影响。资源要素禀赋是国家经济发展的基础，富庶而规模资源要素的投入势必会深化国家经济结构的分工，形成专业化生产，提升产业发展效率和产品质量。同时也会降低国家整体经济发展的成本，并利用规模经济性塑造支柱性产业优势。对于大国而言，经济规模是其最主要的特征，也是大国与小国之间的本质区别，大国经济规模性主要体现在国家经济发展中所引入资源的规模化程度要高于中小型国家。不同维度的规模资源引入，势必会加速社会分工，进而提升社会的专业化程度。

2. 基于经济差异性的大国经济发展互补优势

大国面积广阔，无论是在土地资源、环境气候，还是市场需求，不同区域差异很大，具有不同的资源优势、产业优势。与小国经济发展不同，大国可以利用跨资源、跨区域、跨产业的优势资源进行经济发展互补和协调发展。在大国中存在资源消耗梯度、产业发展梯度和消费需求梯度，经济发展过程中的梯度差异和发展错位异质性，满足不同区域、不同层次、不同偏好的市场供给与需求，给大国经济发展带来了互补效应，进而产生较强的大国经济互补优势。要素互补、产业互补、经济互补的态势，这就是基于经济差异性的大国经济发展互补优势。

3. 基于经济多元性的大国经济发展适应优势

大国往往具有多元经济结构，在人力资本、技术和产品等方面展现出多元的特征，能够适应不同的生产和生活的需求，从而形成一种适应性优势。多元化导致人力资本的适应性，大国的人力资本丰富，拥有不同领域和不同层次的专业人才，从而使这些不同领域协调发展；多元性导致技术适应性，专业技术也居于不同的层次，大国既有适用技术，也有高新技术，这种多元的技术结构可以更好地适应国民经济发展的需求；多元性导致产品的适应性，消费者对产品的需求是多元的，大国经济发展的多元产业结构、产品结构能有效地满足异质消费主体的多样化与个性化需求。不同的技术和人力资源，可以适应不同产业和产品的生产。

4. 基于经济完整性的大国经济发展稳定优势

库兹涅茨和钱纳里认为中小型国家的经济增长主要依赖于出口扩大，其经济的独立性不够，而大国则恰恰相反。因为其往往具有完整的经济体系，齐全的产业部门，较强的抗外部风险能力，可以利用内部循环系统保持经济的稳定。完整性导致产业的稳定性，大国的产业部门齐全，依靠国内的产业就可以支撑经济的发展，从而能够保持长期稳定；完整性导致产品的稳定性，不同层次的人力资本和专业技术可以生产不同的层次的产品，因此能够满足不同消费者的需求，保持国内市场的长期增长；完整性导致就业的稳定性，多层次的市场需求和产品需求可以保持经济的繁荣，保持社会就业的稳定。

三、实证设计与分析

(一) 模型设定与数据处理

1. 计量模型设定

国家是一个资本、资源、人力、技术集合的经济系统,国家经济发展优势的形成是国家经济规模效率充分发挥的过程。为了考察要素规模与国家经济增长的关系,本文设国家经济系统的产出函数为具有劳动增进型技术的新古典生产函数,将以资源综合禀赋为代表的规模要素投入纳入生产函数,则生产函数可表示为:

$$Y_t = A(K_t, LH_t, R_t)$$

其中,Y 为实际 GDP;K 为实际资本存量;L 为社会总就业人数,H 为企业获取知识能力的指数(人力资本存量系数,通常使用年龄在 14~65 岁人口的平均上学年数代表),因而 LH 就是根据劳动熟练程度调整的劳动力投入;R 为国家规模要素投入总量;A 代表技术系数。

为简化起见,采用如下的 C-D 生产函数:

$$\ln Y_t = \beta_1 \ln K_t + \beta_2 \ln(LH_t) + \beta_3 \ln R_t$$

记 $LY_t = \ln Y_t, LK_t = \ln K_t, LLH_t = \ln(LH_t), LR_t = \ln R_t$ 则上式可记为:

$$LY_t = \beta_1 LK_t + \beta_2 LLH_t + \beta_3 LR_t$$

2. 数据选取与处理

为了能深入研究要素规模与国家经济增长以及发展优势形成之间的关联性,本文以中国为研究对象,结合模型涉及的变量,选取中国 1978~2015 年的年度数据,数据来源分别为 1978~2016 年历年的《中国统计年鉴》。具体数据选取及处理方法如下:

(1) 实际 GDP。即利用各年的名义 GDP 和按可比价格计算的 GDP 指数,以 1978 年为基期生成实际 GDP。

(2) 资本存量。使用永久库存法来估计整个经济中的每年的实际资本存量。将时间 t 的资本存量定义为时期 $t-1$ 的资本存量加投资减折旧:

$$K_t = I_t + (1-\xi)K_{t-1}$$

方程中 K_t 是 t 年的资本存量;I_t 是 t 年的投资;ξ 是固定资产折旧率。其中,全社会投资总额整理自《历年中国统计年鉴》;折旧率使用历年建筑安装类和机器设备类资本存量的比重作为权数,对同年两类资本存量的折旧率进行加权平均得到。

（3）劳动知识投入量。劳动知识投入数量选取1979～2012年的劳动适龄人数，选取年龄在14～65岁人口的平均上学年数代表。

（4）要素生产量。模型选取了1979～2012年历年《中国统计年鉴》中各年的石油、天然气和煤生产总量为基础数据，并以每万吨煤的发电量的标准对各类要素生产量进行综合折算加总得出。

（二）计量检验与分析

本文结合数据特征与发展实际，采用了协整检验，构造误差修正模型进行国家规模与经济发展优势形成之间的关系进行检验。

1. 单位根检验

由于协整检验与向量误差模型检验对序列的平稳性非常敏感，于是首先必须对所有序列进行单位根检验，用以检验序列是否平稳，这里仍然采用ADF单位根检验法。检验结果见表1。

表1　　　　　　　　　序列变量单位根ADF检验结果

变量	无趋势项		有趋势项		特征
	检验值	5%临界值	检验值	5%临界值	
LY	2.4302	-1.9539	-2.7572	-3.5684	非稳定
LK	7.7940	-1.9521	1.8489	-3.5629	非稳定
LR	2.0702	-1.9524	-2.7356	-3.5684	非稳定
LH	4.3233	-1.9521	-0.7561	-3.6529	非稳定
$\Delta^2 LY$	-3.6893	-1.9544	-3.6315	-3.5950	稳定
$\Delta^2 LK$	-1.9868	-1.9529	-4.0845	-3.5742	稳定
$\Delta^2 LR$	-5.1932	-1.9529	-5.0659	-3.5742	稳定
$\Delta^2 LH$	-9.5520	-1.9529	-9.2151	-3.5742	稳定

从表1可知，变量序列LY，LK，LH，LR在5%的显著性水平下均是非平稳的，但其二阶差分序列为平稳序列，即上述变量通过了单位根检验。也就是说，变量序列LY，LK，LH，LR为二阶单整，即I（2），对于同阶差分序列，可以进一步检验它们之间是否存在协整关系。

2. 协整检验

为了进行 Johansen – Juselius 协整分析,需要建立由变量序列 LY、LK、LH、LR 构成的 VAR 模型,从而确定自回归滞后阶数。为了避免估计模型的过度参数,选择 VAR 的滞后阶数为 3,即 VAR(3)。在内生变量 LY、LK、LH、LR 的 VAR 滞后阶数为 3 的情况下,运用无约束协整秩检验和极大特征根协整检验方法对 1978~2012 年样本区间数据进行协整关系检验。具体协整检验结果如表 2、表 3、表 4 所示。

表 2　　　　　　　　　　　　　　无约束协整秩检验

假定的 CE 数量	特征根	趋势统计量	5% 临界值	P 值**
无	0.771825	94.70819	66.78641	0.0867
最多一个	0.669202	53.33422	46.90136	0.0702
最多两个	0.491221	22.35928	19.44813	0.0039
最多三个	0.115562	3.438494	4.612787	0.0000

注:趋势检验说明存在 1 个协整方程的显著水平为 0.05;** 代表在 0.05 水平上拒绝假说。

表 3　　　　　　　　　　　　　　极大特征根协整检验

假定的 CE 数量	特征根	趋势统计量	5% 临界值	P 值**
无	0.771825	41.37397	27.58434	0.0005
最多一个	0.669202	30.97495	21.13162	0.0015
最多两个	0.491221	18.92078	14.26460	0.0085
最多三个	0.115562	3.438494	3.84146	0.0637

注:趋势检验说明存在 1 个协整方程的显著水平为 0.05;** 代表在 0.05 水平上拒绝假说。

表 4　　　　　　　　　　　　　　标准化协整系数

LY	LK	LH	LR	@TREND(79)
1.000000	-4.447111	-4.693472	-1.445024	0.350387
	(0.66436)	(0.61721)	(0.18563)	(0.07805)

注:表格括号内的数据为标准差。

协整估计中假定在 VAR 模型中含有无约束截距和无约束趋势项。秩检验和极大特征值检验统计量给出了相同的结果：同时在 5% 显著性水平下拒绝没有协整向量的零假设，支持系统中有一个协整向量的备择假设，并得出协整关系为：

$$\ln Y = 4.4471\ln K + 4.693472\ln H + 1.44502\ln R - 0.3504 Trend$$

这一结果表明，作为世界大国代表之一的中国，经济产出、资本存量、人力、资本及资源要素规模四个变量在样本区间存在长期而稳定的双向因果关系。同时也显示出了中国资源要素规模与中国经济产出（GDP）、资本存量以及人力资本之间存在长期均衡关系。这也进一步验证了前面提出的基于资源要素禀赋的国家规模变量与国家经济增长及经济发展优势形成之间存在因果关联的一般性规律。

3. 向量误差修正模型

在检验协整关系的基础上，进一步建立将短期波动与长期均衡联系起来的向量误差修正模型。估计结果见表 5。在国家经济产出（实际 GDP）的短期动态方程中，波动结构影响系数为 0.78，这表明短期实际 GDP 增长率的波动有 78% 的原因可由本模型中的 4 个变量的短期变动，以及它们之间的长期关系得到解释。

表 5　　　　　　　　　　向量误差修正模型估计报告

误差修正	D(LY)	D(LR)	D(LK)	D(LH)
CointEq1	-0.047360 (0.01560) [-3.03577]	0.016940 (0.01171) [1.44712]	-0.026051 (0.04534) [-0.57462]	-0.007709 (0.00643) [-1.19804]
D(LY-1)	0.203088 (0.26176) [0.77585]	0.180226 (0.19642) [0.91758]	-0.470125 (0.76068) [-0.61803]	0.065623 (0.10797) [0.60782]
D(LY-2)	-0.175534 (0.22642) [-0.77525]	-0.126142 (0.16990) [-0.74246]	0.245351 (0.65798) [0.37288]	0.053875 (0.09339) [0.57689]
D(LR-1)	0.144516 (0.26454) [0.54630]	0.591736 (0.19850) [2.98108]	0.096435 (0.76874) [0.12545]	0.154709 (0.10911) [1.41792]
D(LR-2)	-0.280588 (0.31349) [-0.89505]	0.079434 (0.23523) [0.33768]	-0.210914 (0.91101) [-0.23152]	0.114110 (0.12930) [0.88251]

续表

误差修正	D(LY)	D(LR)	D(LK)	D(LH)
D($LK-1$)	2.075906	0.278986	1.535931	-2.431501
	(0.86980)	(0.65267)	(2.52766)	(0.35876)
	[2.38664]	[0.42745]	[0.60765]	[-6.77755]
D($LK-2$)	-2.745835	-0.601684	-0.260083	0.828987
	(0.80941)	(0.60735)	(2.35215)	(0.33385)
	[-3.39241]	[-0.99068]	[-0.11057]	[2.48314]
D($LH-1$)	-0.676091	-0.055724	-0.553527	-0.636132
	(0.43067)	(0.32316)	(1.25154)	(0.17763)
	[-1.56985]	[-0.17244]	[-0.44228]	[-3.58112]
D($LH-2$)	-0.585414	-0.020156	-0.294392	-0.367166
	(0.40395)	(0.30311)	(1.17387)	(0.16661)
	[-1.44924]	[-0.06650]	[-0.25079]	[-2.20373]
C	0.243721	0.043850	0.047142	0.178979
	(0.08243)	(0.06185)	(0.23955)	(0.03400)
	[2.95663]	[0.70894]	[0.19679]	[5.26413]
R^2	0.779900	0.645270	0.145041	0.806147
Adj. R^2	0.675642	0.477239	-0.259940	0.714322
Sum sq. resids	0.025024	0.014089	0.211322	0.004257
S. E. equation	0.036291	0.027231	0.105462	0.014969
F-statistic	7.480475	3.840200	0.358142	8.779144
Log likelihood	61.15166	69.48048	30.21497	86.83460
Akaike AIC	-3.527701	-4.102102	-1.394136	-5.298938
Schwarz SC	-3.056219	-3.630621	-0.922654	-4.827457
Mean dependent	0.148837	0.050367	0.120763	0.021049
S. D. dependent	0.063721	0.037663	0.093955	0.028005
Determinant resid covariance	1.89E-13			
Log likelihood	260.1764			
Akaike information criterion	-14.90872			
Schwarz criterion	-12.83420			

(三) 实证结果分析

在设定的国家经济系统生产函数基础上,通过对国家规模与中国经济增长的计量检验分析,结合回归结果可以看出:

第一,通过协整以及向量误差修正模型检验结果可以看出,中国作为一个典型大国,在长期的经济发展过程中,资源禀赋要素投入是国家经济增长、资本存量、人力资本的内生变量,且四者之间存在着长期均衡的关系。从短期增长来看,中国经济增长波动有78%的可能性来自资金投入、人力资本投入、自然禀赋要素投入,以及技术发展水平对自身前阶段发展偏离其长期均衡水平的调整。这也说明了作为后发大国的中国由于资源要素禀赋投入规模以及不同维度要素规模的投入,加速了国内经济单位的社会分工,提升了专业化程度,促进经济产业发展成本的降低,长期内构建了一个均衡的生态发展系统,逐步形成了一个基于要素规模性的大国经济发展分工优势。

第二,由协整关系方程得知,中国资源要素投入与经济增长显然存在较强的内生性。由方程得到的资源要素规模的收入弹性系数为1.445。从中国1978~2012年的经济增长趋势来看,资源要素投入是支撑中国经济增长的基础,在短期波动中,资源要素投入规模波动滞后2期的系数为-0.2806,在发展阶段上表现出了资源要素投入规模的增长滞后于整个经济的发展。这个数据背后也进一步说明了中国在资源投入数量与效率之间存在矛盾,矛盾的产生根源在于知识、技术的应用,也正说明了中国当前经济增长还处于相对粗放的模式,所以对资源要素投入的需求特别大,需要通过"转型"实现经济的可持续增长。但就长期发展而言,中国经济增长对资源要素投入的依靠是呈下降趋势。由此可得出结论,中国的经济已经处在一个关键的"转型"阶段,中国经济的发展已逐步实现以知识、技术、资本为基础的劳动增进型模式,提高资源要素利用效率替代传统以单纯增加资源要素投入来获得经济回报与经济快速增长,即经济增长方式由粗放型向集约型转变。从另一个侧面也充分证明了大国在其经济发展过程中利用其内部的资源消耗梯度、产业发展梯度和消费需求梯度等形成的梯度差异和错位异质,满足不同层次与不同区域的市场供给与需求,形成大国经济发展所独有的互补优势。

第三,向量误差修正模型分析结果显示,资源要素投入规模短期波动的影响结构:资本存量一阶差分滞后1期的系数为-0.2790,说明资本对资源要素投入规模的关系为负向关联影响,由于绝大多数技术进步具有规模报酬递增的特点,资本存量的增加使得技术进步的效果更为明显,其对资源投入的影响自然为负值,这个数据说明了我国的"转型"阶段特征。传统经济理论认为，技术是经济发展关键驱动力，对社会生产效率的提升和社会成本的降低起到了至关重要的作用，也是国家竞争优势形成的根源。目前中国技术处于一个相对较低的水平，从短期来看，技术对资源要素投入的替代效应较为明显，所产生的技术溢出现象显著。但从长期经济发展来看，技术、资本和资源要素投入之间呈现出了一种逐步融合和长期均衡发展的态势。这较好地证明了大国经济发展所具有的适应性优势。作为后发大国的中国，经济发展呈现出了较为典型的多元结构特征，在人力资本、技术和产品结构等方面的多元，决定了其在经济发展过程中较好地匹配了国内不同层次、不同维度的生产供给和消费需求，从整体经济发展上产生了较好的要素匹配和适应性优势。此外，这也从另一个角度证明了中国经济发展的均衡增长很大程度取决于其作为大国经济体内部经济系统功能的完整性，也正因为该项特质决定了大国经济发展过程中容易形成一种较强的抗风险能力和自我保护机制，即前面提到的大国经济发展稳定性优势。

四、结论与建议

通过对大国经济发展优势形成机理的理论阐述和实证分析，可以得出结论：大国经济发展优势的形成，与小国经济发展优势形成相比存在显著差异。以资源要素投入规模为代表的国家规模性特征制约着经济发展优势的形成，但同时通过模型检验，验证了大国综合优势中的"转型"特征，即知识、技术进步对资源要素投入规模与经济增长关系是有着显著关联性的，且随着时间的推移，技术因素的影响使得能源的经济效率逐步提高，资源要素利用效率将是决定国家经济系统优势形成的关键，也是由经济大国发展成为经济强国的必经路径。中国作为后发大国，处在"转型"的风口浪尖，在当前经济形势下应当重点关注资源要素投入、资本存量、技术、人力等方面的协调与均衡，抓住世界经济"转型"机遇，形成大国经济发展优势。

大国经济的转型尤其是后发大国的经济转型，是多维要素投入规模均衡与协调的结果。就短期经济发展而言，大国能依靠资源要素投入较快地形成市场收益，进而形成在国际市场中的竞争地位，但它是短暂且不可持续的，容易陷入"中等收入陷阱"，20世纪初期的阿根廷就是最好的例证。但从长期发展来看，这种做法不仅消耗资源，还恶化市场的供需矛盾，市场的有效供给能力下降，需求形成较为显著的"虚假繁荣"现象，尤其在当前市场需求瞬息变化的时代，一味地依靠资源要素投入变现经济效益，是很难获取持续而长久的经济增长，也无法塑造稳定的经济发展优势。后发大国必须汲取国际先进的知识与技术，优化资源要素投入结构，匹配市场需求，强化生产效率，提升服务质量，并将之与资源要素禀赋、资本存量以及人力资本等相匹配、相适应，进而促进国家经济的繁荣和国家经济优势的形成。

在实证分析中的向量误差修正模型的分析结果显示，中国1979~2012年人力资本一阶差分滞后1期、2期的影响系数相对较微弱，分别为0.06和0.02，数据说明中国人力资本发展相对滞后于社会技术进步的需求，某种程度而言制约了整体经济的快速发展和优势的形成。人力资本增长作为社会技术进步的显著表现，这一现象说明了当前中国经济发展急需加强人力资本的投入，提升技术创新能力，加快社会技术进步。同时也要求后发大国在经济发展过程中应注重提升高素质人力资本的比重，加大投入，增强与产业结构、资源要素投入、资本存量以及技术水平之间的匹配；也要注重加强人力资本的配置效率，实现人力资本与大国经济发展多元结构的适应，使不同层次、区域的人力资本最大限度地匹配社会技术进步需求。

参 考 文 献

[1] 亚当·斯密. 国民财富的性质和原因的研究 [M]. 北京：商务印书馆，1999：122-124.

[2] 大卫·李嘉图. 政治经济学及赋税原理 [M]. 北京：商务印书馆，1962：19-23.

[3] 伊·菲·赫克歇尔，贝蒂·俄林. 域际贸易与国际贸易 [M]. 北京：商务印书馆，1993：46-47.

[4] 弗里德里希·李斯特. 政治经济学的国民体系 [M]. 北京：商务印书馆，1961：10-11.

[5] 亚历山大·格申克龙. 经济落后的历史透视 [M]. 北京：商务印书馆，2009：101-102.

[6] 理查德·R. 纳尔逊，悉尼·G. 温特. 经济变迁的演化理论 [M]. 北京：商务印书馆，1997：54-55.

[7] 沃尔特·惠特曼·罗斯托. 经济成长的阶段 [M]. 北京：中国社会科学出版社，2010：129-130.

[8] 阿瑟·刘易斯. 经济增长理论 [M]. 上海：上海三联书店，1994：36-37.

[9] 罗伯特·M. 索洛. 经济增长理论：一种解说 [M]. 上海：上海人民出版社，1994：45-47.

[10] 罗伯特·J. 巴罗. 经济增长的决定因素：跨国经验研究 [M]. 北京：中国人民大学出版社，2004：13-14.

[11] 埃尔赫南·赫尔普曼，保罗·R. 克鲁格曼. 市场结构和对外贸易 [M]. 上海：上海三联书店，1993：29-34.

［12］Brezis E S, Krugman P R, Tsiddon D. Leapfrogging in International Competition: A Theory of Cycles in National Technological Leadership［J］. American Economic Review, 1993（5）: 1211 – 1219.

［13］道格拉斯·诺斯. 制度、制度变迁与经济绩效［M］. 上海: 上海三联书店, 1994: 42 – 46.

［14］曼库尔·奥尔森. 国家兴衰探源——经济增长、滞胀与社会僵化［M］. 北京: 商务印书馆, 1993: 90.

［15］陆德明, 张伟. 比较优势与后发优势——新世纪中西部地区经济发展战略的思考［J］. 经济评论, 2001（03）: 30 – 32.

［16］林毅夫, 李永军. 比较优势、竞争优势与发展中国家的经济发展［J］. 管理世界, 2003（07）: 21 – 28 + 66 – 155.

［17］施培公. 后发优势: 模仿创新的理论和实证研究［M］. 北京: 清华大学出版社, 1999: 54 – 59.

［18］金明善、车维汉. 赶超经济理论［M］. 北京: 人民出版社, 2001: 132 – 133.

［19］郭熙保. 发展经济学评述［J］. 经济学动态, 2000（04）: 67 – 70.

［20］欧阳峣. 大国经济研究的回顾与展望——1990 ~ 2010 年国内文献述评［J］. 经济评论, 2011（06）: 138 – 144.

［21］Nadim G. Khalaf. Country size and economic growth and development［J］. Journal of Development Studies, 1979（1）: 67 – 72.

［22］西蒙·库兹涅茨. 各国的经济增长［M］. 北京: 商务印书馆, 1985: 144 – 145.

［23］霍利斯·钱纳里, 莫伊思·赛尔昆. 发展的型式. 北京: 经济科学出版社, 1988: 89 – 91.

［24］张培刚. 发展经济学教程［M］. 北京: 经济科学出版社, 2001: 50 – 55.

［25］陈文科. 大国转轨最容易忽视的 6 大问题［J］. 学习月刊, 2002（09）: 14 – 15.

［26］李由. 大国经济论［M］. 北京: 北京师范大学出版社, 2000: 78 – 81.

［27］童有好. 大国经济与开放经济研究［J］. 太平洋学报, 2001（02）: 85 – 90.

［28］蔡昉. 中国发展的挑战与路径: 大国经济的刘易斯转折［J］. 广东商学院学报, 2010（01）: 4 – 12.

［29］何庆光, 莫玲娜. 开放经济条件下的大国经济博弈模型探析——以中国和美国为例［J］. 当代经济, 2010（10）: 9 – 11.

［30］欧阳峣. "大国综合优势"的提出及研究思路［J］. 经济学动态, 2009（06）: 20 – 22 + 48.

［31］黄琪轩. 大国经济成长模式及其国际政治后果——海外贸易、国内市场与权力转移［J］. 世界经济与政治, 2012（09）: 107 – 130 + 159 – 160.

［32］欧阳峣, 尹向飞, 易先忠. 实现要素供需均衡的大国经济模型［J］. 经济学动态, 2014（11）: 25 – 30.

［33］欧阳峣, 易先忠, 侯俊军, 罗会华. 大国综合优势: 中国经济竞争力的一种新诠释——兼与林毅夫教授商榷［J］. 经济理论与经济管理, 2009（11）: 25 – 31.

The Mechanism and Empirical Research of The Advantages of Economic Development in Big Countries
——On The Basis of The Economic Data of China From 1979 to 2012

Li Jianfei, Ouyang Yao

Abstract On the basis of the economic data of China from 1979 to 2012, this paper makes a theoretical analysis and empirical test on the formation mechanism of the economic advantage of big countries based on the domestic and foreign papers of economic development advantages. The study proves that the advantages of economic development proposed by Professor Ouyangyao are different from the traditional economic theory, which shows a comprehensive advantage caused by national scale. Its economic development advantages not only come from the comparative advantage and competitive advantage formed by the big country's own resource factor endowment, but also from the complementary advantages of the economic development accumulation and development foundation heterogeneity and the adaptive advantage of the multi-structure formation and stability advantage.

Key words Economic of Big Country, Economic Advantage, Economic Growth, Country Scale, China

内需压力、经济规模与中国出口的可持续增长*

高凌云**

摘　要　扩内需与促出口可以兼得吗？在不同产业内部企业生产率服从 Pareto 分布的假设下，纳入可变价格加成以及潜在企业针对不同产业的进入选择，基于 2003~2014 年 HS 产品分类六位码和中国工业产业四位码层次的数据，系统分析了内外需、经济规模和竞争力在中国出口增长中的作用及影响机制。结果表明："内需压力假说"在我国并不成立，而且，中国出口的国内需求弹性远大于外需弹性；内需压力增加虽然部分占用了以往用于出口的生产要素，但这一途径尚不足以明显抑制出口，内需压力对出口的促进作用，本质上是通过带动外需实现的；而经济规模的扩张，始终不利于出口。因此，未来在坚持提升我国出口产品竞争力的同时，更应重视内需、市场结构调整等对促出口的重要作用。

关键词　内需压力；假说经济规模；出口

一、引言

考虑到中国经济对外仍将遭受欧债危机持续、世界经济增速放缓等诸多挑战，对内又面临经营成本全面上升、转变增长方式难度加大等一系列问题，《中华人民共和国国民经济和社会发展第十三个五年规划纲要》明确强调，中国应继续坚持扩大内需战略，保持经济平稳较快发展，加快形成消费、投资、出口协调拉动经济增长的局面。当前，一方面，中国经济已经进入了新常态，增长正在由依靠投资、出口拉动，向依靠消费、投资、出口协调拉动转变；另一方面，伴随着消费与投资的持续稳定增长，五年来中国出口月度同比增速整体却呈现出持续下滑的基本特征。那么，中国扩内需

---

* 本文原载于《经济与管理评论》2018 年第 1 期。
** 高凌云，中国社会科学院世界经济与政治研究所研究员，湖南师范大学大国经济研究中心特邀研究员。

与促出口之间,是否存在"内需压力假说"(江小涓,2007;Berman et al.,2011 等),资源转向满足扩张的国内需求后,出口会相应减少,从而不可兼得的情况呢?

虽然,现有基于异质性贸易理论对中国出口增长的理论和实证研究,确实是从企业生产率、规模等存在巨大差异的事实出发,去研究企业出口行为、贸易利得等问题,但与新贸易理论类似,都无一例外地采用边际成本不变假设,忽略了国内外市场之间的相互联系,无法控制供给面因素,特别是内需变动对出口的影响。这导致我们在影响出口增长的关键性因素及其内在联系机制等核心问题上,缺乏科学的理论和来自微观层面的经验证据支撑;从而无法依据我国内需变动及出口等方面的事实,以及近些年强调的"要协调拓展内外需"精神,对中国由贸易大国向贸易强国转变过程中的贸易战略做出科学判断和对应调整。

因此,本文从传统出口方程理论出发,进而在不同产业内部企业生产率服从帕累托分布以及放松边际成本不变假设,构建了系统分析内需压力、经济规模、外需、竞争力与出口的理论框架,并基于 2003~2014 年 HS 产品分类六位码和中国工业产业四位码层次的数据,对行业层面的中国出口方程进行了估计。结果表明,在外需、竞争力对中国出口的影响符合理论预期的同时,"内需压力假说"在中国并不成立,扩内需与促出口之间并不矛盾,内需压力对出口的促进作用,本质上是通过带动外需实现的;经济规模虽然能通过提高出口竞争力等方式产生正向作用,但更会通过降低出口企业的边际利润、提高维持出口的生产率临界水平、增加贸易摩擦风险等方式抑制出口。

二、文献综述

尽管研究出口增长影响因素的国内外文献极为庞杂,但本质上,这些研究都是试图通过构建不同数据层次、不同解释变量的出口方程,来对现实出口问题进行解释。另外,值得注意的是,研究出口影响因素也可以从贸易引力方程出发,不过,伊顿和科特姆(Eaton and Kortum,2002)、钱尼(Chaney,2008)、伊顿等(Eaton et al.,2011)证明了,贸易引力方程与出口方程,具有基本类似的方程形式。而对出口方程的研究,总体来看包括三个方面内容:一是构建出口方程的基础,有完全替代模型和不完全替代模型之分,这之中还包括对它们之间关系,以及为什么不完全替代模型更为科学的说明;二是不完全替代假设下不同出口方程的比较与应用,大致可分为出口需求方程、出口决定方程和出口需求供给联立方程三类;三是不完全替代假设下出口方程中影响因素的细化。由于高凌云和程敏(2012)对出口方程前两方面的内容做了非常细致的梳理，因此这里分析着重在第三方面文献的发展。

在出口方程的框架中，现有研究对外部需求、相对出口价格等关注较多，有大量研究将贸易成本、生产率等因素，或者更进一步，将影响贸易成本、生产率的因素，如国内市场分割、政府鼓励出口的政策体系、基础设施和企业特征等，从表征出口竞争力的相对出口价格中分离出来。最近几年，也有部分研究将内需压力，从表征供给面的总产出中分离出来单独研究。下面对细分出来的主要变量，做一简要阐释。

1. 生产率、贸易成本与企业出口行为

围绕生产率、贸易成本与企业出口行为的文献实际上是从自我选择效应和出口学习效应两条路径展开的。一方面，由于企业进入出口市场需要支付额外的固定成本和沉没成本，如建立国外销售渠道、运输成本、进入壁垒等，只有当企业的生产率足够高时，才能克服这些成本进而从出口中获取利润，因此，生产率高的企业会"自我选择"进入出口市场（Jensen and Musick，1996；Clerides et al.，1998；Aw et al.，2000；Bernard，2003；Melitz，2003；Crespi et al.，2007）；另一方面，企业进入出口市场，从中获得先进的技术和管理经验，进而通过出口学习效应，可以直接或间接地提高自身的生产率水平（Blalock and Gertler，2004；Biesebroeck，2005）。近年来国内学者也开始从微观企业层面考察生产率、贸易成本与企业出口行为的关系，并作了一些有益的探索，如张杰等（2009）利用中国本土制造业企业层面数据，并结合OP方法和PSM模型所做的研究发现，出口学习效应促进了本土制造业企业全要素生产率的提高，从而在中国验证了出口学习效应假说；赵伟等（2011）利用中国工业企业微观数据的研究支持了自我选择效应。

2. 国内市场分割与企业出口

中国省份间普遍存在着"以邻为壑"的"囚徒困境"式的市场分割现象，朱希伟等（2005）最早从理论层面关注到，市场分割会阻碍本地本土企业利用国内市场来实现规模扩张和规模经济效应。这导致中国出口企业在国外市场并不追求构建产品的自有品牌，也不依靠打造自身的自主创新研发能力，而是使用国外采购商或发包者的品牌、依赖于国外发包者的销售终端渠道，以低廉的产品价格竞争来获取国外发包商的生产订单；市场分割实际上降低了中国本土企业进入国外市场的高端竞争优势和生产效率"门槛"要求（张杰等，2010）。

3. 政府鼓励出口的政策体系与企业出口

伯纳德和詹森（Bernard and Jensen，2004）认为，政府补贴可以通过收集国际市场信息，或加强潜在出口企业和在位出口企业之间的联系，降低国际市场进入成本或其他与出口有关的成本，从而促进潜在出口企业进入国际市场。沃尔佩和卡巴洛（Volpe Martincus and Carballo，2008）在整合相关研究的基础上指出，由于企业出口过程异常复杂，国际市场信息不对称问题深刻影响了企业的出口活动；具体而言，企业在进入国际市场时必须寻找并确认潜在贸易伙伴、并对其资信情况、商誉和经营能力进行评估，而这些必要的出口环节都包含了极高的交易成本，在这种情况下，政府机构的出口促进活动就可以通过解决信息不对称问题，降低企业出口过程中的交易成本，促进本国企业的出口活动，而且，这种效应主要表现为"拓展性贸易边际"增长，而不是"集约性贸易边际"增长。但赫尔默斯和特罗菲明科（Helmers and Trofimenko, 2010）从补贴实际分配过程的复杂性出发，指出了政府补贴可能存在的、不容小觑的负面作用。其一，补贴不仅容易引发外部贸易伙伴的报复行为，而且会弱化价格的市场信号作用，扭曲有限资源在国内的合理配置；其二，补贴政策会直接加大政府的财政负担，提高政府财政赤字水平；其三，也是在现实中最容易发生的，即使该政策确实促进了企业的出口活动，但是由于补贴政策体系非常复杂，正确选择合适的补贴对象也相应地比较困难，而补贴分配过程不易监管，很容易由于相关官员的寻租行为而被滥用。

4. 基础设施与出口

现有文献大多是从运输成本的角度，探讨基础设施对出口贸易量的影响。布格斯等（Bougheas et al., 1999）在李嘉图模型的基础上，通过将运输成本和基础设施内生化，分析了基础设施对出口贸易的作用机制。研究发现，对于基础设施投资水平达到最优的国家，基础设施的水平和贸易流量之间存在正向的关系，并且基础设施数量和质量的差异可能会造成运输成本的不同，而国家间运输成本的不同会造成在国际市场上竞争能力的差异。弗朗索瓦和曼钦（Francois and Manchin, 2007）、爱德华兹和奥丁德尔（Edwards and Odendaal, 2008）等利用多国间的双边贸易数据，检验了基础设施水平对出口量和出口决策的影响，结果显示：在控制了关税偏好、发展水平和距离等因素之后，基础设施水平不但显著影响双边出口水平，还影响出口发生的可能性。盛丹等（2011）的研究结果显示，除网络基础设施外，其他各项基础设施的建设对中国企业的出口决策和出口量均具有显著的促进作用，而且从标准化系数来看，基础设施的建设对出口决策的影响相对较大。

5. 企业特征与企业出口行为

首先是企业规模因素。在新贸易理论框架下，规模经济对于出口的推动作用不仅体现在市场容量上，更主要体现在企业自身具有的规模所形成的成本优势（Bonaccorsi, 1992；Yeaple, 2003）。规模较大的企业通常在市场势力、品牌建设与维护、销售终端渠道开拓、产品升级、产品定价策略、融资以及与当地政府关系协调等方面具有优势。其次是企业区位因素。产业集群内广泛的产业链乃至产品内分工所形成的纵向非一体化分工协作网络，有效地降低了各个环节零配件与组装企业的生产成本，进而极大地降低了产品生产成本,使集群具有强大的低成本出口竞争优势。集聚所带来出口优势的另一个因素,是集群形态所内含的灵活多变的供货能力和大规模定制能力,有效降低了出口贸易中的不确定和国外客户的搜寻成本,以及企业进入国外市场的壁垒和沉淀成本,从而促进了企业出口的扩张(Greenaway and Kneller, 2008)。最后是企业的出口经验。由于企业进入出口市场时需支付一个不可还原的沉没成本,企业当前的市场参与状况自然就会受到先前出口经验的影响。罗伯茨与泰博(Roberts and Tybout, 1997)运用哥伦比亚1981~1989年制造业企业的数据量化了企业先前出口经验对当期出口参与决定的影响,通过建立一个关于区分利润异质性和沉没成本的动态离散选择模型来解释企业的出口决定,他们的研究结果表明,沉没成本显著存在,并且企业先前的出口经验使其当期参与出口的概率提高了60%。

近些年有越来越多的文献,开始从供给面关注内需压力对出口的影响(Blum et al., 2010; Rho and Rodrigue, 2010; Soderbery, 2010; Ahn and McQulid, 2012; G. Vannoorenberghe, 2012)。这些研究一般是将出口方程中的总产出,分解为趋势项和产能利用率,进而,利用产能利用率来代理国内需求变动,并将其命名为"国内需求压力"。其逻辑是国内需求发生变动,比如说增长,通常会迫使企业提高产能利用率,从而给企业带来压力。国内需求压力增加,导致出口企业减少出口并增加国内市场供给(反则反之),被称为"内需压力假说"(Rahmaddi and Ichihashi, 2012)。

从整体而言,现有对出口增长问题的研究,包括检验"内需压力假说"的文献,均忽视了内部市场和外部市场之间的相互联系。原因在于,异质性贸易理论与新贸易理论类似,均假设边际成本不变。这一假设,必然导致不同市场之间缺乏相互联系和影响。因为,边际成本不变,意味着某一市场需求条件发生变化,比如国内市场需求增加,只会影响企业对国内市场的销售,而外部市场因为其需求和边际成本不变,利润最大化的销售数量并不会因为其他市场变化而发生变化。按照这一逻辑,既然内需与出口之间毫无联系,又何谈"加快形成消费、投资、出口协调拉动经济增长的新局面"呢?

三、计量方程推导与方法选择

(一)计量方程推导

本研究利用梅里兹(Melitz, 2003)等关于生产率异质性的假设引入广度边际,通过取消企业自由进入假设引入价格加成。仍然采用某国 i 与世界其他国家的分类方法,劳动供给规模分别为 L_i、L_*，两国都是由 $H+1$ 个产业部门组成。其中，部门 0 提供单一的同质计价品，而其他部门则是由连续统形式的差异化产品构成，生产中只使用劳动力要素。如果 i 国代表性消费者消费 q_0 单位的商品 0、$q_h(\omega)$ 单位 h 部门 ω 品种商品，定义如下嵌套形式的效用函数：

$$U = q_0^{\mu_0} \prod_{h=1}^{H} \Big(\int_{\Omega_h} q_h(\omega)^{\frac{\sigma_h-1}{\sigma_h}} d\omega \Big)^{\left(\frac{\sigma_h}{\sigma_h-1}\right)\mu_h} \tag{1}$$

其中，$\mu_0 + \sum_{h=1}^{H} \mu_h = 1$，$\sigma_h$ 为 h 部门不同品种商品的替代弹性，且 $\sigma_h > 1$。为了简单，假设同质商品 0 是以规模报酬不变技术生产的，一单位劳动力可以生产 w_i 单位商品 0；另外，作为一般计价物，假设其价格为 1，因此国家 i 的工资和生产率也可以表示为 w_i。

为了得到均衡条件下不同产业各个企业的出口函数，同时考虑到规模经济的作用，按钱尼（2008）的方式，我们将克鲁格曼（Krugman, 1980）的贸易成本具体细分为可变贸易成本（τ_i^h）和固定贸易成本（f_i^h），其中 τ_i^h 采用冰山成本的形式，表示 i 国 h 部门某一企业出口一单位商品，只有 $1/\tau_i^h$ 单位到达世界其他国家，而 f_i^h 表示 i 国 h 部门某一企业出口到世界其他国家所产生的固定支出。与赫尔曼等（Helpman et al., 2004）类似，假设 h 部门所有企业的生产率（φ）来自帕累托分布（分布参数为 $\gamma_h > \sigma_h - 1$）：

$$P(\tilde{\varphi}_h < \varphi) = G_h(\varphi) = 1 - \varphi^{-\gamma} \tag{2}$$

由此可以得到 i 国 h 部门生产率为 φ 的企业，生产 q 单位商品并出口到世界其他国家的总成本为：$c_i^h(q) = \frac{w_i \tau_i^h}{\varphi} q + f_i^h$。依据垄断竞争条件下，任意两种商品的边际效用之比等于它们的出口价格之比，可以得到该企业的最优出口价格为：$p_i^h(\varphi) = \left(\frac{\sigma_h}{\sigma_h - 1}\right)\frac{w_i \tau_i^h}{\varphi}$。那么，$i$ 国 h 部门生产率为 φ 的企业对世界其他国家的出口额为：

$$e_i^h(\varphi) = p_i^h(\varphi) q_i^h(\varphi) = \mu_h Y^* \left(\frac{p_i^h}{p_*^h}\right)^{1-\sigma_h} \tag{3}$$

式（3）中 Y^* 为世界其他国家的收入，P_*^h 为世界其他国家 h 部门的价格指数。另外，利用利润为零可以获得临界条件下的生产率水平（$\bar{\varphi}_i^h$）：

$$\bar{\varphi}_i^h = \left(\frac{\sigma_h}{\mu_h}\right)^{\frac{1}{\sigma_h-1}} \frac{\sigma_h}{\sigma_h - 1} \left(\frac{f_i^h}{Y^*}\right)^{\frac{1}{\sigma_h-1}} \frac{w_i \tau_i^h}{P_*^h} \tag{4}$$

通过设定企业进入选择的方式加入经济规模与内需压力，这里考虑企业进入问题，主要在于，为了得到 i 国 h 部门的总出口，在企业生产率存在差异的情况下，需要对 h 部门所有企业的出口进行计总，这就要求事先对进入不同产业部门的企业数量进行设定。基于处理方便的考虑，首先，按伊顿和科特姆（2002）、钱尼（2008）的方式，对任意产业，假定潜在进入企业的数量与经济规模成正比，即越大越富有的国家有更多的进入企业；其次，更进一步针对不同产业进入成本和进入率存在极大差异的经验事实（Dunne et al. , 1989），按迈克菲等（McAfee et al. , 2004）的方式，假定企业更倾向于选择进入生产能力利用率较高的、处于成长期或成熟期的产业。因此 i 国 h 部门的总出口可以表示为：

$$x_i = (S_i)^\kappa (R_i^h)^\upsilon \int_{\bar{\varphi}_i^h}^{\infty} e_i^h(\varphi) \mathrm{d} G_h(\varphi) \tag{5}$$

式（5）中，S_i 表示 i 国经济规模；R_i^h 表示 i 国 h 部门的生产能力利用率。将式（3）代入式（5）中，取对数可得：

$$\ln x_i^h = \ln \frac{\mu_h}{\gamma_h(\gamma_h - (\sigma_h - 1))} + \ln Y^* + (1 - \sigma_h)\ln \frac{P_i^h}{P_*^h} + \kappa \ln(S_i) +$$
$$\upsilon \ln(R_j^h) - \gamma_h \ln(\bar{\varphi}_i^h) \tag{6}$$

进一步，将霍撒克和泰勒（Houthakker and Taylor, 1970）中出口变动 $\frac{\mathrm{d}}{\mathrm{d}t}\ln X(t)$ 的离散形式：$\Delta \ln X(t) = \eta(\ln x_t^d - \ln x_{t-1})$，代入式（6），加入时间下标和误差项，并经系数表述简化，可得：

$$\ln x_{it}^h = \alpha_0 + \alpha_1 \ln x_{it-1} + \alpha_2 \ln Y_t^* + \alpha_3 \ln \frac{P_{it}^h}{P_{*t}^h} + \alpha_4 \ln(S_{it}) + \alpha_5 \ln(R_{it}^h) + u_i^h + v_{it} \tag{7}$$

更进一步，式（6）采用 $(S_i)^\kappa (R_i^h)^\upsilon$ 的方式引入国内需求压力和经济规模，通过对数处理可以很方便地转换为线性方程进行估计；但是，采用 $f(\kappa(S_i) + \upsilon(R_i^h))$ 的函数形式同样符合前面针对企业进入选择的设定。因此，在式（7）的基础上，还需进一步估计包含交叉项的、形式更一般的出口方程：

$$\ln x_{it}^h = \alpha_0 + \alpha_1 \ln x_{it-1} + \alpha_2 \ln Y_t^* + \alpha_3 \ln \frac{P_{it}^h}{P_{*t}^h} + \alpha_4 \ln(S_{it}) + \alpha_5 \ln(R_{it}^h) + A\Pi + u_i^h + v_{it} \tag{8}$$

式（8）中，A 为交叉项的参数向量；Π 表示国内需求压力、经济规模分别与世界收入和相对出口价格的交叉项。事实上，加入交叉项的另一个好处是，可以更为细致地分析内需压力、经济规模可能发生作用的不同机制。

（二）估计方法选择

上述计量方程的解释变量中不仅包括不同产业出口的滞后项（前定变量）和出口相对价格，还包括经济规模和国内需求压力，前定变量自然是内生的，出口价格、经济规模和内需压力相对于出口数量也可能存在因为互为因果导致的内生性问题，从而导致前定和内生解释变量与误差项的相关系数不为零，直接采用 OLS 估计不仅无法解决解释变量与个体固定效应的相关性，同时也不能解决内生变量和前定变量与总体误差项相关性问题对估计参数引起的偏差，采用固定效应方法估计可以消除解释变量与个体固定效应的相关性问题，但仍然无法解决内生变量与前定变量与误差项相关对参数估计带来的偏差。

正是考虑到上述估计方法的缺陷和不足，阿雷拉诺和博韦尔（Arellano and Bover, 1995）、布伦德尔和邦德（Blundell and Bond, 1998）提出了系统 GMM 估计方法，本文采用该方法对计量方程进行估计。估计的基本过程和思路是：利用差分且滞后二阶及多阶的内生变量和前定变量作为水平内生和前定变量的工具变量对水平方程的估计参数进行识别，利用水平的滞后二阶及多阶内生和前定变量作为差分内生和前定变量的工具变量对差分方程的估计参数进行识别，对水平和差分方程估计的参数估计结果和信息进行加权得到最终水平方程的系统 GMM 估计结果。

在明确了各解释变量属性和估计过程后，我们还需要对参数估计结果的有效性、一致性，以及工具变量选取的有效性进行检验。第一，整个工具变量有效性的 Sargan 检验和 Hansen 检验，相比较于 Hansen 过度识别检验，在工具变量增加的时候，Sargan 过度识别检验存在非一致的可能性，基于有效性考虑，我们以 Hansen 检验结果为准。第二，检验系统 GMM 是否比差分 GMM 更有效，即系统估计中新增工具变量是否有效的 Diff – in – Hansen 检验，其原假设是新增工具是有效的，如果不能拒绝原假设则表明系统估计方法更有效。第三，需要检验的是 ε_{it} 是否存在序列相关，因为即便原始残差项是非自相关的，它的差分序列也可能为一阶自相关，除非原始残差序列遵循一个随机游走过程，因此差分的残差项如果存在二阶自相关就意味着原始残差序列是自相关并至少遵循阶数为 1 的移动平均过程。本文分别给出差分转换方程的一阶和二阶序列相关的 AR（1）、AR（2）检验，原假设是不存在序列相关，在原假设下经过差分转换后的残差有一阶序列相关性，但如果没有二阶序列相关则可断定原假设成立。

动态面板系统 GMM 估计可以分为一步和两步 GMM 估计，虽然在有限样本条件下，两步估计的标准差存在向下偏倚，但这种偏倚经过温特迈耶（Windmeijer, 2005）有限样本校正后会减小；而且系统 GMM 的 *robust* 技术可以克服两步 GMM 估计量的近似渐进分布不可靠问题，系统 GMM 的 *collapse* 技术则可用来减少 GMM 类工具变量数量以克服工具变量较多带来自由度损失的问题，在此基础上本文利用两步系统 GMM 进行估算。为了克服截面相依性对估计结果的影响，本文在估计中同样明确加入了年度虚拟变量。

四、变量的选择、测度与数据来源

本文涉及的变量主要有不同行业的出口、世界收入、相对出口价格、经济规模和国内需求压力,由于出口、世界收入处理方式与高凌云(2015)基本一致,本研究着重介绍相对出口价格、经济规模和国内需求压力的含义和测算方法进行说明,最后是数据来源。

1. 国内外相对出口价格

国内外相对出口价格通常是采用国内出口价格指数和世界其他国家出口竞争者价格指数(转换为同种货币)的比例来表示(Goldstein and Khan,1985),其大小主要用于衡量出口品在国际市场上的竞争力[①],出口竞争力越强,即出口相对价格越低,出口自然越多,因此,我们预计价格弹性为负。

首先,国内消费者价格指数(CPI)反映的只是国内市场所有产品的价格变动,生产者价格指数(PPI)并不包括所有需要关注的出口部门,乔林和范温科普(Anderson and van Wincoop,2003)特别强调出口价格指数根本不同于 CPI 或 PPI。其次,阿尔吉里(Algieri,2004)提出,可采用相对成本来代替相对出口价格。批发价格指数是最为常用的生产成本代理指标,如果仅仅是进行宏观国家层次的估计,那么,某经济个体面临的世界其他国家出口竞争者价格指数可以表示为:$pxw_j = \sum \alpha_{ji} \sum \beta_{ik} wp_k$,其中,$i=1,\cdots$;$N$;$k=1,\cdots,N-1$;$\alpha_{ji}$ 表示 i 国或地区在 j 国或地区的出口中所占的比重;β_{ik} 表示 k($k \neq i$ 或 j)国或地区的出口在 i 国或地区所占的比重,且 $\sum \alpha_{ji} = 1$,$\sum \beta_{ik} = 1$。这种方式在针对更细层次(如产业层次)研究的时候却无法应用,因为即使是一位码产业层次的批发价格指数,目前大多数国家都没有提供,我们所能获得的只有按不同分类方法(如 HS、SITC、CPC 等)统计的分国别、商品的贸易数据。

不过,联合国统计署(UNSD,2005)经调查发现,各国统计机构使用的贸易指数通常为 Laspeyres 指数、Paasche 指数与 Fisher 指数三类,它们之间只是适用范围不同,并无好坏之分;另外,依据平均方法的不同,每一类价格指数有算术平均和几何平均两种;进而,依据参照时点的不同,每一种又存在定基(fixed - base)与链式(chained)的区别;几何平均相比算术平均,能考虑产品之间的替代效应,而链式相比

[①] 出口竞争力主要体现在产品和市场两个层面,其中,产品层面包括品质和成本,而市场层面包括市场进入、制度、交通运输、贸易设施等(Farole, et al., 2010)。

定基，能考虑产品的进入与退出。戈利耶（Gaulier et al.，2008）更具体地提供了不同效用函数与出口价格指数之间的精确对应关系，具体为：如果效用函数是 Leontief 形式的，对应的出口价格指数可以是算术平均的 Laspeyres 指数或 Paasche 指数；如果效用函数是 C–D 形式的，对应的价格指数就应该是几何平均的 Laspeyres 指数或 Paasche 指数；而如果效用函数是二次项（如超越对数）形式的，精确对应的就应该是 Fisher 指数。在此基础上，结合 UN comtrade、CEPII BACI 等数据库，就很容易得到不同分类层次的出口价格指数。由于本文采用的是 C–D 形式的嵌套效用函数，同时，为了控制出口商品之间的替代效应以及进入退出影响（陈勇兵等，2012），此处采用与指数理论、贸易理论相一致的、几何平均的链式 Laspeyres 指数（rpL_t）和 Paasche 指数（rpP_t），来测算中国和世界其他国家的出口价格指数。此处以中国出口价格指数为例，计算公式为：

$$rpL_t = \prod_{i=1}^{t} gL_{i/i-1},\ rpP_t = \prod_{i=1}^{i} gP_{i/i-1}$$

其中，$gL_{i/i-1} = \prod_k \left(\dfrac{p_{k,i}}{p_{k,i-1}}\right)^{w_{k,i-1}}$，$gP_{i/i-1} \prod_k \left(\dfrac{p_{k,i}}{p_{k,i-1}}\right)^{w_{k,i}}$，$w_{k,i} = \dfrac{p_{k,i}q_{k,j}}{\sum_i p_{k,i}q_{k,i}}$，$k$ 表示某种出口品；$p_{k,i}$，$q_{k,i}$ 分别表示该种商品在 i 期出口价格和出口量。相对出口价格以中国和世界其他国家出口价格指数的商表示。

除此之外，针对本文的估计，利用几何平均的链式 Laspeyres 指数、Paasche 指数公式，具体计算国内外相对出口价格指数时，有几个数据处理方面的问题需要详细说明：第一，涉及国际贸易商品分类与国民经济产业分类间的对应。由于国家统计局提供了《国民经济产业分类（GB/T 4754—2002）》与《国际标准产业分类（Rev.3）》的对照表[①]，因此这一问题也就转化为了国际贸易商品分类与国际标准产业之间的对应问题。第二，本文利用 UNSD 发布的 "*Correspondence between HS*1996，*SITC Rev*. 3，*CPC Ver*. 1. 0，*ISIC Rev*. 3" 的对应关系，建立 HS（1996）与国际标准产业分类（ISIC Rev.3）之间对应关系。第三，涉及异常值的处理，中国海关总署在计算二位码产业层次的出口价格指数时，在其《中国对外贸易指数编制说明》中提出，应根据海关进出口记录，计算出同种商品的价格变异系数，保持最终的样本覆盖率在 70% 以上。此处同样采用价格变异系数作为判定标准，并选择 70% 的覆盖率，与此对应的样本截断点的变异系数为 0.5429。经过上述处理后，本文最后用于计算相对价格指数的 HS（1996）

[①] 国家统计局（2008）提供的《国民经济产业分类注释》中，建立了国民经济每一个产业小类与 ISIC（Rev.3）最细一层分类的对应关系。由于中国的产业分类比 ISIC（Rev.3）要细，所以多数情况是中国的几个小类对应联合国的一个小类。但是，该标准中也存在一个国民经济产业小类对应多个 ISIC 小类的情况，涉及 22 个四位码国民经济产业（备索）。针对这类情况，《国民经济产业分类注释》明确提出，新标准中凡有类似的情况，虽然一律标明其所应对应的 ISIC（Rev.3）产业代码及名称，但在数据转换时，应以列在第一位的产业为准。

六位码商品为总 5111 种中的 3884 种，对应的 GB（2002）四位码产业为 478 个。

2. 国内需求压力

国内需求压力主要用于测度出口供给能力的大小，以往研究通常采用产能利用率作为对应的变量，因为在外需稳定的情况下，国内需求增加，必然导致产能利用率上升（Dunlevy，1980）。从研究出口方程的角度，产能利用率一般是采用实际值与指数趋势值的商来计算（Rahmaddi and Ichihashi，2012）。但如前所述，国内需求压力可能正向，也可能负向影响出口。另外，对这一变量还需要注意的是，不能直接采用工业总产值来测算产能利用率。因为，国内需求压力的变动能很好地体现在产能利用变动中的前提是，出口与国内需求压力无关，这自然与我们想要检验的假说相互矛盾（Riedel et al.，1984）。而且，直接利用工业总产值测算产能利用变量，还会使得估计因为方程两端同时出现出口变量而产生联立偏误。所以，此处按卡勒姆（Culem，1987）、阿尔吉里（Algieri，2004）等的方式，从支出角度，利用中国四位码工业总产值减去其出口后的变量来测算产能利用率。

3. 经济规模

经济规模的表征变量较为简单，根据伊顿和科特姆（2002）、钱尼（2008）的假设，与钱学锋、熊平（2010）一致，本文采用国内生产总值来测度。以经济规模增大表示的企业数量增加，可能会加大产业内的竞争，提高生产效率。因此，我们预计经济规模对出口的影响为正。

4. 数据来源

本文 2003～2014 年中国四位码工业产业工业总产值、出口交货值和国内生产总值，分别来自中国统计数据应用支持系统里"年度数据"的"工业产业子类"和"宏观全国子类"；2002～2014 年六位码 HS（1996）分类的世界各国商品贸易数据来自 CEPII BACI 数据库；2003～2014 年计算世界收入的 200 个国家和地区的 GDP[①]、中国出口到世界各国或地区的贸易占比分别来自 IMF 的 DOT 和 IFS 数据库；本研究起始设定为 2003 年，主要是因为之前年份四位码工业产业的部分数据存在很严重的缺失。

五、计量结果及说明

与计量方程（7）、方程（8）一致，本部分的实证处理也包括两个层次，表 1、表

---

① 具体国别和地区名省略。

2 分别提供了对应的实证结果。这之中，所有设定的 AR（1）、AR（2）检验都表明，各估计的残差序列均存在显著的 1 阶自相关，但不存在 2 阶自相关，再加上 Wald 统计量的 p 值，这意味着各模型设定总体上是可取的。进一步，由判断整个工具变量有效性的 Hansen 检验以及判断 GMM 类工具变量子集有效性的 Diff – in – Hansen 检验结果可知，各估计工具变量的构造总体上均是有效的，后面不再逐一说明。

1. 内外需、相对出口价格和经济规模对出口的影响

表 1 中所有设定都显示，尽管出口滞后项至少在 10% 的置信水平下对出口具有显著的正向影响，但影响程度均非常有限，表 1 中设定（1）最大也不过是 0.3805，这表明中国行业层面出口增长的稳定性并不强。表 1 设定（2）给出了传统出口需求方程的估计结果，其中，外需对出口的影响弹性为 1.1516，具有 1% 的统计显著性，相对出口价格对出口的影响弹性为 – 0.6315，在 10% 的置信水平下显著。表 1 设定（3）给出了出口决定方程的估计结果，其中，内需压力弹性为 6.9850，虽然只在 15% 的置信水平下显著，但是在加入反映供给面的内需压力指标后，出口收入弹性增加为 1.2591，同样具有 1% 的统计显著性，出口价格弹性则变为 – 0.9879，也是在 10% 的置信水平下显著。显然，遗漏内需压力变量，会在一定程度上低估出口的收入和价格弹性。如果按钱尼（2008）等的处理，即仅仅考虑经济规模的影响，同样可以发现，传统出口需求方程存在低估收入弹性和价格弹性的问题，但相比于表 1 设定（3）~设定（4）显示的收入弹性低估程度会更大。而且，值得特别关注的是，经济规模对出口的影响在 1% 的置信水平下显著为负，与我们的预期完全相反。

与式（7）的逻辑一致，除外需和相对出口价格外，表 1 设定（5）在同时控制了经济规模与内需压力后，得到的收入弹性为 3.5845，具有 1% 的统计显著性，比表 1 设定（3）的高，但比表 1 设定（4）的略低；价格弹性为 – 0.9580，大小虽然与表 1 设定（3）~设定（4）的结果类似，但仅在 15% 的置信水平下显著；内需压力弹性增加为 9.9105，远远大于国外收入对出口的促进作用，且在 5% 的置信水平下显著；经济规模弹性的绝对值下降为 1.6758，在 5% 的置信水平下仍然对出口有显著的负影响。

上述估计结果在面临内外部冲击的情况下，是否能保持稳健呢？比如，2005 年 7 月，中国开始人民币汇率改革，人民币相对美元及其他货币开始升值，此举可能压缩了国内出口企业的利润空间。我们采用较为简单的方式处理汇改的可能影响，与表 1 设定（5）的全样本对应，设定（6）、设定（7）分别采用了汇改前后，即 2003 ~ 2005 年和 2006 ~ 2014 年的样本。另外，2008 年的金融危机导致全球贸易急剧下降，但在 2009 年初又迅速恢复到危机前水平（Levchenko, et al., 2010）。在设定（7）的基础

上，我们通过加入D_{08}哑变量（2008年取0，其余年份取1）来控制这一外部冲击。经过处理之后的结果显示，2008年的金融危机确实对中国出口贸易增长产生了显著的不利影响（-0.5476），同时相对出口价格的影响不再显著了。但汇改和金融危机都没有改变设定（5）的基本结论，收入弹性和价格弹性的大小和符号并没有因样本的不同而产生明显变化。而且，汇改还增强了中国出口增长的稳定性。但最需关注的是，表1设定（5）~设定（8）的结果同样显示，至少在15%的置信水平下，内需压力对出口的影响显著为正，其影响依旧远大于外需的作用；经济规模仍然是至少在5%的置信水平下对出口产生着抑制作用。这表明，内需压力假说在中国并不成立，同时，经济规模对出口的影响也完全不同于我们通常的判断。利用更一般形式的出口方程对上述估计结果作进一步的分析说明。

2. 内需压力、经济规模影响出口的具体机制

表1的结果初步表明了，如果不控制经济规模与国内需求压力，必然会导致收入弹性和价格弹性的低估，这说明经济规模、内需压力与国外收入、相对出口价格之间肯定具有内在的联系。因此，按式（8）的逻辑，需要在出口方程中加入经济规模、内需压力与国外收入、相对出口价格之间的交叉项。我们处理式（8）的基本程序分三步，第一步是加入内需压力与外需、相对出口价格之间的交叉项；第二步是加入经济规模与外需、相对出口价格之间的交叉项；第三步是加入所有的交叉项。在每一个过程当中，为克服多重共线性问题的影响，我们剔除了与加入交叉项相关程度较高的原有解释变量，比如，在加入$ddp \times rpL$项时就剔除了ddp的影响等。最后，与表1类似，在每一步中，利用不同时间段的样本对原有结果进行了检验。

表2设定（1）在加入$ddp \times rpL$、$ddp \times Y^*$后，除了出口价格弹性变为-0.7893之外，其他核心解释变量的弹性基本没有变化，其中，出口滞后项的系数仍然较低，为0.2468；国外收入弹性为3.5798，具有1%的统计显著性；经济规模的弹性为-1.7009，在5%的置信水平下显著。由于相对出口价格以递减表示出口竞争力增强，$ddp \times rpL$项的系数为正，但并不显著，说明国内需求压力增加，在部分占用以往企业用于出口的生产要素和规模经济的共同作用下，虽一定程度上推高了相对出口价格，但这一影响，尚不足以明显抑制中国工业行业的出口；$ddp \times Y^*$的系数为1.192，并在15%的置信水平下显著，这进一步说明，中国内需压力增加，会通过投资、工业和进口扩张等方式影响外需（张军、桂林，2008），内需压力对出口的促进作用，本质上是通过对外需的带动实现的，我们不妨将之称为"内需压力新假说"。事实上，这一新假说表明，中国经济在世界经济中的重要性日益凸显，对其他国家来说，离开了与中国的合作，就会失去一个让其本国经济再发展的最好机会。表2设定（2）、设定（3）剔

表 1　内外需、相对出口价格和经济规模对出口的影响

样本区间	(1) 2003~2014年	(2) 2003~2014年	(3) 2003~2014年	(4) 2003~2014年	(5) 2003~2014年	(6) 2003~2005年	(7) 2006~2014年	(8) 2006~2014年
$x(-1)$	0.3805* (0.1950)	0.3210** (0.1550)	0.2545* (0.1387)	0.2718** (0.1085)	0.2291* (0.1345)	0.1836* (0.1051)	0.2544* (0.1387)	0.2241* (0.1318)
Y^*	1.0510** (0.3258)	1.1516*** (0.2563)	1.2591*** (0.2343)	4.1147*** (0.5623)	3.5845*** (0.5224)	3.3354*** (0.4203)	3.7586*** (0.5893)	3.5702*** (0.5561)
rpL		-0.6315* (0.3651)	-0.9879* (0.5779)	-0.9442** (0.4421)	-0.9580# (0.6556)	-0.7531** (0.3710)	-0.9880# (0.5779)	-1.0029 (0.8876)
ddp			6.9850# (4.5221)		9.9105** (3.8189)	8.1795** (3.2994)	6.9850# (4.5221)	8.5756* (4.4889)
$size$				-2.1322*** (0.5156)	-1.6758** (0.5113)	-1.4197*** (0.3939)	-1.8412** (0.5763)	-1.6657** (0.5246)
D_{08}哑变量								-0.5476** (0.2521)
$ar(1)$	0.015	0.008	0.012	0.001	0.015	0.020	0.025	0.012
$ar(2)$	0.805	0.737	0.637	0.728	0.602	0.697	0.837	0.624
Hansen	0.544	0.465	0.444	0.484	0.338	0.222	0.385	0.416
Diff-in-Hansen	0.971	0.626	0.419	0.983	0.302	0.386	0.214	0.313
$P(Wald$统计量$)$	0.000	0.000	0.000	0.000	0.000	0.000	0.000	0.000
obs	5746	5746	5746	5746	5746	2434	3390	3912

注：***、**、*和#分别表示在1%、5%、10%和15%的水平上显著，括号内为稳健标准差；结果由STATA11的xtabond2命令给出。

表2　包含交叉项的出口方程

样本区间	(1) 2003~2014年	(2) 2006~2014年	(3) 2006~2014年	(4) 2003~2014年	(5) 2006~2014年	(6) 2006~2014年	(7) 2003~2014年	(8) 2006~2014年
$x(-1)$	0.2486** (0.1239)	0.3172* (0.1924)	0.3197** (0.1279)	0.3081** (0.1392)	0.2546* (0.1387)	0.1977** (0.0942)	0.3077** (0.1394)	0.2483** (0.1168)
Y^*	3.5798*** (0.6560)	3.5836** (1.2979)	3.7756*** (0.6215)					
rpL	-0.7893* (0.4771)	-1.1516** (0.5829)	-0.8682# (0.6069)					
$size$	-1.7009** (0.6128)	-1.7879# (1.1718)	-1.9379** (0.5901)	-1.7184** (0.5596)	-1.7016** (0.5549)	-1.6083*** (0.4552)	-1.7267** (0.5598)	-1.7799** (0.5204)
ddp	9.9446 (12.455)			10.374** (4.4051)	6.9881# (4.5214)	4.4029 (4.7984)		
$ddp \times rpL$	1.1920# (0.7789)	2.2557* (1.3120)	1.0009** (0.4685)					
$ddp \times Y^*$							1.2172** (0.4723)	1.2546** (0.5213)

续表

样本区间	(1) 2003~2014年	(2) 2006~2014年	(3) 2006~2014年	(4) 2003~2014年	(5) 2006~2014年	(6) 2006~2014年	(7) 2003~2014年	(8) 2006~2014年
$size \times \tau pL$				-0.0697* (0.0383)	-0.0836* (0.0489)	-0.0923# (0.0644)	-0.0698* (0.0380)	-0.0846# (0.0569)
$size \times Y^*$				0.2970*** (0.0479)	0.3023*** (0.0473)	0.2983*** (0.0425)	0.2980*** (0.0479)	0.3116*** (0.0457)
D_{08} 哑变量			-0.3967# (0.2798)			-0.4317* (0.2402)		-0.7867** (0.2545)
$ar(1)$	0.008	0.020	0.009	0.004	0.025	0.003	0.004	0.022
$ar(2)$	0.647	0.669	0.604	0.692	0.841	0.575	0.693	0.704
Hansen	0.405	0.698	0.863	0.865	0.385	0.498	0.868	0.318
$Diff-in-Hansen$	0.397	0.873	0.891	0.832	0.214	0.764	0.833	0.487
$P(Wald 统计量)$	0.000	0.000	0.000	0.000	0.000	0.000	0.000	0.000
obs	5746	3390	2912	3346	3390	2912	3346	2912

注：***、**、*和#分别表示在1%、5%、10%和15%的水平上显著，括号内为稳健标准差；结果由STATA11的xtabond2命令给出；由于变化不大，表2省略了2003~2005年的估计结果以适应表格容量。

除了不显著的 $ddp \times rpL$ 项，整体来看，无论是采用汇改以后的数据样本，还是汇改后且控制金融危机的数据样本，收入弹性和经济规模弹性都具有非常好的稳健性，出口价格弹性始终为负，且至少具有15%的统计显著性，$ddp \times Y^*$ 项的估计参数始终为正，其显著性也越来越强。

表2设定（4）至设定（6）控制了 $size \times rpL$、$size \times Y^*$。同样，由于相对出口价格以递减表示出口竞争力增强，$size \times rpL$ 项的系数始终为负，表明中国经济规模的扩张，有效降低了生产与交易成本，且至少在15%的置信水平下，通过提高出口竞争力的方式促进了出口的增长；同时，$size \times Y^*$ 项的参数始终为正，且全部具有1%的统计显著性，表明中国经济规模的扩张也可以通过对外需的带动，间接促进我国工业行业出口的增长。但是，与表2设定（1）至设定（3）揭示的，内需压力对出口的影响，本质上是内需压力通过带动外需间接产生的结论不同，表2设定（4）至设定（8）尽管控制了 $ddp \times Y^*$、$size \times rpL$、$size \times Y^*$ 的影响，但是经济规模本身对出口的影响仍始终显著为负。

在中国，与伊顿和科特姆（2002）、钱尼（2008）的思想，即对任意产业，假定潜在进入企业的数量与经济规模成正比相对应的事实是，2004年7月施行的《中华人民共和国对外贸易法》将外贸经营权管理由审批制改为备案登记制，取消了外贸经营权的"门槛"限制，并将对外贸易经营者的范围扩大到个人。我们认为，经济规模本身对出口显著的反向影响，其原因可能主要来自三个方面：第一，企业数量增加会形成针对生产要素的竞争，产生较大规模企业的可能性也会相应降低，而相比大规模企业，小规模企业通常在出口市场影响力、产品差异化、出口价格决定、品牌效应和消费者锁定等方面都不占优势（钟昌标，2007）。第二，企业数量增加一方面会抬高投入要素的价格；另一方面会降低出口品的价格，导致出口企业的边际利润下降，维持企业出口的生产率临界水平上升，从而挤出了大量出口企业。第三，中国的小企业普遍面临更强的金融约束和更高的信用成本（刘志彪、张杰，2009），强烈的出口动机可能迫使他们采用更为激进的市场或非市场竞争手段，由此引致的、日益频繁的贸易摩擦进一步抑制了出口的增长。

六、结论及政策启示

在中国已经连续多年成为世界最大出口国的前提下，出口如何继续保持较快增长？本文在不同产业内部企业生产率服从 Pareto 分布的假设下，通过纳入可变价格加成，以及潜在企业针对不同产业的进入选择，从一般均衡的角度，严格推导了便于处理的出口决定方程，并基于 2003～2014 年 HS 产品分类六位码和中国工业产业四位码层次的数据，系统分析了内外需、经济规模和竞争力对中国出口的影响及具体机制。主要结论有：一是"内需压力假说"在中国并不成立，扩内需与促出口之间并不矛盾，而且，中国出口的国内需求弹性远远大于外需弹性，内需压力对出口的促进作用，本质上是通过带动外需实现的；二是国内需求压力增加，在挤占以往用于出口的生产要素与规模经济等的共同作用下，虽然一定程度上推高了相对出口价格，但这一途径并不足以对中国工业产业出口产生明显的负向影响。

本文结论具有明确的政策启示。首先，以往中国促进出口增长的、可操作的具体政策，多集中在提高贸易便利化水平、做好出口退税和服务等方面，事实上，这些措施的本质仍然是立足于减少企业的生产和出口成本，降低出口企业的相对出口价格，增强出口竞争力。其结果是很容易形成出口价格下降、贸易摩擦加剧、继续降低出口价格的循环。与此相对，未来在全球经济增长依然乏力、同时针对出口相对价格的政策调整空间日渐缩小的情况下，应该更加关注促出口与扩内需、调结构政策的协调配合。其次，我们强调出口和进口并重，实行进出口基本平衡的政策，其立意应该是提高进口便利化水平，拓宽进口渠道，增加能源原材料、先进技术设备、关键零部件和消费品进口，通过"以进促出"使进口由"为出而进"的扭曲状态向常态回归。再次，切实保障国内生产投入要素价格基本平稳，竭力降低国内需求压力增加对相对出口价格的不利影响。最后，应将大幅提高行业准入"门槛"与推进企业兼并重组相结合，下决心淘汰一批落后产能，防止重复建设和落后产能盲目扩张，规范出口市场竞争秩序，实现互利共赢。

参 考 文 献

[1] 陈勇兵，李燕，周世民. 中国企业出口持续时间及其决定因素 [J]. 经济研究，2012 (07).

[2] 高凌云，程敏. 出口贸易弹性：评判性回溯与未来方向 [J]. 世界经济，2013 (05).

[3] 高凌云. 中国的出口决定方程：理论与基于国别的经验证据 [J]. 经济与管理评论，2015 (03).

[4] 刘志彪，张杰. 我国本土制造业企业出口决定因素的实证分析 [J]. 经济研究，2009 (08).

[5] 钟昌标. 影响中国电子行业出口决定因素的经验分析 [J]. 经济研究, 2007 (09).

[6] Anderson, J. E., and E. van Wincoop, 2003, "Gravity with Gravitas: A Solution to the Border Puzzle", *American Economic Review*, Vol. 93 (1), pp. 170 – 192.

[7] Arellano, M., and O. Bover, 1995, "Another Look at the Instrumental Variable Estimation of Error-components Models", *Journal of Econometrics*, Vol. 68 (1), pp. 29 – 51.

[8] Ball, R. J., J. R. Eaton, and M. D. Steuer, 1966, "The Relationship between U. K. Export Performance in Manufactures and the Internal Pressure of Demand", *Economic Journal*, Vol. 76, pp. 501 – 518.

[9] Berman, N., A. Berthou, and J. Héricourt, 2011, "Export Dynamics and Sales at Home", CEPR Discussion Paper, No. 8684.

[10] Bernard, A. B., J. Eaton, J. B. Jensen, and S. Kortum, 2003, "Plants and Productivity in International Trade", *American Economic Review*, Vol. 93 (4), pp. 1268 – 1290.

[11] Blundell, R., and S. Bond, 1998, "Initial Conditions and Moment Restrictions in Dynamic PanelData Models", *Journal of Econometrics*, Vol. 87 (1), pp. 115 – 143.

[12] Chaney, T., 2008, "Distorted Gravity: The Intensive and Extensive Margins of International Trade", *American Economic Review*, Vol. 98 (4), pp. 1707 – 1721.

[13] Eaton, J. and S. Kortum, 2002, "Technology, Geography and Trade", *Econometrica*, Vol. 70 (5) pp. 1741 – 1779.

[14] Feenstra, R. C, 2004, Advanced International Trade: Theory and Evidence, Princeton University Press.

[15] Gaulier, G., J. Martin, I. Méjean, and S. Zignago, 2008, "International Trade Price Indices", Working Papers 2008 – 10, CEPII Research Center.

[16] Krugman, P., 1980, "Scale Economies, Product Differentiation and the Pattern of Trade", *American Economic Review*, Vol. 70, pp. 950 – 959.

[17] McAfee, R. P., H. M. Mialon, and M. A. Williams, 2004, "What is a Barrier to Entry", *American Economic Review*, Vol. 94, pp. 461 – 65.

[18] Melitz, M., 2003, "The Impact of Trade on Aggregate Industry Productivity and Intra-Industry Reallocations", *Econometrica*, Vol. 71 (6), pp. 1695 – 1725.

[19] UNSD, 2005, National practices in compilation and dissemination of external trade index numbers, Statistical Papers Series No. 86, Department of Economic and Social Affairs, Statistics Division, United Nations.

[20] Windmeijer, F., 2005, "A Finite Sample Correction for the Variance of Linear Efficient Two-step GMM Estimators", *Journal of Econometrics*, Vol. 126, pp. 25 – 51.

Domestic Demand Pressure, Economic Scale and Sustainable Growth of China's Exports

Gao Lingfei

Abstract Can expanding domestic demand and promoting export be achieved at the same time? Under the assumption that the productivity of enterprises in different industries obeys Pareto distribution, the variable price addition and the entry choices of potential enterprises for different industries are included. Based on the data of HS product classification six-digit code and Chinese industrial four-digit code level from 2003 to 2014, the domestic and foreigh demand, economic scale and competitiveness in China are systematically analyzed. The role and influence mechanism of export growth. The results show that the "domestic demand pressure hypothesis" is not valid in China, and the domestic demand elasticity of China's exports is far greater than the external demand elasticity; although the increase of domestic demand pressure occupies some of the factors of production used for export, this way is not enough to significantly inhibit exports. The promotion effect of domestic demand pressure on exports is essentially achieved by stimulating external demand; Expansion has always been detrimental to exports. Therefore, in the future, while insisting on improving the competitiveness of our export products, we should pay more attention to the important role of domestic demand and market structure adjustment in promoting exports.

Key words Domestic demand pressure; Hypothetical economic scale; Export

大国如何出口：国际经验与中国贸易模式回归*

易先忠** 欧阳峣

摘　要　构建中国"对外开放新体制"有待讨论澄清的关键问题是，如何发展外贸才能形成有力促进可持续增长和外贸转型升级的内生机制？从外贸起源和其"增长引擎"本质作用的终端视角看，依托国内大市场的内需驱动出口模式不仅可发挥大国国内需求这一"国家特定优势"，持续推动外贸转型升级；也可通过出口部门与本土产业部门的强有力关联，更好地发挥出口作为"增长引擎"的本质作用。因此，在相同发展阶段，大国比小国更加偏向内需驱动出口模式。但中国的外贸发展明显背离大国经验，深层原因在于，致使"国内需求—本土供给—出口结构"不能有效衔接的市场环境抑制了内需驱动出口模式的形成。据此，把握国内需求扩张与升级的战略机遇，构建国内需求与本土供给及出口结构双重对接的市场环境，回归内嵌于本土经济的贸易模式，实现出口部门与本土产业部门联动发展，是新发展阶段下破解中国外贸转型困境和夯实出口动能应当遵循的"大国经验"。

关键词　内需驱动出口模式；本土需求；外贸转型升级；国家规模

一、问题的提出

中国外贸发展面临的一个关键性问题是，大规模出口扩张虽然能带动短期收入增长，但尚未形成有力促进可持续增长和外贸转型升级的内生机制。突出表现在：其一，以高层次竞争优势为核心的本土出口企业能力建设是外贸转型升级的关键，而以期通过"出口中学"等途径实现本土企业能力动态改进的愿望，并没有成为普遍现实（张

---

* 本文原载于《财贸经济》2018 年第 3 期。
** 易先忠，博士，南京审计大学政治与经济研究院教授，湖南师范大学大国经济研究中心特邀研究员。

杰等，2016），本土企业缺乏核心竞争力导致的外贸转型困境长期以来并没有得到根本性扭转；其二，出口扩张尚未成为经济持续增长的强有力动能。不仅体现在，大规模出口扩张没有如"出口拉动增长"假说所预期那样，带动国内经济部门生产率的整体改进，出口扩张对本土产业这一经济增长主体的促进作用有限（佟家栋、刘竹青，2012；唐东波，2013）；也直接表现为出口扩张与经济增长并没有呈现出明显相关性（谷克鉴、陈福中，2016），如出口结构持续高度化无法遏制中国经济持续下行的压力，净出口对GDP增速贡献率与真实GDP增速之间呈现较为显著的分化现象。在全面提升增长质量的发展新阶段，构建"十三五"规划提出的"对外开放新体制"，亟待澄清的战略方向问题是，中国该如何发展外贸才能形成既能有力促进可持续增长、又能实现外贸转型升级的内生机制？

我们认为，中国外贸之所以难以形成促进可持续增长的内生转型机制，一个重要原因在于脱离本土需求的外向型出口模式。因为根植于国内市场的本土企业能力建设和由此带动的出口扩张与出口结构升级，才是外贸转型升级和出口成为持续增长动能的关键（路风、余永定，2012；Poncet and Waldemar，2013）。而严重脱离本土需求的出口模式割裂了"国内需求—本土供给—出口结构"的内在关联，会导致两个方面的后果：一方面，割裂国内需求与本土供给及出口结构内在关联的出口模式，从市场空间上掐断了国内需求引致本土企业高层次竞争优势的转化路径，从而固化了本土出口企业能力缺口，进而囿于外贸转型困境；另一方面，割裂国内产业部门与出口部门内在关联的出口模式，也难以通过"技术扩散"等途径提升本土企业能力这一经济持续增长的基础。长期以来，国内经济部门与出口部门割裂发展的弊端没有引起足够重视，"体外循环"式的外贸扩张模式在内外贸不同管理体制和对加工贸易差异化退税政策下顽固发展。在这一"割裂发展"模式下，本土需求、国内供给和出口部门间无法良性互动、相互促进，使得外贸新优势无法生成而囿于外贸转型困境，也使得出口难以成为经济持续增长的重要动能。

不可否认的是，脱离本土需求的外向型出口模式有利于发挥要素禀赋优势，在无需求、无资金、无技术的发展阶段是必要性的，但也明显背离了企业国际化的一般性经验和经典贸易理论主张。以"斯密定理"为核心的古典贸易理论和新兴古典贸易理论强调，国内需求是一国对外贸易产生的基础，出口是依托国内需求逐步培养动态比较优势的过程（杨小凯，2003）。新贸易理论进一步明确了一个国家通常会出口国内需求较大的产品（Crozet and Trionfetti，2008）。企业异质性贸易理论也认为，出口是主要服务于国内需求的本土企业在开放条件下市场竞争"自选择"的结果（Melitz，2003）。即便在产品内分工条件下，国内需求也是本土企业向价值链高端攀升的重要基础

(Staritz et al.，2011)。Weder（2003）把这种依托国内需求的外贸发展模式称为内需驱动贸易模式。进一步地，大国国内需求是本土企业外贸发展的"国家特定优势"（Bhaumik et al.，2016）。这可能意味着，内需驱动贸易模式对大国具有更为深刻的意义。

并且，深刻变革的内外需求条件也呼吁中国出口模式的深度调整。目前，中国国内市场消费规模、消费层次和消费主体都正经历深刻变革，中国已成为众多商品的全球最大消费国，这使得外贸发展可以步入依托国内市场提升出口竞争力的战略新阶段。世界经济环境的深刻变化和全球需求终端的大转移（Staritz et al.，2011）也使得中国内需与外贸之间的联动关系，已然呈现出过渡特征。如"体外循环"式加工贸易出口比重的持续下降和新产品内销比例的不断提高①，以及中国政府正努力推进的内外销产品"同线同标同质"也凸显了这一过渡趋势。在发达国家控制核心技术和高端需求终端的"结构封锁"型贸易格局中，依托巨大国内需求培育本土企业外贸竞争新优势，形成内嵌于本土经济的贸易新模式，使国内需求与本土供给及出口结构间能良性互动、相互促进，有望成为破解中国外贸转型困境和夯实出口动能的"大国举措"。

鉴于此，文章立足于中国外贸发展困境和国内需求扩张升级的基本现实，探寻新发展阶段下中国外贸发展的"大国之路"。可能的贡献在于：其一，回归外贸起源和其"增长引擎"的本质作用，厘清长期被忽视的"国内需求—本土供给—出口结构"重要关联。在此基础上，为探究"大国外贸发展如何形成既有利于可持续增长又能实现转型升级的内生机制"提供一个基本分析框架。其二，基于"国内需求—本土供给—出口结构"的本质关联，构建内需驱动出口指数，在国际经验中探寻大国出口模式的一般性规律。在此基础上，进一步剖析中国出口模式与大国经验的一致性问题及其原因，为新发展阶段下中国外贸发展提供符合大国外贸发展规律的新思路。

二、大国偏向内需驱动出口模式的机理与条件

相对小国而言，大国实施内需驱动出口模式更有利于形成促进可持续增长的外贸

---

① 2008~2016年，中国加工贸易出口比重从41.1%下降为34.1%，新产品出口比例从25.8%下降为19.3%。

转型内生机制,因为依托本土需求的外贸发展可发挥大国国内需求这一"国家特定优势",持续推动外贸转型升级;并且,与国内产业部门关联较强的本土企业出口还通过"技术扩散"等途径提升主要服务于国内需求的本土供给能力,从而更好地发挥出口作为"增长引擎"的作用。但大国内需驱动出口模式要在"国内需求—本土供给—出口结构"有效对接的市场环境下才能实现。

(一) 大国偏向内需驱动出口模式的内在机理

第一,外贸转型升级的关键在于培育本土企业高层次竞争优势,而大国国内需求是本土企业培育高层次竞争优势的"国家特定优势"。其一,大国市场可摆脱规模效益与充分竞争的两难冲突,激励本土企业寻求高层次竞争优势。对小国而言,为达到有效经济规模就需要减少厂商数量、进而弱化竞争。而大国国内需求的多层次性和巨大的需求规模能支撑起众多产品的规模经济,从而摆脱规模效益与充分竞争的两难冲突,形成更加拥挤的产品空间和更为激烈的市场竞争。同时,由于众多本土企业面临相同的要素禀赋等条件,大市场下的激烈竞争又会迫使本土企业寻求更高层次的竞争优势 (Porter, 1990)。其二,创新是高层次竞争优势的决定性因素,而需求是创新的重要引致因素,大的需求规模和多层次需求结构可引致本土企业内生创新的动态机制,因此有"本土市场越大,创新越多"的理论预期 (Desmet and Parente, 2010)。其三,大国市场上拥挤的产品空间也会导致产品的替代性更强,面临多样性选择的消费者会更加挑剔,而与专业、挑剔的消费者反馈互动是本土企业培育高层次竞争优势的重要微观机制 (Porter, 1990)。其四,大国国内需求支撑的获利空间通过吸引产业集聚,形成知识溢出的外部经济,会吸引更高质量的外资和更高端人才的流入,这一国内大市场的"虹吸效应"为高层次竞争优势的生成奠定高质要素基础。因此,大国国内需求被广泛认为是本土企业可利用的"国家特定优势"(裴长洪和郑文,2011;Bhaumik et al., 2016),而缺少本土市场容量的小国更加依赖国际市场 (Alesina et al., 2005)。

第二,大国内需驱动出口模式可发挥国内需求这一"国家特定优势",形成外贸转型升级的内生机制。大国内需驱动出口模式根植于外贸起源过程。对于大多数国家而言,本土供给大多是为了满足国内需求,"国内需求—本土供给"的匹配和平衡是一个国家、特别是大国经济运行的核心,本土供给能力提升及结构升级是经济持续增长的基础和关键。而出口又是主要服务于国内需求的本土企业在开放条件下市场竞争"自选择"的结果 (Melitz, 2003)。正因为如此,国内需求对一个国家的出口能力和出口结构具有深刻影响（Basevi，1970；Weder，1996；Crozet and Trionfetti，2008），出口结构本质上是本土产业结构在空间上的扩展（张曙霄和张磊，2013）。由此，形成了"国内需求—本土供给—出口结构"的内在关联，也由此形成了本土企业在内需支撑下提升竞争力进而实现出口的内需驱动出口模式（见图1）。在内需驱动出口模式下，国内需求与本土供给及出口结构间能良性互动，大国本土企业可利用国内需求这一"国家特定优势"培育高层次竞争优势，持续推动出口结构升级，而由本土企业带动的出口结构升级又会促进经济持续增长（Poncet and Waldemar，2013），由此形成外贸转型升级的内生机制①。

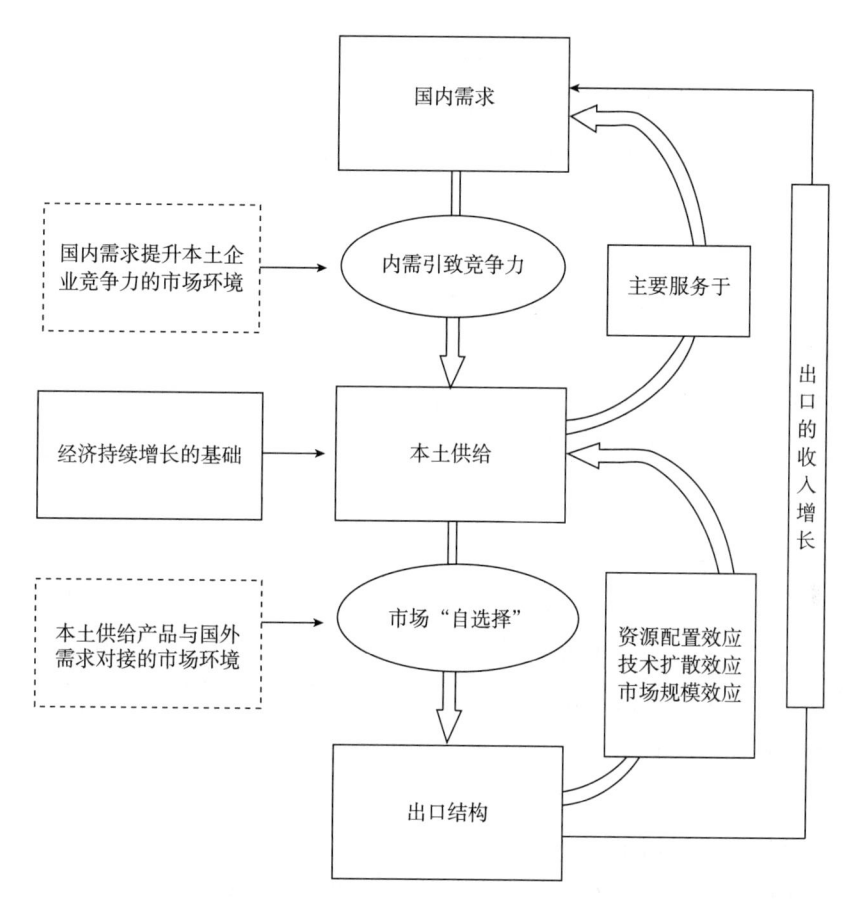

图1 大国内需驱动出口模式的分析框架

---

① 需要强调的是，外贸转型升级的落脚点不是出口升级，而是促进持续经济增长。正如实证研究（Poncet and Waldemar，2013）指出的那样，加工贸易和FDI也能带动出口升级，但并不能带动长期经济增长，只有根植于国内市场的本土企业的出口升级才是长期增长的驱动力。

第三，大国内需驱动出口模式能更好发挥出口贸易作为"增长引擎"的本质作用。出口贸易之所以被誉为"增长引擎"，不仅在于通过"出口乘数效应"带动短期收入增长。更为重要的是，由于出口部门与国内产业部门存在由要素流动、中间投入品以及市场竞争实现的广泛关联，出口贸易就能通过对非出口部门的"技术扩散效应""资源配置效应""市场规模效应"等途径[①]，提升主要服务于国内需求的本土企业生产率，进而促进经济持续增长（Feder, 1983；Dreger and Herzer, 2013）。这正如金尚荣（1982）对韩国20世纪80年代加工贸易批评的那样，"应当看到，出口目的在于扩大和加强内需产业"，而"内需产业"正是经济持续增长的基础和主体。因此，促进经济持续增长才是外贸发展的本质目的。在大国内需驱动出口模式下，出口部门与国内产业部门的关联较强，本土企业出口可通过"技术扩散"等途径提升本土供给能力这一经济持续增长的基础和关键。而脱离本土需求的出口，由于割裂了出口部门与国内产业部门的关联，使得出口贸易对促进本土企业能力提升的作用有限，难以夯实经济持续增长基础。

（二）大国内需驱动出口模式的生成条件

大国内需驱动出口模式是内嵌于本土经济的外贸发展模式，源于国内贸易向国际贸易的演进过程，要在"国内需求—本土供给—出口结构"有效对接的市场环境下才能实现。

其一，国内较大需求能被本土企业供给并能与国外需求对接的市场环境。注重国内市场的经典贸易理论，都有国内较大需求能被本土企业供给和国内需求国际化的两个基本隐含假设。而当市场体制不完善，国内较大的需求、特别是引致出口升级的高端需求，并不一定能够由本土企业供给。扭曲的价格机制和无序竞争使得满足高端需求的新技术、新产业无法生成，行政性垄断和套利空间也会弱化对高端需求的本土供给动力，知识产权保护不力和对高质人力资本及资金的流动限制也会降低对高端需求的本土供给能力等。另外，国内需求较大的产品也不一定是国外需求的产品。一个国家的需求既有与国际需求同质化特征，也有一国特有的差异化特征。国内标准与国际标准的不一致性、消费信息的流通率、对国内高端消费课以重税等不合理的本地制度等都会强化本土需求的特质，进而影响国内外"重叠需求"的对

[①] 根据"出口拉动增长"假说，"技术扩散效应"指通过出口不仅能引进国外先进技术，还能对非出口部门技术扩散；"市场规模效应"指出口扩大了国内产品的需求，投资规模和技术投入随之增加，进而拉动经济增长。

接程度。

其二，国内较大需求引致本土企业竞争力提升的市场环境。首先，规范有序的市场竞争是国内需求引致本土企业竞争力的根本性前提。在激烈而有序的市场竞争环境下，为了避免在市场竞争的"自选择"中被淘汰，本土企业才会被迫依托国内需求寻求更高层次和不可复制的竞争优势。其次，经济中没有投机、寻租空间是大国本土需求引致本土企业竞争力提升的又一前提。由于创新具有高风险、高成本特征，当经济中存在广泛的投机、寻租空间时，就会极大抑制本土企业依托国内需求进行创新的积极性。最后，消费反馈是驱动本土企业提升竞争力的重要机制，这就需要良好的消费环境，使得本土企业有压力对消费者的诉求做出解读和回应，及时把握国内需求特征及其变化趋势。否则，大的国内市场所保障的获利空间，不仅不能提升本土企业竞争力，反而可能弱化本土企业开拓海外市场的动力（Porter，1990）。

三、大国偏向内需驱动出口模式的国际经验

（一）内需驱动出口模式的测度与典型事实

根据理论分析，大国内需驱动出口模式是立足国内市场的本土企业在内需支撑下提升竞争力进而实现出口的贸易模式，必然要求和体现"国内需求—本土供给—出口结构"的有效对接。据此，可根据一国出口与内需的总体关联程度度量内需驱动出口指数（$ddtm$），见式（1）。出口与内需的总体关联程度越高，$ddtm$ 指数就越大，说明国内需求成为这个国家出口的重要优势来源，这种外贸发展模式为内需驱动出口模式。因为在内需驱动出口模式下，对外贸易由国内贸易内生演进形成，就有国内需求与本土产业结构及出口结构间较强的关联性。而这一"内需—出口"关联根源于，本土需求作为外贸优势的重要来源、对出口的促进效应（Basevi，1970；Weder，1996，2003；Crozet and Trionfetti，2008）。这一被广泛证明的内需对出口的促进效应必然表现为出口与内需的关联性。反之，出口与内需的总体关联程度越低，$ddtm$ 指数就越小，说明非内需因素是驱动出口的主要因素。因为在非内需驱动出口模式下（如要素驱动出口模式），国内需求并不是促进出口的主要优势来源，出口与内需的关联性也较弱。

$$ddtm = \exp\left(-\sum_{i=1}^{n}\left|\frac{xfei_i}{\sum_{i=1}^{n}xfei_i} - \frac{chk_i}{\sum_{i=1}^{n}chk_i}\right| \times 100\right) \quad (1)$$

式（1）中，$ddtm$ 为指数化后的内需驱动出口指数，介于 0~1。括号内为一国出口结构与国内需求的总体关联程度。$xfei_i$ 表示产业 i 的国内需求，chk_i 为产业 i 的出口额，n 代表产业总数。根据联合国工业供需平衡数据库的国际标准产业（ISIC）四分位数据，剔除烟草产品、成品油和基本钢铁受资源禀赋影响程度大的产业，可测算 51 个国家 1997~2010 年的内需驱动出口指数。

国内市场规模与内需驱动出口指数的关系是。以 GDP 加上进口减去出口度量的国内市场规模与内需驱动出口指数呈显著正相关关系，相关系数达到 0.531。这一典型事实初步说明，大国比小国更加偏向内需驱动出口模式。对于典型事实，一个潜在的问题是，国内市场规模小的国家可能大都处于经济发展初期，国内市场规模大的国家可能大都为发达国家。为此，进一步剥离经济发展阶段对内需驱动出口指数的影响，以内需驱动出口指数对经济发展阶段（真实人均 GDP）回归的残差，度量剥离经济发展阶段后的内需驱动出口指数。结果显示，经济发展阶段残差与国内市场规模仍然显著正相关，相关系数为 0.254。由于发展阶段残差表示经济发展阶段不能解释的内需驱动出口指数，发展阶段残差与国内市场规模的正相关关系进一步说明，即便在同一发展阶段，大国比小国更加偏向内需驱动出口模式。

数据分析显示，以 GDP 加上进口减去出口度量的国内市场规模与内需驱动出口指数呈显著正相关关系，相关系数达到 0.531。这一典型事实初步说明，大国比小国更加偏向内需驱动出口模式。但一个潜在的问题是，国内市场规模小的国家可能大都处于经济发展初期，国内市场规模大的国家可能大都为发达国家，这恰恰表明了经济发展阶段与内需驱动出口指数的正向关系。为此，进一步剥离经济发展阶段对内需驱动出口指数的影响，以内需驱动出口指数对经济发展阶段（真实人均 GDP）回归的残差，度量剥离经济发展阶段后的内需驱动出口指数。结果显示，经济发展阶段残差与国内市场规模仍然显著正相关，相关系数为 0.254。由于发展阶段残差表示经济发展阶段不能解释的内需驱动出口指数，发展阶段残差与国内市场规模的正相关关系进一步说明，即便在同一发展阶段，大国比小国更加偏向内需驱动出口模式。

（二）大国偏向内需驱动出口模式的实证检验

理论分析表明，大国之所以更加偏向内需驱动出口模式，是因为大国实施内需驱动出口模式不仅可形成外贸转型升级的内生机制,也可更好地发挥出口作为"增长引擎"的作用。据此,分别检验这两个命题。

1. 大国内需驱动出口模式有利于形成外贸转型升级内生机制的检验

根据理论分析,在内需驱动出口模式下,大国本土企业可利用国内需求这一"国家特定优势"培育高层次竞争优势,持续推动出口结构升级,而由本土企业带动的出口结构升级又会促进经济持续增长,由此形成外贸转型升级的内生机制。据此,待检验命题为,大国实施内需驱动出口模式,可实现出口结构升级,进而促进经济持续增长。

为初步判断大国是否存在"内需驱动出口模式—出口结构升级—经济增长"的外贸转型机制,可观测内需驱动出口模式与出口结构升级进而与经济增长的相关性,是否不同规模国家和内需驱动出口指数条件下有所差异。以常用的出口产品技术复杂度(Hausman et al. , 2007)度量出口结构升级,计算出口产品技术复杂度的贸易数据来自联合国 Comtrade SITC 四分位贸易统计数据。遵循既有相关研究(易先忠等,2017),将国内市场规模大于均值的经济体划分为大国($logsize > median$),国内市场规模小于等于均值的经济体界定为小国($logsize \leq median$)。表 1 显示,在不同国家规模条件下,内需驱动出口指数的变化($\Delta ddtm$)与出口结构升级($\Delta upgrading$)的相关性明显不同。在大国情形下,两者相关系数为 0.1347;而在小国情形下,两者相关系数仅为 0.0583,并且不显著。初步说明大国实施内需驱动出口模式有利于出口结构升级。进一步,出口结构升级与经济增长的相关性在不同出口模式下也不相同。当内需驱动出口指数大于均值时,出口结构升级与经济增长的相关系数为 0.0950;而当内需驱动出口指数小于均值时,两者相关系数仅为 0.0578,并且不显著。这进一步说明,由内需驱动出口模式实现的出口结构升级能促进经济增长。这为大国存在"内需驱动出口模式—出口结构升级—经济增长"的外贸转型机制提供了初步证据。

表1 内需驱动出口模式与出口结构升级及经济增长的条件相关性

变量	条件	与 $\Delta upgrading$ 的相关系数	与 $\Delta logy$ 的相关系数	显著性水平	观测值
$\Delta ddtm$	$\log(size) > median = 11.83$	0.1347		0.0417	229
$\Delta ddtm$	$\log(size) \leq median = 11.83$	0.0583		0.4595	173

续表

变量	条件	与 $\Delta upgrading$ 的相关系数	与 $\Delta logy$ 的相关系数	显著性水平	观测值
$\Delta upgrading$	$ddtm > median = 0.446$		0.0950	0.0371	259
$\Delta upgrading$	$ddtm \leq median = 0.446$		0.0578	0.4318	241

注：以变化值更能有效捕捉两者间的动态关系，Δ 表示变化值，即 $x_t - x_{t-1}$。

资料来源：作者整理计算得出，下同。

进一步，以联立方程检验"内需驱动出口模式—出口结构升级—经济增长"的外贸转型机制，考虑如下方程组：

$$\log y_{it} - \log y_{i(t-1)} = C + a_1 upgrading_{it} + \sum X_{it} + \xi_t + \mu_i + e_{it} \tag{2}$$

$$upgrading_{it} = C + \lambda_1 ddtm_{it} + \xi_t + \mu_i + e_{it} \tag{3}$$

其中，y 代表真实人均 GDP；ξ 代表时间效应；μ 代表度量不同经济体的个体差异；e 为随机扰动项。联合增长方程式（2）和出口结构升级方程式（3）可检验"内需驱动出口模式—出口结构升级—经济增长"机制。我们预期这一机制在大国更加明显。为解决联立方程之间存在的相关性和同期性问题，遵循阿莱西那等（Alesina et al.，2005）的研究，用似无关回归估计法（SUR）对由方程式（2）与式（3）所组成的方程组做系统估计，可处理对式（2）单独估计而产生的联立性偏误，即逆向因果关系。

遵循相关研究（Alesina et al.，2005；Poncet and Waldemar，2013），在增长方程中主要控制：经济发展的初始水平（y_{t-1}）、投资份额（investshare）、政府消费份额（gover_spend）、以大学生入学比例度量的人力资本（education）和贸易开放度（openness）。数据来源于 PWT 7.1 和世界银行数据库。贸易开放度、人均 GDP 等以 2005 年为不变价格。尽管内需驱动出口指数的时间跨度为 1997~2010 年，但由于使用了滞后项，为减少样本损失，将其他变量跨期延长到 2011 年。

根据表 2 中式（1）~式（3）外贸转型升级机制检验结果，在所有样本估计结中，出口结构升级能显著促进经济增长，但内需驱动出口模式对出口结构升级的效应并不显著。进一步分样本估计结果显示，在小国情形下，内需驱动出口模式对出口结构升级的效应不显著，出口结构升级对经济增长的影响效应也不显著，说明在小国实施内需驱动出口模式谋求出口结构升级从而实现经济增长的机制并不成立。只有在大国情形下，内需驱动出口模式能显著促进出口升级，而出口结构升级有利于促进经济增长。

这一结论说明,依托国内大市场的内需驱动出口模式有利于出口结构升级,而由根植于国内市场的本土企业带动的出口结构升级能促进经济增长。据此,证明了大国实施内需驱动出口模式有利于形成外贸转型升级的内生机制。

表2 大国偏向内需驱动出口模式的实证检验

外贸转型升级机制检验(SUR 估计)				"增长引擎"效应检验(Diff – GMM 估计)			
变量	(1) 所有样本	(2) 大国	(3) 小国	变量	(4) 所有样本	(5) 大国	(6) 小国
经济增长方程				$\log(export_{it})$	0.0751*** (0.0059)	0.0465*** (0.0070)	0.0738*** (0.0086)
$upgrading_{it}$	0.137*** (0.038)	0.388*** (0.059)	0.053 (0.058)	$\log(export_{it}) * ddtm_{it}$	0.0014 (0.0012)	0.0027** (0.0013)	0.0011 (0.0019)
$\log(y_{it-1})$	-0.065*** (0.021)	-0.049*** (0.014)	-0.091*** (0.015)	$\log(y_{it-1})$	-0.1294*** (0.0125)	-0.1547*** (0.0186)	-0.1363*** (0.0185)
$\log(openness_{it})$	0.039*** (0.014)	0.029** (0.013)	0.111*** (0.031)	$investshare_{it}$	0.0028*** (0.0003)	0.0045*** (0.0005)	0.0023*** (0.0004)
$gover\_spend_{it}$	-0.001 (0.002)	-0.007** (0.003)	-0.005* (0.002)	$\log(openness_{it})$	0.0085 (0.0096)	0.0150 (0.0141)	0.0130 (0.0129)
$investshare_{it}$	0.002*** (0.001)	0.003*** (0.001)	0.002** (0.001)	$\log(education_{it})$	0.0024 (0.0083)	0.0314*** (0.0109)	0.0281** (0.0123)
$\log(education_{it})$	0.009 (0.016)	0.021 (0.018)	0.039 (0.025)	$gover\_spend_{it}$	-0.0016** (0.0007)	-0.0034** (0.0016)	-0.0009 (0.0009)
出口结构升级方程	—	—	—	N	478	251	227
$ddtm_{it}$	0.084 (0.054)	0.345*** (0.045)	0.032 (0.086)	AR(2) [p]	0.42 [0.675]	0.63 [0.527]	-0.15 [0.877]
_cons	9.358*** (0.028)	9.247*** (0.021)	9.215*** (0.050)	Sargan test [p]	14.29 [0.647]	30.61 [0.202]	23.21 [0.565]
N	454	248	206	Wald chi² – p	0.000	0.000	0.000
Wald chi² – p	0.000	0.000	0.000	年虚拟变量	是	是	是

注:圆括号内数字为考虑异方差稳健性标准误,*p < 0.1, **p < 0.05, ***p < 0.01,SUR估计中各方程控制时间与个体效应;一步 Diff – GMM 估计中,把时间效应设定为严格外生变量,其他变量设定为内生变量,以内生变量的滞后 2 ~ 3 阶为其工具变量。

2. 大国内需驱动出口模式下的出口能更好发挥"增长引擎"作用的检验

根据理论分析,大国实施内需驱动出口模式能更好地发挥出口作为"增长引擎"的作用。为这一待检验命题初始证据,可观测出口对长期经济增长的影响效应是否与内需驱动出口模式相关,且这一相关性是否在大国和小国有所差异。利用每个国家 1997~2011 年的时间序列数据,以式(4)可分别估计 51 个国家长期内出口($\overline{\log export}$)对人均 GDP($\overline{\log y}$)的边际贡献 ρ_i,再观测 ρ_i 与内需驱动出口指数($ddtm_i$)的相关性在大国和小国间的差异。

$$\overline{\log y_i} = b_i + \rho_i \overline{\log(export_i)} \tag{4}$$

图 2 给出了 51 个国家长期内出口对经济增长的边际贡献(ρ_i)与内需驱动出口指数($ddtm_i$)的关系图。很明显,对大国而言,出口对长期经济增长的边际贡献与 $ddtm$ 指数呈现正相关,且 $ddtm$ 指数对出口边际贡献 ρ_i 的解释力度为 0.036,如图 2(a)所示。而对小国而言,出口对长期经济增长的边际贡献与 $ddtm$ 指数呈现弱负相关,如图 2(b)所示,并且 $ddtm$ 指数对出口边际贡献 ρ_i 的解释力度更弱,仅为 0.019。这一差异初步说明,大国实施内需驱动出口模式能提高出口对经济持续增长的影响效应。

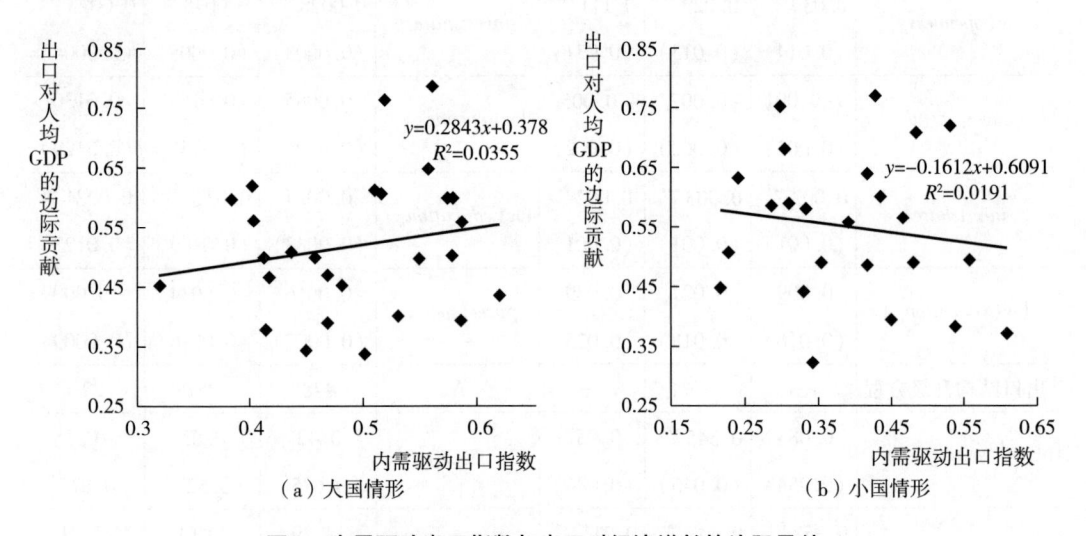

(a)大国情形　　　　　　　　(b)小国情形

图 2　内需驱动出口指数与出口对经济增长的边际贡献

进一步,为检验大国内需驱动出口模式能更好地发挥出口作为"增长引擎"的作用,考虑如下方程:

$$\log y_{it} - \log y_{i(t-1)} = C + \beta_1 f(ddtm) \log(export_{it}) + \sum X_{it} + e_{it} \tag{5}$$

这里出口(export)对经济增长的影响效应受到 $f(ddtm)$ 的影响。$f(ddtm)$ 是出口模式的函数；X 是控制变量；e 为扰动项；常数项 C 可以分解为特定国家效应和特定时间效应，即 $C = \mu_i + \kappa_t$。出口对经济增长的影响效应受到出口模式的影响，将其设定为：

$$f(ddtm) \hat{=} \alpha_1 + \alpha_2 ddtm \qquad (6)$$

由于出口对经济增长的作用已经取得广泛的经验支撑，因而 $\alpha_1 > 0$，$\alpha_2 > 0$。可将 α_1 看作是出口对经济增长的基础性作用。这样，对大国而言，任何由于遵循内需驱动出口模式引致的 $ddtm$ 的提升将改善出口对经济增长的影响效应。将式（6）代入式（5），可得出下面的设定式：

$$\log y_{it} - \log y_{i(t-1)} = C + \gamma_1 \log(export_{it}) + \gamma_2 ddmt_{it} \times \log(export_{it}) + \sum X_{it} + e_{it} \qquad (7)$$

这里 $C = \mu_i + \kappa_t$，$\gamma_1 = \beta_1 \alpha_1$，$\gamma_2 = \beta_1 \alpha_2$。根据待检验的命题，我们将特别关注 γ_2 的回归结果，并预期 γ_2 在大国和小国有所差异。为处理内生性问题，采用广义矩估计方法对式（7）进行估计。本文较长的时间序列数据更适合差分广义矩估计（GMM）方法。为规避两步 GMM 估计的标准差向下偏倚问题，使用一步 GMM 估计方法。把时间效应设定为严格外生变量，其他变量设定为内生变量。采用 Sargan 统计量检验工具变量的整体有效性，以 AR（2）检验判定残差项是否存在二阶序列相关。重点关注出口与内需驱动出口指数的交互项对经济增长的影响是否在大国和小国情形下存在显著差异，检验结果见表2。

根据表2中的式（4）～式（6）估计结果，我们重点关注的出口与内需驱动出口指数的交互项（$\log export \times ddtm$）系数，在大国和小国有显著差异。在所有样本和小国样本估计中，这一交互效应估计系数不能拒绝显著为零的原假设。而在大国样本估计中，出口与内需驱动出口指数交互项的估计系数在5%的显著性水平下为正，并远大于小国情形下的估计系数。这一结论说明，大国实施内需驱动出口模式确实能更好地发挥出口作为"增长引擎"的作用。

四、中国出口模式与大国经验的背离及原因

理论分析和国际经验表明，大国实施内需驱动出口模式可形成有利于可持续增长的外贸转型内生机制，这为中国外贸发展提供了一条特殊的大国途径。那么，中国外贸发展是否遵循了这一国际经验？

(一) 中国背离大国经验的程度测算及因素分析

以公式（1）测度的内需驱动出口指数表明，1997~2010 年中国内需驱动出口指数均值为 0.384，而同期内世界 51 个国家的平均指数为 0.446，大国的平均指数为 0.489。中国内需驱动出口指数不仅远低于大国的平均水平，甚至低于小国和全球的平均水平（见表3）。说明从总体上看，国内需求对中国出口的贡献程度较低，巨大的国内需求没有成为中国出口的重要驱动因素。这一结论与既有关注中国本地市场效应的研究不同（钱学锋和黄云湖，2013），究其根源，既有关注中国本地市场效应的研究只能证明内需与出口之间的因果关系，无法判别国内需求对出口的促进程度与潜力。而基于内需驱动出口指数的国际比较表明，中国外贸发展背离了"大国偏向内需驱动出口模式"这一基本国际规律，中国与大国平均水平的偏离程度为 21.56%。

表3　不同规模经济体内需驱动出口指数的国际比较（1997~2010 年均值）

变量	中国(1)	世界平均	大国(2)	小国	美国(3)	中国背离大国程度(%)	中美背离度之比
$ddtm$	0.3838	0.4456	0.4893	0.4002	0.515	21.56	4.105
e^{normal}	-0.0339	0.00001	0.005	-0.0059	-0.003	778	4.863
$e^{institutuons}$	-0.0172	0.00001	0.026	-0.033	-0.033	166.15	0.732
经济自由度	52.9	62.172	64.244	60.003	78.363		
国内市场规模	14.526	11.829	13.461	10.128	16.295		

注：中国与大国的背离程度计算公式为：$100 \times |(1)-(2)|/(2)$；中美背离度之比计算公式为：$|(1)-(2)|/|(3)-(2)|$。

但进一步的问题是，中国外贸发展背离国际经验是中国特定经济发展阶段的合理现象吗？诚然，脱离国内需求的出口模式可能是一系列现实因素的"正常现象"，其中经济发展阶段和产品内分工是两个明显的现实因素。为鉴别中国脱离国内需求的出口模式是否是特定经济发展阶段的"合理现象"，可利用式（8）将经济发展阶段（真实人均 GDP）和产品内分工（$iner$）[①] 所决定的内需驱动出口指数剥离出来，以 e^{normal} 度量剥离了经济发展阶段和产品内分工后的内需驱动出口指数。

$$ddtm_{it} = \alpha_0 + \alpha_1 \log y_{it} + \alpha_2 iner_{it} + \alpha_3 iner^2 + e_{it}^{normal} \tag{8}$$

剥离了经济发展阶段和产品内分工后中国内需驱动出口指数（e^{normal}）为 -0.0339（见表3），说明中国的实际内需驱动出口指数低于由经济发展阶段和产品内分工决定的"合理性"内需驱动出口指数。而与之相对应的是，大国的 e^{normal} 指数均值为 0.0052，小国为 -0.0059，说明大国实际内需驱动出口指数高于由经济发展阶段和产品内分工决定的"合理性"内需驱动出口指数，而小国却相反。这进一步说明大国确实比小国更加偏向内需驱动出口模式，而中国却背离这一基本国际规律。更为重要的是，以实际内需驱动出口指数（$ddtm$）计算的中国与大国的背离程度仅为 21.56%，而剥离经济发展阶段和产品内分工等"合理"因素后，以 e^{normal} 指数计算的偏离程度高达 778%。这与我们的直觉形成较大反差。一个可能的原因在于式（8）的估计是有偏的。为此，进一步以中美背离度之比规避有偏估计的影响。这样做的理由是，即便式（8）的估计是有偏的，但这一有偏估计在中美两个国家应该是对称的。以实际内需驱动出口指数（$ddtm$）测度的中美背离度之比为 4.1，而以 e^{normal} 指数测度的中美背离度之比为 4.9，说明剥离经济发展阶段和产品内分工等"合理"因素后，中国出口模式相对美国的背离程度并没有降低。原因在于，尽管经济发展阶段和产品内分工确实影响内需驱动出口模式的形成，但经济发展阶段和产品内分工在其他大国具有一般性，并不是中国的特殊元素，故而不能有效降低中国与大国经验的背离程度。

究竟是什么因素导致拥有巨大国内需求的中国并没有遵循大国外贸发展的一般性经验、形成内需驱动出口模式？理论分析表明，内需驱动出口模式的形成需要特定的市场环境，以保障"国内需求—本土供给—出口产品"的有效对接。我们将市场环境（$institution$）所决定的内需驱动出口指数按照如下方法剥离出来：

$$ddtm_{it} = \alpha_0 + \alpha_1 institution_{it} + e_{it}^{institutuons} \tag{9}$$

采用常用的由 Heritage Foundation 提供的总体经济自由度指数度量国内市场环境（易先忠等，2017）。剥离了市场环境的内需驱动出口指数（$e^{institutuons}$）见表3，中国的 $e^{institutuons}$ 指数为 -0.0172，比 e^{normal} 指数更加趋近为零，说明市场环境比发展阶段和产品内分工更能解释中国出口模式。更为重要的是，以 e^{normal} 指数计算的中国出口模式与大国的偏离程度高达 778%，而以 $e^{institutuons}$ 指数计算的中国与大国的偏离程度下降为

[①] 中间产品贸易是产品内分工的本质特征，故以中间产品出口占总出口比例度量一国融入全球产品内分工的程度，中间品贸易数据来自 Comtrade 数据库。研究发现，加入产品内分工的平方项，解释力更强。

166.15%。并且规避有偏估计影响的中美背离度之比也显著降低，以 $ddtm$、e^{normal} 和 $e^{institutuons}$ 测度的中美背离度之比分别为 4.1、4.8 和 0.7，这进一步说明，排除市场环境的影响后，中国出口模式与大国经验的背离程度会显著降低。

进一步考察五个方面的市场环境（见表 4），以经济自由度指数中的"投资自由"度量政府对投资领域的限制、"产权保护"反映市场法治环境、"无腐败程度"度量经济中的寻租获利空间、"商业自由"度量政府对企业的干预程度、"金融自由"反映资本市场的完善程度。① 中国五个方面的市场环境指数都低于世界平均水平，也远低于大国平均水平。剥离各个方面的市场环境后，中国出口模式与大国的背离程度都低于以 e^{normal} 指数计算的偏离程度，并且规避有偏估计影响的中美背离度之比也低于以 $ddtm$ 和 e^{normal} 测度的中美背离度之比（分别为 4.1 和 4.9）。说明中国市场环境不完善是导致中国出口模式背离大国经验的深层原因。其中，市场法治环境、政府对企业的干预程度和对投资领域的限制、资本市场的完善程度对中国出口模式背离大国经验的解释力更强。

表 4　　剥离市场环境后中国与大国经验的背离程度（1997~2010 年均值）

市场环境	中国	世界平均	大国	美国	中国与大国的背离程度(%)	中美背离度之比
投资自由	35.31	57.76	60.80	72.50	80.17	1.58
产权保护	26.88	58.36	66.22	89.38	36.79	0.21
无腐败程度	32.19	49.26	58.98	76.31	333.85	2.97
商业自由	52.59	68.75	72.37	87.59	78.62	0.45
金融自由	36.25	55.88	59	79.38	131.97	1.24

（二）市场环境的"中国特征"与中国背离大国经验的进一步解释

以上分析说明，经济发展阶段等现实因素并不能降低中国与大国经验的背离程度，不完善的市场环境是影响中国内需驱动出口模式形成的更深层原因。理论分析也表明，大国内需驱动出口模式的形成，需要"国内需求—本土供给—出口产品"双重对接的市场环境。而中国渐进式改革中的市场不完善，使得这一双重对接的市场环境难以满

---

① 各个指数的定义见 Heritage Foundation（https：//www.heritage.org/index/pdf/2016/book/chapter2.pdf）。

足，抑制了内需驱动出口模式的形成。

1. 国内需求引致本土企业竞争力功能缺位

大国内需驱动出口模式是建立在国内需求较大产品具有竞争力基础上，而非创新获利空间、无序竞争和要素扭曲等不完善的市场环境，抑制了内需引致本土企业竞争力提升功能。其一，广泛存在的"非创新获利"空间极大弱化了本土企业依托国内需求培育高层次竞争优势的动力。如表4所示，根据"无腐败程度"度量的寻租获利空间，中国指数仅为32.2，远低于大国平均水平（59）。中国渐进式改革过程中，由于体制不完善和市场进程的不均衡推进等原因，产生了多种形式的"非创新获利"空间，如由要素扭曲导致的"低、同质产品获利"空间、由市场进程不均衡推进导致的形式不断变化的"投机获利"空间①，以及由政府职能改革滞后和法制不健全导致的"寻租获利"空间等，都极大抑制了本土企业依托国内需求提升竞争力的动力。其二，无序竞争弱化了本土企业依托国内需求培育高层次竞争优势的压力。公平有序的市场竞争所形成的"自选择"机制，是本土企业寻求更高层次竞争优势的压力来源。而由"产权保护"度量中国市场法治环境仅为26.9，远低于大国平均水平（66.2）。中国目前由于管理部门职能交叉导致的多部门重复监管或监管不到位、选择性执法和弹性执法，以及对惩戒企业失信等机制的缺失等原因，助长了无序竞争，"三无产品""山寨产品""劣币驱逐良币"现象依然突出，无序竞争使得市场的"自选择"机制无法实现，弱化了本土企业依托国内需求寻求更高层次竞争优势的压力。其三，不完善消费环境下本土企业没有压力也没有能力把消费者诉求转化为企业竞争力。目前国内消费环境不完善，消费者满意度不高，消费侵权形势依然突出。在本土企业没有压力对消费者诉求作为回应的市场环境下，大多数企业还没有建立以消费者为中心的企业经营模式，使得本土企业难以通过与消费者的有效互动改进产品和服务的质量。其四，出口导向政策下的要素市场扭曲又固化了本土企业对低成本要素优势的依赖。对出口企业普遍采用出口退税、出口补贴以及税收返还，压低生产要素价格，扭曲了出口企业的生产要素投入成本（施炳展和冼国明，2012），固化了出口企业对低成本要素优势的依赖。而金融市场扭曲又会激励出口企业选择脱离本土需求的加工贸易缓解融资约束（刘晴等，2017），由此又进一步固化了与国内需求关联不强的"体外循环"出口模式。

2. 由本土企业供给的国内外"重叠需求"对接程度低

在内需驱动出口模式下，出口产品应当反映国内外的"重叠需求"，并由本土企业供给这种"重叠需求"的产品。诚然，由经济发展阶段差异导致的国内外需求层次的

---

① 如房市、股市、艺术品投机，以及目前以理财产品为核心的资金"脱实向虚"现象等。

客观差异，是影响国内外需求有效对接的一个重要因素。但中国内需优势不仅仅体现在需求规模上，也体现在需求的多层次，中国国内并不缺少与国外的"重叠需求"。问题在于，对国内高层次需求的本土供给不足和产品标准等原因，制约了国内外"重叠需求"难以由本土企业供给。其一，市场不完善和供给端转换滞后，导致了本土企业对国内高层次需求的有效供给不足。无序竞争、投机与寻租空间弱化本土企业通过提升产品和服务质量满足高层次需求的动力，知识产权保护不严和较高的司法成本导致具有"正外部性"的新技术、新产业难以生成。并且，当前国内供给端的转换滞后于需求转换升级，使得大量国内需求较大的高端产品并没有由本土企业供给。由本土企业供给的国内外"重叠需求"更无从谈起。一个突出表现是，中国是全球最大的奢侈品消费国，但却没有一个世界公认的民族品牌。其二，影响国内外"重叠需求"对接程度的另外一个重要因素是产品质量标准的国际化程度。一个国家的产品质量标准不仅会对改善国内需求质量产生重要影响，也是本土产品国际化的先决条件。但由于中国标准化工作起步较晚，"标准缺失老化滞后""标准与生产脱节"以及执行力度等问题突出，使得产品标准改善国内需求质量和提升产品质量的作用有限。并且，长期以来国内标准与国际标准难以对接，造成国内产品难以国际化。突出表现在，多年来技术性贸易壁垒成为中国企业出口面临的第一大贸易壁垒。

五、中国回归内需驱动出口模式的途径分析

回归大国内需驱动出口模式，不仅能有效利用高速增长的本土市场空间和不断升级的本土需求结构，培育和发展本土企业高层次竞争优势，持续推动外贸转型升级，也是夯实出口作为持续增长动能需要遵循的"大国经验"。为此，需要满足三个序列条件以实现"国内需求—本土供给—出口产品"的双重有效对接：对国内需求较强的本土供给能力、国内需求引致本土企业竞争力提升、本土有竞争力的产品能够国际化。

（一）通过供给侧改革提升对国内需求的本土供给能力

本土企业对国内需求较大的产品具有较强的供给能力，是内需驱动出口模式得以实现的初始条件。当前国内需求结构正从基本满足过渡到品质需要，但国内大量高端产品的本土供给不足，反而给国外竞争者提供了无限商机。供给侧改革是提升本土企业供给能力的有效途径，供给侧改革的重心和本质在于，以市场化改革实现供需的动

态有效对接。这就需要通过理顺各类产品、要素的市场价格和梳理流通环节,以完善的价格机制适时实现市场出清,实现供需的动态平衡;通过打破行政垄断,完善市场竞争机制,以市场的"自选择"催化有效供给,实现供需匹配;同时以"有形之手"弥补弥补新技术、新产业生成过程中的"外部性",催生适应消费升级的新产品、新服务。在通过供给侧改革提升本土供给能力过程中,不容忽视的是,全球产品内分工下的中间品进口,可有效利用发达国家的技术优势,提升本土企业对国内需求的供给能力。同时,中间品进口引发供给能力和供给质量的提升又会给国内企业带来竞争压力,以"倒逼机制"促使本土企业改善对国内需求的本土供给能力。

(二) 完善创新导向的市场环境强化内需引致本土企业竞争力功能

国内需求引致本土企业竞争力功能缺位,是当前内需驱动出口模式难以形成的重要原因。培育本土企业高层次竞争优势的政策措施,不能仅局限于激励企业创新投入的优惠政策,应该把视角放宽到国内需求对企业竞争力的诱致功能方面。其一,最为重要的莫过于形成公平竞争、规范有序、创新导向的市场环境。就中国目前而言,需要加快完善企业失信惩戒机制、规避"劣币逐良币"现象,通过公平、有序竞争实现市场的"自选择",优化企业创新环境,发挥国内大市场的"需求引致创新"功能。同样重要的是,规避渐进式转型过程中各类"寻租空间"和"投机空间",迫使本土企业转向依托国内需求培育高层次竞争优势的获利模式。其二,通过加强质量监管、完善消费维权法规、畅通消费维权渠道等途径,营造良好的消费环境。不仅有利于释放有效需求,更为重要的是,可把消费者的诉求、特别是专业而挑剔的消费者诉求转化为本土企业改进产品和服务的压力和方向,发挥国内大市场的消费反馈驱动效应。其三,市场分割和收入差距是决定有效需求规模的重要因素,削弱了有效需求对本土企业竞争力的引致效应。这就需要通过清理地方保护和部门分割政策,消除商品流动的跨部门、跨行业、跨地区的制度障碍,建设全国统一大市场。依托国内中等收入阶层的文化和市场,培育立足本土市场的国际品牌,是世界品牌发展过程的基本经验。这需要通过治理"灰色收入"、扩大劳动收入份额等措施,改变"哑铃型"的收入结构,壮大中产阶层,释放对本土品牌规模庞大的需求空间。

(三) 鼓励高端需求和推进内外销产品"同线同标同质"提高国内外"重叠需求"对接度

有竞争力的本土产品能否出口,最终取决于国内外需求的对接程度。目前本土需求结构不断升级,国内外"重叠需求"空间不断扩大,把握这一机遇,通过鼓励高端需求和推进内外销产品"同线同标同质",最终实现"国内需求—本土供给—出口产品"对接。其一,国内高端需求是国内外"重叠需求"有效结合点,并且国内高端需求内含的需求引致创新功能,对于摆脱被发达国家利用其市场势力与技术势力所设置的"结构封锁"具有关键作用。应当认识到,只有消费者的"精致需求"才会有本土企业的"工匠精神"。而培育高端精致需求市场不仅在于提高劳动者的收入分配份额,通过降低高质产品税收、提高消费信息的流通率以发挥国内外高端需求的示范效应,以及引导正确的消费观念,都有利于释放国内高端需求和鼓励"精致需求",进而提高国内外需求对接程度。其二,推进内外销产品"同线同标同质",实现产品销售在国内和国际市场上的自由转换,是提高国内外"重叠需求"对接程度的重要手段。在推进内外销产品"同线同标同质"过程中,可充分利用国内需求和供给规模的大国优势,推进中国标准国际化。产品安全、技术标准、能源效率等相关法规,应该起到鼓励消费者对新产品、新技术的需求,并反映国际主流消费趋势的作用。在基础产品标准上增加竞争优势的标准,不仅可加速国内产品的改善和发展,起到本土企业引领国际竞争力的作用,并且对引导国内消费也有重要影响。应该认识到,严格的产品标准及其严格执行,不但与民生质量有关,更是关系到中国能否在新一轮国际竞赛中取胜的重要因素。

六、结论

割裂出口与本土经济关联的外贸发展模式在创造中国"出口奇迹"的同时,也是新发展阶段外贸优势"断点"进而囿于转型困境和出口难以成为经济持续增长动能的深层原因。而中国国内需求的快速扩张与升级,为破解外贸发展困境提供了一条大国优势途径——内需驱动出口模式。因为相对小国而言,大国需求规模和多层次需求结构是本土企业培育高层次竞争优势的"国家特定优势",依托国内大市场的内需驱动出口模式不仅有利于发挥"国家特定优势",从而形成外贸转型升级的内生机制,也可通过出口与本土经济的强有力关联,能更好为地发挥出口作为"增长引擎"的本质作用。因此,在相同发展阶段,大国比小国更加偏向内需驱动出口模式。但是中国却明显背离这一国际经验,且经济发展阶段和产品内分工等现实因素并不能有效降低中国与大国经验的背离程度。更深层次原因在于,致使"国内需求—本土供给—出口产品"不能有效对接的市场环境抑制了内需驱动出口模式的形成。文章回归外贸起源及其本质作用,提出中国应当遵循大国经验回归内需驱动出口模式,旨在强调,外贸的发展不能割裂与本土经济的关联,根植于国内市场的本土企业能力建设和由此带动的出口扩张及出口结构升级,才是外贸转型升级和出口成为增长引擎的关键,而不断扩张与升级的国内需求又是中国本土企业能力建设的"国家特定优势"。因此,在全球消费终端市场大转移和国内需求扩张与升级的战略机遇下,中国构建"对外开放新体制"需要牢牢把握国内需求这一大国特殊优势的战略基点,转变出口部门与本土产业部门割裂发展的传统思路,遵循大国外贸发展的一般性规律,形成内嵌于本土经济的贸易模式。为此,要把握三个方面的政策重点:提升对国内需求的本土供给能力、强化内需引致本土企业竞争力功能和提高国内外"重叠需求"的对接程度。如此,中国正在凸显的大国本土需求优势才能转换为外贸转型升级的内生动力,中国正在全面推进的国内创新产业链才能与出口产业链兼容和互动,中国出口扩张才能更好地发挥其"增长引擎"的本质作用。

参 考 文 献

[1] 谷克鉴,陈福中. 净出口的非线性增长贡献——基于 1995～2011 年中国省级面板数据的实证考察 [J]. 经济研究,2016 (11).

[2] 金尚荣. 出口产业与内需产业的平衡发展 [EB/OL]. 韩国经济新闻,1982-2-13.

[3] 刘晴,程玲,邵智,陈清萍. 融资约束、出口模式与外贸转型升级 [J]. 经济研究,2017 (5).

[4] 路风,余永定. 双顺差、能力缺口与自主创新——转变经济发展方式的宏观和微观视野 [J]. 中国社会科学,2012 (6).

[5] 裴长洪,郑文. 国家特定优势:国际投资理论的补充解释 [J]. 经济研究,2011 (11).

[6] 钱学锋,黄云湖. 中国制造业本地市场效应再估计:基于多国模型框架的分析 [J]. 世界经济,2013 (6).

[7] 施炳展,冼国明. 要素价格扭曲与中国工业企业出口行为 [J]. 中国工业经济,2012 (2).

[8] 唐东波. 贸易开放、垂直专业化分工与产业升级 [J]. 世界经济,2013 (4).

[9] 佟家栋,刘竹青. 国内需求、出口需求与中国全要素生产率的变动及分解 [J]. 学术研究,2012 (2).

[10] 杨小凯. 经济学:新兴古典经济学与新古典经济学 [M]. 北京:社会科学文献出版社,2003.

[11] 易先忠,包群,高凌云,张亚斌. 出口与内需的结构背离:成因及影响 [J]. 经济研究,2017 (7).

[12] 张杰,张帆,陈志远. 出口与企业生产率关系的新检验:中国经验 [J]. 世界经济,2016

(6).

[13] 张曙霄, 张磊. 中国贸易结构与产业结构发展的悖论 [J]. 经济学动态, 2013 (11).

[14] Alesina, A., Spolaore, E., & Wacziarg, R. T., Trade, Growth and the Size of Countries. *Handbook of Economic Growth*, Vol. 1, No. 5, 2005, pp. 1499–1542.

[15] Basevi, G., Domestic Demand and Ability to Export. *Journal of Political Economy*, Vol. 78, No. 2, 1970, pp. 330–337.

[16] Bhaumik, S. K., Driffield, N., & Zhou, Y., Country Specific Advantage, Firm Specific Advantage and Multinationality-Sources of Competitive Advantage in Emerging Markets. *International Business Review*, Vol. 25, No. 1, 2016, pp. 165–176.

[17] Crozet, M., & Trionfetti, F., Trade Costs and the Home Market Effect. *Journal of International Economics*, Vol. 76, No. 2, 2008, pp. 309–321.

[18] Desmet, K., & Parente, S., Bigger is Better: Market Size, Demand Elasticity and Innovation. *International Economic Review*, Vol. 51, No. 2 2010, pp. 319–333.

[19] Dreger, C., & Herzer, D., A Further Examination of the Export-Led Growth Hypothesis. *Empirical Economics*, Vol. 45, No. 1, 2013, pp. 39–60.

[20] Feder, G., On Exports and Economic Growth. *Journal of Development Economics*, Vol. 12, No. 1, 1983, pp. 59–73.

[21] Hausman, R., Hwang, J., & Rodrik, D., What You Export Matters. *Journal of Economic Growth*, Vol. 12, No. 1, 2007, pp. 1–25.

[22] Melitz, M. J., The Impact of Trade on Intra-Industry Reallocations and Aggregate Industry Productivity. *Econometrica*, Vol. 71, No. 6, 2003, pp. 1695–1725.

[23] Poncet, S., & Waldemar, F. S. D., Export Upgrading and Growth: The Prerequisite of Domestic Embeddedness. *World Development*, vol. 51, No. 16, 2013, pp. 104–118.

[24] Porter, M. E., The Competitive Advantages of Nations, New York: The Free Press, 1990.

[25] Staritz, C., Gereffi, G., & Cattaneo, O., (Eds.), Special Issue on "Shifting End Markets and Upgrading Prospects in Global Value Chains", *International Journal of Technological Learning, Innovation and Development*, vol. 4, No. 1–3, 2011.

[26] Weder, R., Comparative Home-Market Advantage: An Empirical Analysis of British and American Exports. *Review of World Economics*, Vol. 139, No. 2, 2003, pp. 220–247.

[27] Weder, R., How Domestic Demand Shapes the Pattern of International Trade. World Economy, Vol. 19, No. 3, 1996, pp. 273–286.

How Do Large Economies Export:
International Experience and Reconstructing of China's Export Model

Yi Xianzhong, Ouyang Yao

Abstract How to develop trade in China to form the endogenous mechanism of export upgrading conducive to sustainable growth remains to be clarified. From the perspective of the origin and essential role of trade, demand-driven export model not only can exploit country specific advantage to form the endogenous mechanism of export upgrading, but also better play the role of export as the engine of growth through strong linkages between export and domestic industries. Therefore, large countries are more inclined to demand-driven export model than small ones at the same development stage. But China is not consistent with the experience of large countries. The sources are rooted in the market environment of matching domestic demand, local supply and export products. Thereby, rebuilding demand-driven export model through providing necessary market environment is china's advantageous channel to crack down the transition dilemma of trade development.

Key words Demand-Driven Export Model, Domestic Demand, Export Upgrading, Country Size

发展中大国的农业规模经营与农业发展[*]

罗富政[**]

摘　要　中国是典型的发展中大国,在国别特征的约束下分析农业规模经营对农业发展的影响效应,对于促进中国农业转型发展具有重要的理论和现实意义。对于发展中大国而言,适度的规模经营,一方面,可以通过农业现代高效率生产模式对传统生产模式的替代提升农业生产效率,进而促进农业发展;另一方面,可以通过规模扩张和要素积累,提升农业产出水平和农产品竞争力,进而促进农业发展。分位数回归结果发现,农业生产效率越高,农业规模经营对农业生产率的正向影响越强,农业规模经营与农业生产效率形成了良性的互动关系。

关键词　发展中大国;农业规模经营;农业生产效率;农业产出和竞争力

一、引言

国土面积广阔和农业人口众多是发展中大国农业发展的重要基础特征,这两个特征既为发展中大国的农业发展提供了有利因素,也阻碍了其农业转型。一方面,广阔的国土面积为农业发展提供了高基数的耕地面积,众多的农业人口为农业发展提供了丰富的劳动力要素,奠定了发展中大国农业经济发展的先天优势;另一方面,庞大的农业人口数量拉低了耕地面积的人均占有量,使得农户不具备进行大规模机械化和集约化生产的条件,不利于农业的发展。那么,面对这一状况,发展中大国应当选择怎样的农业经营模式呢?

中国、印度、俄罗斯和巴西均是典型的发展中大国。在历史原因和自身禀赋的作用下,发展中大国的农业经营逐渐形成了两种模式:一种是以俄罗斯和巴西为代表的

---

[*] 本文原载于《湖南师范大学社会科学学报》2018 年第 6 期。
[**] 罗富政,经济学博士,湖南师范大学商学院讲师。

规模经营模式(其中俄罗斯采取私人家庭农场模式,巴西采取以合作社为基础的产业化运作),它们采用规模经营的农场模式,农业经济活动人口的平均耕地面积达到25.2599公顷和5.2321公顷;另一种是以中国和印度为代表的非规模经营模式,它们采用的是农户模式,农业经济活动人口的平均耕地面积仅为0.5931公顷和0.7588公顷。这两种经营模式的经济表现呈现出了显著的差异(见表1):首先,对于人均耕地占有量较高的俄罗斯和巴西而言,农业劳动生产率相对较高,农业工人人均增加值分别为11540.05美元和11149.67美元;农业产出水平相对较高,农业经济活动人口年均谷物产量分别为21.8919吨和7.1481吨;农业产品的国际市场竞争力较高,农业原料出口占货物出口总额的比例分别为2.15%和4.70%。其次,对于人均耕地占有量较低的中国和印度而言,农业劳动生产率相对较低,农业工人人均增加值分别为1465.44美元和1156.21美元;农业产出水平相对较低,农业经济活动人口年均谷物产量分别为2.4452吨和1.1625吨;农业产品的国际市场竞争力较低,农业原料出口占货物出口总额的比例分别为0.40%和1.53%。

表1　　　　　　　　中国、印度、俄罗斯和巴西的农业经济表现

国家	农业经济活动人口平均耕地面积(公顷/人)	农业生产率(农业工人人均增加值,2010年美元,不变价)	农业经济活动人口年均谷物产量(吨/人)	农业原料出口占货物出口总额的比例(%)	农业经营模式
中国	0.5931	1465.44	2.4452	0.40	家庭承包
印度	0.7588	1156.21	1.1625	1.53	农户经营
俄罗斯	25.2599	11540.05	21.8919	2.15	现代农场
巴西	5.2321	11149.67	7.1481	4.70	家庭农场

资料来源:通过《金砖国家联合统计手册(2015)》原始数据计算而得。

显然,数据告诉我们,实施农业规模经营模式可以为发展中大国的农业发展带来更好的经济表现。那么,农业规模经营是如何影响发展中大国农业发展的呢?如何才能有效地利用规模经营机制实现农业的可持续发展呢?为回答这两个问题,本文基于生产效率和产出水平两个视角,通过理论分析和实证检验研究了发展中大国农业规模经营对农业发展的影响路径及其治理对策。

二、文献综述

在不同阶段和国家，农业技术或农业经济效率的变化或差异可以由农场规模来解释（Lund and Price，1998）。然而，关于农业规模经营对农业发展的影响效应，国内外学者的观点却并不一致。

第一种观点认为，农业规模经营不一定可以促进农业发展（Sen，1966；Berry and Cline，1979；Assuncao and Ghatak，2003；Bizim ana et al.，2004）。国外学者的研究起步相对较早，考尼亚（Cornia，1985）以粮农组织15个发展中国家的农场管理数据为基础，分析了不同规模农场的要素投入、土地产出和劳动生产率之间的关系，发现农业规模与要素投入和单产均呈强负相关关系，究其原因主要在于小农场中较高的要素投入和更为集约的土地使用。而舒尔茨（Schultz，1968）、海美和鲁坦（Hayami and Ruttan，1986）等人则认为，促进农业生产增长的是要素与产品价格的相对变化诱致的技术和制度变迁，并认为农业经济增长不一定借助于一个固定模式的"规模经济"概念。国内学者则从农业发展的路径依赖视角探讨了这一问题。罗必良（2000）从农业产业性质、资产专用性、组织管理费用、市场交易特征、垄断利润等视角分析了农地经营规模问题，并认为农业并不是一个存在显著规模经济性的产业。林毅夫（2000）则主张走依赖于生化技术进步的土地节约型农业发展道路，并认为资源禀赋约束（地少人多）和农业生产投入不具有专用性投资，农业劳动力可兼业和农业机械可租赁的条件，决定了小块土地的效率耕作结果。刘凤芹（2003）的研究也支持他们的观点，认为可兼业的条件下小规模的个体农户的经营方式是符合规模经济要求的，而大的机械化农场不是规模经济的必然要求，并强调走单纯的大机械化农场的农业发展道路的主张是错误的。

另一种观点认为，农业规模经营可以有效地促进农业发展（Bravo‐Ureta and Rieger，1990；Kumbhakar，1993）。万广华和程恩江（1996）通过土地细碎化及规模经济的实证研究，发现土地分块对粮食产量的影响不仅为负而且在统计上非常显著，并由此提出了农业规模经营的思路。关于农业规模经营对农业发展的影响路径研究，学者们的切入点主要包括三个方面：一是成本视角，如许庆等（2011）认为，扩大土地经营规模对单位产量生产总成本均有显著的负面影响，而在其他条件不变的情况下，成本降低与经济效益提高实质上是一致的，因此，农业经营规模的扩大有利于促进农民增收；二是生产要素视角，如李文明等（2015）认为，规模较大的农户更接近"理性经济人"假设，农业规模经营在不同目标导向下存在差异化的适宜标准，现代生产要素的重要性更加凸显，农业劳动力富余现象趋于消减，知识、经验和技能对水稻生产具有显著的促进作用；三是收入视角，如何秀荣（2016）认为，中国农场规模过小是影响农户务农生存的首要因素，进而影响农业技术进步、农业竞争力、农业发展等，只有在收入层面把农场规模扩大到具有农场经济可持续性的底线之上，才有机会再来缓解农业中的一系列其他问题，否则任何农政措施实际上只会治标不治本。

当然，也有学者认为农业规模经营对农业发展的影响路径是非线性的（Carter and Wiebe, 1990; Benjamin, 1995; Lamb, 2003），如张忠明和钱文荣（2010）认为，在一定规模范围内，农户粮食生产效率随土地经营规模的扩大呈现 U 形曲线的变化规律。

综上所述，关于农业规模经营问题，国内外学者们的研究相对比较成熟，但研究视角差异较大、结论观点也各有不同，缺乏系统性。与此同时，我们注意到学者们在研究农业规模经营问题时忽视了对国别特征的思考。那么，在国别特征的约束下，农业规模经营对农业发展的影响效应如何呢？本文基于发展中大国的国别视角，较为系统地阐释了农业规模经营对农业发展的影响路径。

三、发展中大国农业规模经营影响农业发展的理论路径

本文认为，基于国土面积广阔和农业人口众多的禀赋优势，发展中大国农业规模经营对农业发展的影响路径体现在生产效率和产出水平两个方面。

（一）生产效率视角下发展中大国农业规模经营对农业发展的影响路径

用现代化的工业设备和技术装备农业是发展中大国农业发展的重要表征，而其实质是现代高效率生产模式对传统低效率生产模式的替代，具体体现在生产方式和管理方式两个方面：生产方式的转变主要表现为高效的农业机械设备的使用，高技术含量的农药化肥的投放，农业劳动力人力资本水平的提升等；管理方式的转变主要表现为粗放式管理模式向集约化管理模式转变。生产和管理方式的转变是生产效率提升的过程，同时也是经营成本上涨的过程。

在农户的耕地占有量不足的情况下，农户的收入是有限的，农户所能承受的生产和管理成本也是有限的，因此对于他们而言，运营成本相对较低的传统生产和管理模式更加合适。此时，转变生产和管理方式虽然可以一定程度上增加经济收益，但收益的增长远远不及经营成本的上涨，这使得农户对现代高效率生产模式缺乏需求，不利

于农业生产效率的提升。叶春辉等（2008）认为，农业土地的非规模经营限制了农机总动力的提高，增加了使用机械的物质费用，制约了农户对农机装备的投资，阻碍了农业机械化的资源投入和利用效率。

反之，如果农户进行适度的规模经营，可以有效地降低每单位耕地使用现代高效率生产模式的经营成本，在每单位耕地产出不变的情况下转变生产和管理方式的成本—收益比发生改变，进而强化了农户使用高效率现代生产模式替代传统生产模式的动力，有利于农业生产效率的提升。刘凤芹（2006）的研究发现，农业机械化是对农村劳动力的替代，替代的界限依赖于农业机械与农业劳动力的相对价格变化或相对成本变化。

另外，现代高效率生产方式和管理模式的运用都应当以规模经营为前提。胡新艳等（2016）也认为，土地规模经营是推进农业机械化发展的前提必要条件，机械技术的投入使用需要足够适度的土地规模相匹配，而适度土地规模能促进机械应用，提高农业生产效率。

基于上述分析可提出以下假说：

假说1：对于发展中大国而言，适度的规模经营可以通过农业现代高效率生产模式对传统生产模式的替代提升农业生产效率，进而促进农业发展（见图1）。

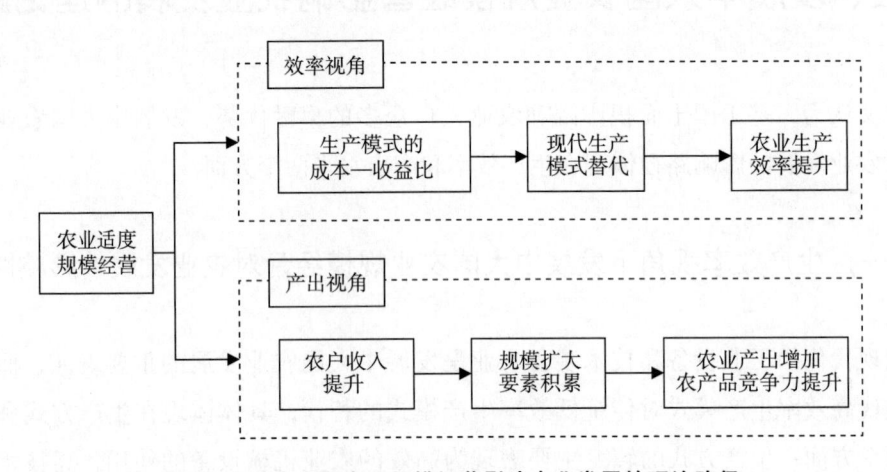

图1　发展中大国农业规模经营影响农业发展的理论路径

（二）产出水平视角下发展中大国农业规模经营对农业发展的影响路径

农业产出水平的提高、农产品竞争力的提升是发展中大国农业发展的另一个重要特征，而规模扩大和要素积累是实现这一目标的重要路径。

在农户耕地占有量不足的情况下，即使单位耕地面积的产出水平提高，农户的总产出水平也得不到显著的提升。重要的是，在此路径下，农户的总收入水平得不到显著增加，进而使农户无力实现要素积累和生产管理模式的转变。在要素积累方面，低收入的农户不能有效积累物质资本，亦不能留住劳动力，农村中大量青壮劳动力向非农产业转移，导致农业人力资源流失、人力资本下降，不利于人力资源和资本的有效积累。在生产和管理模式转变方面，低收入的农户无力推进农业生产的机械化和科技化，同时也无力实施现代化的管理模式。在这两方面，农户均不能实现总产出的可持续提升和农产品竞争力的有效加强。

反之，如果农户进行适度的规模经营，可以通过两个方面效应实现农业发展：

一是规模扩张效应，即规模经营使得农户的土地规模扩大，在单位产出不变的情况下，其总产出水平也相应增加。万广华和程恩江（Wan and Cheng, 2001）的研究显示，土地细碎化的存在确实降低了农业的产出水平，并且估算出如果消除了土地细碎化这一现象，中国的粮食产量每年将增加 7140 万吨。

二是要素积累效应，即适度的规模经营，使农户收入水平增加，在农业生产中有足够的投入来提升机械化和科技化水平、增加人力资源和人力资本的有效积累，使得规模经济效应下农业生产效率提高，进而促进农业产出水平增加、农产品竞争力提升。王建洪等（2009）的研究显示，1996~2006 年农户农业收入对于农户投资的影响显著率为 43%，其中，东、西部省份显著率分别占 38%、46%，农业大省和低收入省份显著率分别占 38%、46%，"双高省份"（高农业产出和高收入）显著率为 15%，"双低省份"（低农业产出和低收入）显著率为 23%。

同时，随着农业先进技术在农业生产中的应用，农产品的质量更有保障、产品附加值高、市场竞争能力强，农户的收入水平也随之提升。另外，随着农户收入水平的提升，农户更加愿意通过购买先进设备优化农业生产方式，同时愿意通过教育培训提升人力资本水平和经营管理能力，农业生产效率进一步提升。

基于上述分析可提出以下假说：

假说 2：对于发展中大国而言，适度的规模经营可以通过规模扩张和要素积累，提升农业产出水平和农产品竞争力。

四、发展中大国农业规模经营影响农业发展的实证分析

（一）发展中大国农业规模经营影响农业生产效率的实证分析

1. 变量选取与模型构建

本文的实证样本为 2000~2015 年中国、印度、俄罗斯和巴西四国的面板数据。

(1) 被解释变量：农业生产效率（agp）。本文以农业工人人均增加值（美元，2010年不变价）指标衡量农业生产效率。该指标值越大，说明每单位农业劳动力（即农业工人）的产出能力越强，农业生产效率越高。

(2) 解释变量：其一，农业规模经营（scm）。农业规模经营是指在保证土地生产率有所提高的前提下，使每个务农劳动力承担的经营对象的数量（如耕地面积），与当时当地社会经济发展水平和科学技术发展水平相适应。基于此，本文以"单个农业经济活动人口所经营的农业用地数量"指标对其进行衡量。该指标值越高，说明农业规模经营水平越高。其二，农业产业结构（ids），本文以"农业增加值占国内生产总值的比例（%）"指标进行衡量。该指标值越高，说明农业对该国经济产出的贡献越高，该国对农业的重视程度越高。其三，农用土地资源（nat），本文以"农业用地占土地面积的比例（%）"指标进行衡量。该指标值越高，说明该国农业土地资源越丰富。其四，农产品对外依赖程度（grd），本文以"农业原料进口占货物进口的比例（%）"指标进行衡量。该指标值越高，说明该国对外的农产品进口比例越高，农产品的对外依赖程度越高。表2显示了各主要变量的描述性统计结果。

表2　　　　　　　　　主要变量的描述性统计结果

变量	均值	标准差	最小值	最大值
agp	4513.37	3734.98	774.13	11540.05
scm	13.88	14.50	0.75	47.32
ids	10.25	6.14	3.67	23.88
nat	40.34	18.98	13.06	60.87
grd	2.18	1.21	0.77	4.81

上述指标数据来源于对世界银行数据库原始数据的处理。为消除指标的单位差异和可能存在的异方差，本文对各指标进行了取对数处理。

根据上述理论分析直接构造实证分析的回归模型如下：

$$\ln(agp) = \beta_0 + \beta_1 \ln(scm) + \beta_2 \ln(ids) + \beta_3 \ln(nat) + \beta_4 \ln(grd) + \mu_i \quad (1)$$

其中，β_i 为第 i 个变量的系数；μ_i 为干扰项。为验证在农业生产效率的不同阶段农业规模经营作用效应的差异，本文进行了分位数回归分析。分位数回归方法由科恩克和巴塞特（Koenker and Bassett）于1978年提出。该方法主要用来估计一组自变量 X 与因变量 Y 在 (0, 1) 区间不同分位点的线性关系，分位数回归估计的计算是基于一种非对称形式的绝对值残差最小化。假设条件分布 $y|x$ 的总体 q 分位数 $y_q(x)$ 是 x 的线性函数，即：

$$y_q(x) = x'_i\beta_q \tag{2}$$

其中，β_q 为 q 分位数条件下的估计系数，其估计量 $\hat{\beta}_q$ 可以由以下最小化问题来定义：

$$\min_{\beta_q} \sum_{i:y_i \geq x'_i\beta_q}^{n} q|y_i - x'_i\beta_q| + \sum_{i:y_i < x'_i\beta_q}^{n} (1-q)|y_i - x'_i\beta_q| \tag{3}$$

通过采用加权最小绝对离差和法对分位数回归系数进行估计，可得：

$$\beta_q = \arg\min_{\beta \in R^p} \left[\sum_{i:y_i \geq x'_i\beta_q}^{n} q|y_i - x'_i\beta_q| + \sum_{i:y_i < x'_i\beta_q}^{n} (1-q)|y_i - x'_i\beta_q| \right] \tag{4}$$

本文将在 0.25、0.50 和 0.75 的分位数条件下，通过目标函数和约束条件函数均为线性函数的线性规划方法计算 β_q 的系数估计量。

2. 实证结果分析

表3报告了面板混合回归和分位数回归方法下农业规模经营影响农业生产效率的估计结果。

表3　　　　　　　　　　规模经营影响农业生产效率的计量结果

变量	混合回归	QR_25	QR_50	QR_75
ln(scm)	0.7919***	0.7039***	0.8987***	0.9838***
	(0.0559)	(0.0808)	(0.0400)	(0.0282)
ln(ids)	0.3222***	0.0260	0.4961***	0.5696***
	(0.1066)	(0.1288)	(0.0746)	(0.0586)
ln(nat)	0.4683***	0.5761***	0.5709***	0.6405***
	(0.0648)	(0.0933)	(0.0470)	(0.0365)
ln(grd)	-0.4873***	-0.6009***	-0.4665***	-0.3348***
	(0.0462)	(0.0795)	(0.0337)	(0.0245)
_cons	4.5593***	4.9688***	3.6422***	3.0897***
	(0.4787)	(0.6969)	(0.3420)	(0.2420)
R^2	0.6543	0.8701	0.9154	0.9043

注：( ) 内为标准误，*** 表示 t 值在1%水平上显著。

表3的计量结果具有如下经济含义：

（1）农业规模经营有利于提升农业生产率，且农业生产效率越高，农业规模经营对农业生产率的正向影响越强。在混合回归方法下，农业规模经营指标在1%的水平上显著为正（0.7919），这印证了假说1的观点，即适度的农业规模经营可以有效促进发展中大国农业生产率的提升。由于数据的欠缺，我们无法计量验证农业规模经营提升农业生产率的路径是现代高效率生产模式对传统生产模式的替代。但在农业就业人员人力资本水平外生的情况下，高效率农业生产模式的应用是提升农业生产率的唯一路径，这也是规模经济效应的重要体现。随着分位数的增加，农业规模经营指标的系数呈现上升的趋势，在25%、50%和75%的分位数下，农业规模经营指标的系数分别是0.7039、0.8987、0.9838（见图2）。这表明，农业生产率越高，农业规模经营对农业生产率的提升作用越强。究其原因，现代高效率生产模式的应用程度越高，对农业规模经营的需求程度也越高，在此路径下，农业规模经营对农业生产率的提高具有更为显著的作用；反之，如果现代高效率生产模式的应用程度不高，农业规模经营程度的提高仅仅只能一定程度上降低单位经营成本，却不能显著提升农业生产率。

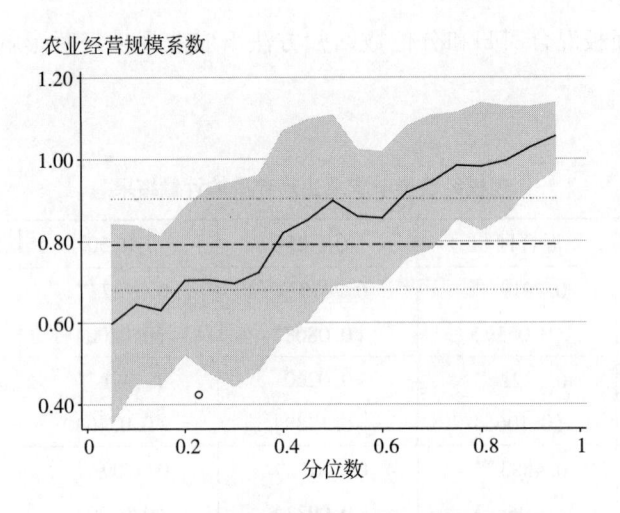

图2　分位数回归的系数变化趋势

（2）其他变量的解释。首先，农业产业结构占比越高，农业生产率相对越高。对于发展中大国而言，资源在产业间的配置是产业结构形成的重要机制。农业产业结构占比较高，表明资源在农业的配置比重相对较高。资本、劳动、技术及社会资本等资源在农业的集聚，使农业的生产效率不断提升。表3的计量结果印证了这一点，在混合回归方法下，农业产业结构指标的系数为0.3222，且在1%的水平上显著。分位数回归结果显示，农业生产效率越高，农业产业结构占比对农业生产率的提升作用越强。其次，农用土地资源越丰富，农业生产率相对越高。幅员辽阔是发展中大国的重要特征，但农用土地资源丰富才是农业发展的关键。一般而言，农用土地资源越丰富，农业实施规模经营的可能性越强，进而会对农业生产率产生正向的影响。表3的计量结果印证了这一点，在混合回归方法下，农用土地资源指标的系数为0.4683，且在1%的水平上显著。最后，农产品对外依赖程度越高，农业生产率相对越低。市场规模庞大是发展中大国的重要特征,若农产品对外依赖程度较高,表明农产品的生产和销售无法满足本地市场的需求,进而说明国家农产品生产力不足,农业生产也存在效率低下的情况。表3的计量结果印证了这一点,在混合回归方法下,农产品对外依赖程度指标的系数为 -0.4873,且在1%水平上显著。分位数回归结果显示,农业生产效率越高,农产品对外依赖程度对农业生产率的负向作用越弱。

(二) 发展中大国农业规模经营影响农业产出水平和农产品竞争力的实证分析

1. 发展中大国农业规模经营影响农业产出水平的实证分析

在本实证中,本文以"农作物生产指数(2004~2006年=100)"指标衡量农业产出水平(aop)。农作物生产指数是指相对于基期2004~2006年的每年农业产量,包括除饲料作物以外的所有作物。该指标值越高,表示该国农业产出水平越高。

通过对公式(1)进行调整,本文构建了以农业产出水平为被解释变量的计量模型。表4报告了规模经营影响农业产出水平的计量结果。需要说明的是,实证中采用的是固定效应的面板回归分析方法,没有采用分位数回归方法说明影响效应的阶段性差异。

表4　　　　　　　　规模经营影响农业产出水平的计量结果

变量	模型1	模型2	模型3	模型4
$\ln(scm)$	0.6402*** (0.1679)	0.9146*** (0.1166)	0.7228*** (0.2017)	0.5800*** (0.1748)
$\ln(ids)$	-0.0485 (0.1944)		-0.2279 (0.1958)	-0.3377** (0.1688)
$\ln(nat)$	4.8610*** (1.1845)			5.6976*** (1.1995)
$\ln(grd)$	-0.2267** (0.0859)			
_cons	-13.3669*** (4.0936)	3.1479*** (0.1980)	3.9634*** (0.7281)	-15.7493*** (4.1966)
R^2	0.6953	0.5106	0.5218	0.6574

注:( )内为标准误,***、**分别表示t值在1%、5%水平上显著。

(1) 农业规模经营有利于提升农业产出水平。在4个模型中,农业规模经营指标的系数分别是0.6402、0.9146、0.7228、0.5800,且均在1%的水平上显著。这印证了假说2的观点，即发展中大国农业适度的规模经营可以显著提高农业的产出水平。农业规模经营对农业产出水平的促进作用主要表现为两个方面：一是规模经营使得农户的土地规模扩大，在单位产出不变的情况下，其总产出水平也相应增加，即规模扩张效应；二是适度的规模经营，使得农户收入水平增加，在农业生产中有足够的投入来提升机械化和科技化水平、增加人力资源和人力资本的有效积累，进而促进农业产出水平增加，即要素积累效应。

（2）其他变量的解释。其一，农业产业结构占比对农业产出水平的影响显著性不强。在模型1中，农业产业结构指标的系数为 -0.0485 但显著性不强。其二，农用土地资源越丰富，农业产出水平相对越高。在模型1中，农用土地资源指标的系数为4.8610，且在1%的水平上显著。其三，农产品对外依赖程度越高，农业产出水平相对越低。在模型1中，农产品对外依赖程度指标的系数为 -0.2267，且在5%的水平上显著。

2. 发展中大国农业规模经营影响农产品竞争力的实证分析

在本实证中，本文以"农业原料出口占货物出口总额的比例（%）"指标衡量农产品竞争力（cap）。一般而言，农业原料出口占比越高，表明农产品不仅能有效满足本地市场的需求，而且满足国外需求的水平也在不断提升，在国际市场上具有较强的竞争力。

通过对公式（1）进行调整，本文构建了以农产品竞争力为被解释变量的计量模型。表5报告了农业规模经营影响农产品竞争力的计量结果。需要说明的是，实证中采用的是随机效应的面板回归分析方法。

表5　　　　　　　　规模经营影响农产品竞争力的计量结果

变量	模型1	模型2	模型3	模型4
$\ln(scm)$	1.5073***	0.1520	0.7720***	1.8730***
	(0.1080)	(0.2292)	(0.1356)	(0.1481)
$\ln(ids)$	2.6170***	0.8461***	1.7916***	3.1184***
	(0.2060)	(0.2663)	(0.3165)	(0.2948)
$\ln(nat)$	1.2975***			1.2365***
	(0.1251)			(0.1863)
$\ln(grd)$	-0.7706***		-0.7183***	
	(0.0893)		(0.1485)	
_cons	-11.7904***	-1.5690	-4.2026***	-13.7595***
	(0.9248)	(0.9858)	(0.9422)	(1.3368)
R^2	0.1867	0.2676	0.1372	0.2742

注：（）内为标准误，*** 表示 t 值在1%水平上显著。

(1) 规模经营有利于提升农产品的竞争力。在 4 个模型中，规模经营指标的系数分别是 1.5073、0.1520、0.7720、1.8730，除模型 2 外其他模型均在 1% 的水平上显著。这印证了假说 2 的观点，即发展中大国农业适度的规模经营可以显著提高农产品的竞争力。

(2) 其他变量的解释。其一，农业产业结构占比对农产品竞争力的影响显著为正。在模型 1 中，农业产业结构指标的系数为 2.6170，且在 1% 的水平上显著。其二，农用土地资源越丰富，农产品竞争力相对越高。在模型 1 中，农用土地资源指标的系数为 1.2975，且在 1% 的水平上显著。其三，农产品对外依赖程度越高，农产品竞争力相对越低。在模型 1 中，农产品对外依赖程度指标的系数为 -0.7706，且在 1% 的水平上显著。

五、结论及对策建议

中国是典型的发展中大国，在国别特征的约束下分析农业规模经营对农业发展的影响效应，对于优化和促进中国农业转型发展具有重要的理论和现实意义。前文研究表明：对于发展中大国而言，适度的农业规模经营，一方面，可以通过农业现代高效率生产模式对传统生产模式的替代提升农业生产效率，进而促进农业发展；另一方面，可以通过规模扩张和要素积累，提升农业产出水平和农产品竞争力，进而促进农业发展。分位数回归结果发现，农业生产效率越高，农业规模经营对农业生产率的正向影响越强，农业规模经营与农业生产效率形成了良性的互动关系。因此，应该着眼于农业生产效率提升、产出增加、产品竞争力优化的目标，积极探索以规模经营带动发展中大国农业发展的路径。从中国现实情况出发，可以设计以下政策思路。

第一，推动农村土地资源"三权"分置，优化土地经营权有序流转。面对人均耕地占有量不足的问题，优化农村土地资源配置制度成为了重点。中共中央办公厅、国务院办公厅印发的《关于完善农村土地所有权承包权经营权分置办法的意见》提出了"所有权归集体、承包权归农户、经营权归土地经营权人"的"三权分置"原则。地方政府应当依据这一原则，充分考虑各地资源禀赋和经济社会发展差异，创新经营方式（如土地股份合作、土地托管、代耕代种等），总结形成适合不同地区的"三权分置"具体路径和办法，探索更多放活土地经营权的有效途径。同时，地方政府应当积极加强农村产权交易市场建设，为流转双方提供信息发布、产权交易、法律咨询、权益评估、抵押融资等服务，完善工商资本租赁农地监管和风险防范机制，加强农村土地承包经营纠纷调解仲裁体系建设，确保土地经营权规范有序流转。

第二，基于区域异质性视角，推行差异化的农业规模经营模式。前文研究结论显示，农业生产效率越高，农业规模经营对农业生产率的正向影响越强。因此，针对农业生产效率的区域不同应当制定差异化的经营模式。针对一些土地利用率低、土地布局较为集中的地区（如中国西北部地区等），应当积极推广以现代化大农场为主要形式的大规模生产经营模式。针对一些土地利用效率高、但人口相对集中的地区（如中国东南部地区），应当积极推广以家庭农场为主要形式的农业规模经营模式。农场规模的扩张，有利于要素投入规模的扩大和小型农业机械的使用，从而促进农业劳动生产率的提高。

第三，积极培育新型经营主体，引导农业生产方式的转变。当前，我国农业经营主体主要是普通农户，随着"兼业"现象的普遍以及"空心村"等现象的加剧，约束我国农业发展转型的一个关键问题摆在我们面前，那就是经营主体缺乏有效利用现代高效率生产模式（先进技术和现代化管理模式）的条件，这制约了我国农业规模经营的推广。为此，中央和地方政府应当加强财政和政策扶持，通过健全社会化服务体系等方式，从国家层面制订有针对性的职业教育和培训项目计划，加快新型农业经营主体的培育。以此，引导农民采用现代化的生产模式和先进农业技术，鼓励农民增加资本及技术等方面生产要素的投入，进而为农业规模经营创造条件。同时，应当推进土地经营权向新型经营主体的流转，为新型经营主体的家庭农场发展提供政策支持。

第四，通过政府投入的合理引导，完善农业规模经营的投融资制度。首先，要基于"三权分置"的土地制度创新推动农业发展的金融制度，政府部门应当通过建立新型农业经营主体发展财政专项等方式，构建利于农业规模经营的稳定投入机制。其次，利用银行等金融机构，通过为新型农业经营主体的中长期大额贷款予以财政贴息等方式，解决农业规模经营的融资困难问题。最后，鼓励通过农户规范发展资金互助和信用合作等方式，强化农民资金互助合作，当然应当加强相应监管，避免出现非法集资等现象。

参 考 文 献

[1] 罗必良. 农地经营规模的效率决定 [J]. 中国农村观察，2000 (05): 18 - 24 + 80.
[2] 林毅夫. 再论制度、技术与中国农业发展 [M]. 北京: 北京大学出版社，2000: 127 - 190.

[3] 刘凤芹. 中国农业土地经营的规模研究——小块农地经营的案例分析 [J]. 财经问题研究, 2003 (10): 60-65.

[4] 万广华, 程恩江. 规模经济、土地细碎化与我国的粮食生产 [J]. 中国农村观察, 1996 (03): 31-36+64.

[5] 许庆, 尹荣梁, 章辉. 规模经济、规模报酬与农业适度规模经营——基于我国粮食生产的实证研究 [J]. 经济研究, 2011, 46 (03): 59-71+94.

[6] 李文明, 罗丹, 陈洁, 谢颜. 农业适度规模经营: 规模效益、产出水平与生产成本——基于1552个水稻种植户的调查数据 [J]. 中国农村经济, 2015 (03): 4-17+43.

[7] 何秀荣. 关于我国农业经营规模的思考 [J]. 农业经济问题, 2016, 37 (09): 4-15.

[8] 张忠明, 钱文荣. 农户土地经营规模与粮食生产效率关系实证研究 [J]. 中国土地科学, 2010, 24 (08): 52-58.

[9] 叶春辉, 许庆, 徐志刚. 农地细碎化的缘由与效应——历史视角下的经济学解释 [J]. 农业经济问题, 2008 (09): 9-15+110.

[10] 刘凤芹. 农业土地规模经营的条件与效果研究: 以东北农村为例 [J]. 管理世界, 2006 (09): 71-79+171-172.

[11] 胡新艳, 杨晓莹, 吕佳. 劳动投入、土地规模与农户机械技术选择——观点解析及其政策含义 [J]. 农村经济, 2016 (06): 23-28.

[12] 王建洪, 冉光和, 孟坤. 农户收入结构对农户投资的影响问题研究 [J]. 农业技术经济, 2009 (01): 92-97.

[13] Lund P, Price R. The Measurement of Average Farm Size [J]. Journal of Agricultural Economics, 2010, 49 (1): 100-110.

[14] Sen A K. Peasants and Dualism with or without Surplus Labor [J]. Journal of Political Economy, 1966, 74 (5): 425-450.

[15] Berry R, W Cline. Agrarian Structure and Productivity in Developing Countries [M]. Baltimore, MD: Johns Hopkins University Press, 1979.

[16] Assunção J J, Ghatak M. Can unobserved heterogeneity in farmer ability explain the inverse relationship between farm size and productivity [J]. Economics Letters, 2003, 80 (2): 189-194.

[17] C Bizimana, W L Nieuwoudt, S RD Ferrer. Farm Size, Land Fragmentation and Economic Efficiencyin Southern Rwanda [J]. Agrekon, 2004, 43 (2): 244-262.

[18] Cornia G A. Farm size, land yields and the agricultural production function: An analysis for fifteen developing countries [J]. World Development, 1985, 13 (4): 513-534.

[19] Schultz T W. Institutions and the Rising Economic Value of Man [J]. American Journal of Agricultural Economics, 1968, 50 (5): 1113-1122.

[20] Hayami Y, Ruttan V W. Agricultural development: an international perspective. [J]. Economic Development & Cultural Change, 1985, 82 (2): 123-141 (19).

[21] Bravo-Ureta B E, Rieger L. Alternative Production Frontier Methodologies and Dairy Farm Efficiency [J]. Journal of Agricultural Economics, 1990, 41 (2): 215–226.

[22] Kumbhakar S C. Short-Run Returns to Scale, Farm-Size, and Economic Efficiency [J]. Review of Economics & Statistics, 1993, 75 (2): 336–341.

[23] Carter M R, Wiebe K D. Access to Capital and Its Impact on Agrarian Structure and Productivity in Kenya [J]. American Journal of Agricultural Economics, 1990, 72 (5): 1146–1150.

[24] Benjamin D. Can unobserved land quality explain the inverse productivity relationship? [J]. Journal of Development Economics, 2004, 46 (1): 51–84.

[25] Lamb R L. Inverse productivity: land quality, labor markets, and measurement error [J]. Journal of Development Economics, 2003, 71 (1): 71–95.

[26] Guang H. Wan, Enjiang Cheng. Effects of land fragmentation and returns to scale in the Chinese farming sector [J]. Applied Economics, 2001, 33 (2): 183–194.

[27] Koenker R, Bassett G. Regression Quantiles [J]. Econometrica, 1978, 46 (1): 33–50.

Agricultural Scale Management and Agricultural Development in Developing Large Countries

Luo Fuzheng

Abstract China is a typical developing country. It is of great theoretical and practical significance to analyze the impact of agricultural scale management on agricultural development under the constraints of national characteristics. For large developing countries, moderate scale management can, on the one hand, promote agricultural production efficiency by replacing traditional production mode with modern and efficient agricultural production mode, and then promote agricultural development; on the other hand, it can enhance agricultural output level and competitiveness of agricultural products through scale expansion and factor accumulation, and then promote agricultural development. Quantile regression results show that the higher the efficiency of agricultural production, the stronger the positive impact of agricultural scale management on agricultural productivity, agricultural scale management and agricultural production efficiency formed a benign interactive relationship. Finally, based on China's national conditions, this paper puts forward countermeasures and suggestions for optimizing agricultural scale management.

Key words developing large countries; agricultural scale management; agricultural production efficiency; agricultural output and competitiveness

重新审视大国工业化运行机制*

霍斯特·汉思奇**

摘　要　根据熊彼特创新理论，大国工业化运行是依靠创新驱动的，不是市场竞争驱动经济的发展，而是各种创新理念以及大公司的力量。从发达大国工业化运行机制看，"创造性破坏"具有良性特征，它推动技术创新和产业进步。然而，熊彼特的"创造性破坏"伴随着收入和财富分配不平等的增长，第二个大麻烦是来源于反工业化浪潮。目前，西方工业国家面临着经济变化中创新性和破坏性的极度不平衡，未来的"创造性破坏"有希望再次获得平衡吗？21世纪数字化技术带来一股创新和创造性破坏的新浪潮，积极的观点是通过教育、学习和研究来掌控未来，有应对未来不确定性的弹性。与创新思想相适应，后发大国应该选择以创新为基础的经济发展战略，熊彼特的概念对于中国的战略设计更加具有价值。

关键词　工业化；运行机制；创新驱动；发展战略

一、引言

在1942年，这个"二战"的混乱时期，奥地利经济学家、哈佛大学约瑟夫·熊彼特教授出版了他的重要著作《资本主义、社会主义和民主》。这是他的第二部关于资本主义本质的伟大著作，第一部是在1911年出版的《经济发展理论》。在这两部著作中，他都尖锐地质疑经济的正统性。在他看来，资本主义并非关于供给和需求的平衡系统，通过要素和产品价格来分配经济资源以达到平衡。相反，他认为资本主义是一股创造性破坏之风，通过不断的更新经济内部结构、不断的破坏旧的经济，创造新的经济。这是他在1942年写下的观点。经济遵循着基本的发展规律在变化，总是存在失败者和成功者，新的产品、新的公司、新的产业都将取代旧的产品、公司、产业。

---

* 本文原载于《湖南师范大学社会科学学报》2018年第3期。
** 霍斯特·汉思奇（Horst Hanusch），德国奥格斯堡大学教授，国际熊彼特学会主席。

革命是破坏，是企业家承担风险（熊彼特，1911），或者是公司创新并扩散到市场、消除市场现有的弱者并占领市场（熊彼特，1942）。成功的革命将使得公司变大甚至变成垄断性的、有巨大研究实验室的公司。为了站在这样的创新驱动发展机制的潮头，市场甚至垄断公司都变得对推动经济发展和提升国民生活水平及福利待遇负有了责任。

所以，在熊彼特1942年的书中，他认为不是市场竞争驱动了经济的发展，而是各种创新观点及大公司的力量。竞争性市场不会创造新的生产力，只会产生新的公司或机构。完全的竞争不仅不能而且不利于未来导向的发展。正如经济学家大卫·拉佐尼克所解释的：如果你认为资本主义仅仅就是市场交换，那就没有发展，或者不懂为何公司要发展和繁荣。还应该有些别的什么东西，比如创新。

二、"创造性破坏"：良性的特征

熊彼特坚信"创造性破坏"最终是良性的，投资和工作机会将转移到有创新性的、更有生产率、待遇更好的公司和产业。他认为以创新为基础的资本主义提升了大多数人的生活水平，回顾资本主义国家的历史，特别是美国近250年的发展史已经广泛地证明了熊彼特的观点。创新的巨大驱动力，正如罗伯特·戈登在他的著作《美国发展沉浮录》中所写到的：长期的经济发展不是一个静止的过程，而是被几次非连续的产业革命所驱动的，且每次产业革命都带来新的技术。第一次工业革命，主要标志是蒸汽机在18世纪末期和19世纪早期的应用和发展；第二次工业革命开始于19世纪70年代，一直发展到20世纪60年代，标志是科学技术的应用，比如电气化、内燃机和化学工程；第三次工业革命，主要围绕信息和通信技术，定义了全球的所有工业化国家现在正经历的时代。

从发达大国工业化运行机制看，"创造性破坏"推动了技术创新和产业进步，可见它具有积极效应和良性特征。但是，熊彼特认为的"创造性破坏"的良性特征，在他提出观点的七十多年之后，仍然能够经得起现实的考验吗？

三、现在的破坏正在赶超创新

正如我们看到的，在经济发展史上，发展进程中的创新总是能补偿技术发展的负面效应，最后成功者的数量比失败者多。创新给社会带来新的工作机会和新的福利，能抵消变化过程中的破坏性因素。资本主义经济展示了一定程度的灵活性，能接纳新的产品和生产流程，即使它在逐渐丧失劳动力密集度。社会在很大程度上能包容结构性变化，是通过学习并接受各种挑战以使得自身成为不断演化新环境中的一部分，变化带来的机会能帮助克服旧制度中的阻碍。发展中创新的部分能完全吸收破坏影响，发展的过程是不存在"非对称动力"的。只要这种情况一直延续，社会不断繁荣进步，那就没有什么重要的原因使得经济主体对"创新性破坏"不满意了。

然而，如果研究美国或欧洲的现状就会发现，这种过去曾有的尤其是"二战"之后发展的或多或少的和谐计划，到现在已经发生巨大的变化了。尤其是在美国，或程度稍轻的欧洲，发展中破坏的部分变得越来越重要了。这里有两个观点可以做证这种说法。

一种是熊彼特的"创新式破坏"必然伴随着收入和财富分配不平等的增长。在很长的一段时间里，这种观点被大多数的经济学家和一些有国际影响力的机构如国际货币基金组织或经合组织所忽略。他们是"涓滴"理论的追随者。"涓滴"理论认为经济增长应服务经济体中的所有人，包括被经济增长中的破坏性力量所损害的人群，因为增长带来的好处从富有的一方流到了贫穷的一方。同这种理论相反，现在越来越多的经济学家认为如果发展的过程是被创新企业家或未来导向的公司所驱动或左右，则会富者越富。他们带来收益性的创新，建立成功的公司，并收取由市场提供的创新垄断租金。

然而，成功者之所以是成功者，是因为他们能积累知识为未来的创新作准备；失败者终归是失败者，因为他们缺乏必要的创新技巧。最后，他们之间的差距越来越大，富者越富，不平等的程度拉大。一位法国经济学家汤姆斯·皮克特和他的团队的研究表明，美国自1980年后，最底层50%的人群的收入停滞于每年16000美元，但是在1980~2014年，最顶层1%的人群的收入从23万美元涨到了130万美元。关于财富的分配，美国最新的数据表明最富有的1%的人群拥有这个国家35%的总财富。这就意味着在美国，只有极少的一部分人群是不断变化和进步的经济发展中的成功者。毫无疑问，在一个极不平等的社会中，政治流言就会四起，质疑这些经济精英（企业家或经理人）的资格，质疑社会技术科学人士以及媒体人士的声望和他们的生活、工作方式。在越来越多的美国和欧洲经济学家的眼里，分配的不平等尤其是社会中产阶级的急速减少，是对自由资本主义及其运行机制最危险的挑战。

西方的发达工业化大国尤其是美国，第二个大麻烦是来源于反工业化浪潮，这股浪潮在最近的三十年中都经历过了。现今西方社会的经济基础已经从工业化导向，到正统的制造业如钢铁制造、煤矿挖掘或机械工程，逐步变成了以信息和知识为基础的现代商业模式。这种转变的最大问题就是，越来越多的工作人员不具备相应的个人技术和能力或足够灵活性，以跟上这种从相对简单的工作内容到复杂和高要求设计的转变，他们成为"创新性破坏"中的失败者，没有合适的机会以跟上并融入新世界的经济活动。

这种失败者落后的过程以及产生的各种后果，更是被全球化强化了。全球化随着技术的发展从本地的、物理的生产到非物质的、信息和知识为基础的形势，比如通过互联网，这些是没有任何地理或制度上的限制的。全球化因而被认为是社会最具威胁性的敌人，包括政治上的民族化及对外国人厌恶的态度。受影响的人群丧失了对未来的信心，沉溺于对辉煌及有序过往的追忆，因此倒退的思维代替了进步的思维，导致各种经济和政治后果。这种趋势可以在美国观察到。

总的来说，目前西方工业国家的现状是经济变化中创新性和破坏性的极度不平衡。许多国家，尤其是美国经历了一段时间的社会动荡，很大一部分的人作为投票者产生了一种感觉，认为资本主义的进步不能平衡其破坏性的一面所带来的负面结果。不管怎样，是否未来的"创造性破坏"有希望再次获得平衡呢？

四、未来"创造性破坏"能否再平衡？

正如我们都知道的，未来的事件是不确定的，没有人能准确和全面的预测其后果。但是创新正在经历某一种变化，甚至我们可以认为这个过程是革命性的，即数字化。这个过程是已经存在的，而且与全球商业和贸易框架下的每个经济参与都是相关的。数字化作为一种新的革命性技术，是以高等级计算、信息和通信技术为基础的，也是以网络、人工智能和机器人为基础的。其应用在国家与国家之间是没有任何区别的，可以在美国这样的企业资本主义体制框架下发展，也可以在中国这样的国家发展。

在21世纪，数字化技术带来一股创新和创造性破坏的新浪潮，这股浪潮足以媲美19世纪和20世纪的技术浪潮。这股技术浪潮不仅是关于经济体中的实体部分，而且将涵盖所有的部门，包含金融部门和公共部门。从这个方面讲，从20世纪末期开始，金融部门就已经经历了巨大的变化。金融世界不再是地区的或者国家的，它以难以置信的速度实现了全球化。金融创新或数字创新，比如电子银行、高速电子化贸易，或是为了以杠杆收益为基础的新金融产品而创造的智能计算方法，系统改变了金融领域进入一个崭新的金融世界。公共部门中数字革命的影响比起金融部门要小得多，但是因为因特网的特质性，人类社会领域也是会受到破坏性变化影响的，它表现为社会中不断转型的技术和制度。这是因为，首先它有摧毁"不相容原理"的力量，因特网上的"社会网络"或"社会平台"是这种发展的很好例证。其次网络能破坏"竞争性"的作用，竞争性是系统化产品与服务世界的另一个特征。网络创造了一种转换能力甚至能改变分配的本质，传统思维认为分配的原则就是所有权。所有这些转变的过程，也许最后都体现在经济和制度的设置上，美国经济学家里夫金称之为"共享经济"。这个方向的第一步已经体现在音乐、电影和媒体，体现在交通、的士和房屋出租方面，在欧洲和美国以及最近在中国都已显现。

数字革命已经在实体经济中体现，改变了工作的性质。有两个概念最能表现其特征，"工业4.0"和"物联网"。"工业4.0"这个版本是为了提升智能工厂，使得人、机器和资源数字化的联系起来且能互相沟通。智能生产过程需要巨量的计算能力和超能的个人能力写出大量的软件程序，而"大数据"是对"未来结构"进行分析和建模的经验前提。这里的"大数据"不是指海量的统计信息，而是公司按其目创造、安排和处理数据的能力，比如同生产技术、零部件供应以及与顾客相关的目标。

"工业4.0"最重要的部分是机器人。工业也是为了下一步转型而准备的，人和机器的关系将演化成新型的合作。未来的生产机器人是一个小小的手机和传感器，它在生产过程中因为有某种能力而能运用到生产过程的不同地方。关于机器人以及人工智能的话题，在最近不同知识与哲学圈子里的讨论是很有争议性的。你会发现有非常积极的和非常消极的两类观点：其中持有积极观点的人有美国著名的未来学家科兹威尔，他认为智能机器将极大地增加生产力，并引致新一轮的人类繁荣。他希望在15年内机器人将在我们的工厂工作，将从事农业工作，并且能开车。软件将能撰写它们自己的软件，机器将控制其他的机器。最后人类将不需要再工作，科兹威尔脑海中的发展也被认为是美国经济学家阿瑟分析的发展历程的最后一个阶段。他认为资本主义国家的未来会分为两种经济体，第一种是物质化的，第二种是数字化创造的。对他而言，第二种经济才是增长的引擎和繁荣的提供者，虽然没有提供传统意义上的工作机会。工作机会的缩减带来一系列的现代社会问题。首先，这种挑战会从"生产繁荣"转变为"分配繁荣"，导致大量的失业威胁。社会不得不讨论和决定新的应对政策。有种提议已经获得了美国和欧洲的支持，认为这个社会的每个人都应有基本收入。然而，阿瑟的观点也许更被认为是关于"创造性破坏"的积极观点，尤其是和悲观主义者如霍金斯等的看法相比较。他们怀疑人工智能的发展也许是人类面临的最大威胁，甚至也许会终结人类。

很难说哪种思想，乐观的或悲观的，会是对人工智能导致的"创造性破坏"的正确评价。希望是乐观的观点，概括了未来发展的创造性特征。正如历史所展示的，革命性的技术运动在最后实现时，能发展出更好的社会，即使其曾经是非常具有破坏性的，伴随着公司的起起伏伏，熟练技术代替大量的非娴熟工人。因此，对于积极的观点，一个重要的前提是这个社会准备好通过教育、学习和研究来掌控未来，愿意接纳变化，有应对未来不确定性、包括"创造性破坏"的弹性。

五、以创新为基础的国家经济发展

当我们谈到国家的经济发展时，最好先从基本问题开始：国家的经济发展进程是怎么推进的？一个经济体的建设者应依靠哪种正确的模式或解释来推进经济增长和个人福利？经济学从学术历史中提取一系列的概念、方法和规则，以理解经济发展的过程是如何运作的。经济学文献中有许多有趣的理论和概念。然而，发展到现在，有两股主流思想主宰了国际的研究：新古典经济学和演化经济学。两者都或多或少的能给以上的问题提供令人满意的回答，但是两者却在一个重要方面有很大的不同，即对于技术及其发展在经济发展中起到的作用的解释。如前所述，我们主张熊彼特的创新理论，即创造性破坏的工业化运行机制。

在国际学术界，新古典经济学仍然是对以市场和个体理性为基础的社会经济系统量身定做的相关流派。如果你需要一个模型来概括一个运行有效的经济体的优势，新古典经济学提供了一个简单易懂的框架。其宏观经济学体系可以概括为投入—产出转化的结构。主要的投入是资本和劳动力，产出是 GDP 或国民收入。如果你希望这个宏观生产函数能达到更高的产出，简单的增加资本或劳动力或同时数量级的增加两者就可以了。技术的发展被认为是经济体系中的外生现象，宛如天赐的礼物。这种非常量化的方法不仅很大程度上影响了经济学的学术发展，而且对亚洲和世界其他地区的发展战略有极大的重要性。日本从 20 世纪 60 年代、中国从 80 年代开始，其成为发展、收入和财富增长的关键，都是通过增加资本投资和劳动力数量来扩大国家生产能力。廉价的资本和劳动力使得建立生产型产业、特别是便宜消费品生产产业变得可能因而能征服国际市场，破坏西方国家已有的生产设施。当然，全球化重要性的显现、地理距离的显著消除，这些作为现代交通技术发展的结果，在这个过程中起到了非常关键的作用。对于亚洲国家,尤其是中国,这种以要素投入数量为基础的发展战略,在20世纪90年代和21世纪前十年是非常受肯定的,创造了世界最高的GDP增长率,而且在很多年间都是高于10%的。

但是发展到现在,这个耀眼的画面有了很大的改变。中国的传统发展模式没有像以前那样带来巨大的产出。就像20世纪80年代的日本和90年代的韩国,中国需要一种新的、重新规划的发展战略,使已有的优势得到强化,并发展新的潜力以获得未来的发展。那应该是什么样的战略呢?为了回答这个重要问题,让我们研究一下演化经济学。

如果社会经济体系不再是新古典经济学所概括的以资本和劳动力数量为基础、融合时间的数学计算方程框架的"投入—产出"模式。如果从历史的角度来概括时间,增长和发展都是一个复杂的演化过程而不是一种简单的投入到产出的转变,这种基本的观点构成的演化经济学的基础。约瑟夫·熊彼特将演化思维以模型的方式融入经济学。相比新古典经济学,演化经济学的不同之处主要有两层。第一,与马克思一样,从历史的角度看时间。第二,技术在经济体的发展中起到关键作用,技术是创新来驱动和决定的。创新往往包括新产品、新服务或者新的生产过程,创新引入了"创造性破坏"的过程,使得旧的事物被废弃或转变成新的形式、方法、习惯或需求等,这个过程为产业、市场等创造了源源不断的变化。本质上说,创新性破坏一般倾向于通过强化积极的、创造性的发展特征,消化甚至忽略消极的、破坏性的影响来实现未来导向的、或预见性的发展场景。其源头也许和这些问题是相关的:哪些产品和服务是未来的人们所需要的?他们的需求怎样被最好的满足?最开始也许是对这些问题的有远见的观点激发出来的。

如果我们环顾全球,可以发现有两个地方是最符合熊彼特标准。一个是美国的硅谷,出产了不少的企业家代表性人物,如苹果的乔布斯、微软的比尔·盖茨、谷歌的拉里·佩奇和希尔·盖布林,都是致力于他们的远景目标的实现。硅谷高度符合熊彼特在他1911年的书中所描述的理想创新经济模型。有远见、敏锐的企业家会不停地寻找破坏性创新,这种创新有能力和实力改变全球的市场和产业,并引导消费者形成新的习惯和需求。他们消除了经济体中陈旧的、沉睡的部分,代之以全新的、未来导向的替代品。这也意味着他们创造了永恒的变化,使得经济体对其产品和服务有高度灵活性的需求。这些充满企业家精神的公司以及伴随他们的私有风险资本投资人,正是熊彼特在其1911年的书中所梦想的。在硅谷,公共部门扮演的角色几乎可以忽略,而这正式熊彼特所希望的。毫无疑问,硅谷正符合像美国这种资本主义经济体,但其不能直接应用到中国。对于中国而言,熊彼特1942年的书更合适,其概念对于中国设计以创新为基础的发展战略更为充分和可接受,也更适合现行的经济和制度体制。在这里，已经有技术导向的大公司存在，这些公司不惧怕国际竞争，正在成为全球的重要参与者。而且对于他们而言有一个天然的优势，那就是不需要去征服全球市场来实现愿景，而硅谷的公司却需要。因为中国的公司可以依靠其庞大的国内市场，同时打国内牌和国际牌。这些公司很渴望追赶全球技术领先者，可能通过合作，或者通过并购和接管。

激发创新性和竞争性是有先决条件的。他们的企业精神看来和硅谷的明星公司亚马逊是一致的，即并非盈利是最重要的，而是战略和愿景：使世界变得更好，人们的生活更加的轻松和美好。比如，电动交通工具、无人驾驶轿车、战胜疾病的药物、利用风力或太阳能产生能源、自动化生产、机器人、人工智能等。这些领域都有破坏性发展，无论是在消费领域还是在经济体的生产领域。至于中国，相比西方国家，有巨大的人口优势，对于产品和服务的消费，不必像硅谷的公司那样侧重于全球市场。对于生产或机械服务，不必像德国那样等到全球市场足够大了才进行生产和销售以实现规模经济。进一步而言，在中国，金融部门和实体经济有非常紧密甚至共生的关系。对于金融革命性项目，以及通过公司内部技术研发或通过兼并国外技术来构造公司的创新能力都不需要克服重大的财务障碍。公司和银行建立了非常密切、共同发展的关系。最后，公共部门在中国的创新系统中充当了极其有利的角色。中国在政治上是一党制框架，公共管理方面就不需要像西方民主国家那样面临各种阻碍。像美国、英国、匈牙利或波兰这些国家，选民主要看的是过去已经取得的成就，而不是未来需要解决的问题。在这些国家中，逆行的思维比发展的思维在公共领域更盛行，以致破坏了积极的、未来导向的社会优势。

就我观察的中国而言，显现了截然不同的画面。创新在不断成为中国公司，尤其是中国政府最关注的事，比如其发展计划"中国制造2025"。如果问我对于如何发展中国经济有什么建议，我的建议仍然会和那时候一样的。首先，要有发展的思维，永远在头脑中保留通过可持续的、未来导向的经济发展思路。这就意味着，一方面，通过确认和支持体现经济未来发展潜力的部门来强化经济体系中的活力，因为"创造性破坏"是和其紧密相连的，需要保持这种过程的持续进行、且健康地发展。为了达到这个目的，现代的创新经济提供了一系列的工具，包括专利、竞争法、税收政策或直接补偿等以减少对未来投资的风险。另一方面，可持续的发展也意味着不仅要强化经济体的创新性，也要避免这种体系的过热化。这是指对于那些增长过快的部门应适当放缓脚步到一个可承受的变化速度，可以通过税收政策或监管干预得以实现。

The Operation Mechanism of Large Country's Industrialization Revisited

Horst Hanusch

Abstract According to Schumpeter's Innovation theory, the operation of large country's industrialization is driven by innovation, not by market competition, but by innovation theory and big companies' power. From the perspective of developed large country's operation mechanism of industrialization, creative destruction bears virtuous characteristics, which promoted technology innovation and industry progress. However, the creative destruction that mentioned by Schumpeter comes along with the increase of unequal distributions of income and wealth. Currently, western countries are facing the extreme imbalance between innovation and destruction. Then can the creative destruction in the future be expected to reach balance again? The digital technology in 21th century has brought a new tide of innovation and creative destruction. There is a positive point of view that there is elasticity of coping with the uncertainty of future through education, study and research. Schumpeter's theory is worthy for China's strategy design considering that a late-comer country should select an economic development strategy based on innovation.

Key words Industrialization, Operation Mechanism, Innovation Driven, Development Strategy.

国别经济研究

中国的大国经济发展道路及其世界意义[*]

欧阳峣[**]

摘　要　中国是典型的发展中大国，具有人口众多、幅员辽阔和劳动生产率偏低、人均国民收入水平不高的特征。新中国成立以后，特别是改革开放以来，在社会主义建设实践中逐步形成了独立自主、经济分权、对外开放、创新驱动的大国发展道路。对这条道路进行的实践探索和理论分析是符合逻辑的，在实践应用中被证明是成功的，它对世界上发展中大国的经济发展具有普遍意义。

关键词　大国道路；中国经验；理论分析；世界意义

中国是典型的发展中大国，既有人口众多和幅员辽阔的大规模国家特征，又有劳动生产率偏低和人均国民收入水平不高的发展中国家特征。中国古代曾经有过经济繁荣的辉煌历史，但在近代以后逐步走向衰落。新中国成立以来，中国共产党人在探索中国特色社会主义建设道路的过程中，带领全国人民走出了一条经济发展的富强之路。纵观六十多年的历史，从1952～1978年，国民生产总值增长两倍，劳动生产率增长58%，建立了比较完善的国民经济体系；1978年改革开放以后，中国经济焕发出生机和活力，从1978～2011年，国民生产总值增长22.48倍，年均增长率达到9.89%，经济总量位居世界第二，从低收入穷国迈进中等收入经济体行列；2012年党的十八大以来，中国经济加快转型升级的步伐，开启了从富起来走向强起来的航程。中国的发展历程积累了成功的经验，初步形成了"中国道路"的框架。习近平主席在庆祝中华人民共和国成立65周年招待会上指出："我们自己的路，就是中国特色社会主义道路。这条道路，是中国共产党带领中国人民历经千辛万苦、付出巨大代价开辟出来的，是被实践证明了的符合中国国情、适合时代发展要求的正确道路。"我们应该认真总结中国道路的成功经验，增强中国特色社会主义道路自信，使这条康庄大道越走越宽阔，并为发展中大国从贫穷走向富强提供可选择的典范。

---

[*] 本文原载于《经济学动态》2018年第8期。
[**] 欧阳峣，经济学教授，博士生导师，湖南师范大学副校长，大国经济研究中心主任。

一、中国道路研究的基本脉络

新中国成立后，经济发展取得了举世瞩目的成就，特别是改革开放以来的经济增长在持续时间和速度上超过经济起飞时期的日本和亚洲"四小龙"。诺贝尔经济学奖获得者约瑟夫·斯蒂格利茨指出："世界上还从未出现过如此大规模而又持久的经济增长。"这种现象被称为"中国奇迹"，国内外学术界在研究和总结"中国奇迹"的过程中，提出了"中国道路""中国经验""中国模式"的概念。20世纪70年代，海外学者开始关注新中国发展道路问题；90年代中期开始，国内学者讨论了"中国道路"和"中国模式"问题；进入21世纪以后，海外学者用"北京共识"的概念称谓"中国模式"。国内外学者的研究，主要沿着三条线路展开。

（一）中国道路的存在性及其意义研究

普遍认为，"中国道路"或"中国模式"是客观存在的，但更多的学者认为用"中国道路"比"中国模式"更为科学和准确；"中国模式"主要是描述性的概念，对它的基本内涵和体系结构没有形成完整而统一的认识，更确切地说应该是中国式的发展道路（王丹莉，2012）。主要有几种具体观点：第一种是将"中国模式"当作可以同"美国模式"相抗衡的模式。有的学者认为，"华盛顿共识"在全球性金融危机中遭遇挫折，在发展中国家应该怎样管理经济的问题上，一个新的"北京共识"将替代长期占主导地位的"华盛顿共识"（唐晓，2010）。库珀·雷默（Coop Ramo）认为，"北京共识"显示了对于"华盛顿共识"的一种对抗，因为中国已经成功地通过鼓励创新、提高生活品质、经济成长以及提供平等的环境以避免社会动乱，并维护独立和自决的地位，拒绝西方强权施加的意志而获得发展上的成功。第二种认为"中国模式"为发展中国家提供了新的发展模式。约瑟夫·奈（Joseph. Nve）认为中国模式为发展中国家提供了范例，甚至是一种现代化道路。拉莫（Rameau）指出：中国已在指引世界其他一些国家在有一个强大重点的世界上保护自己的生活方式和政治选择。这些国家不仅在设法弄清如何发展自己的国家，而且还想知道如何与国际接轨，同时使他们真正实现独立（唐晓，2010）。中国经济增长的重大成就使许多发展专家开始研究中国的发展模式，发展中国家的领导人也将目光转向中国的发展道路。第三种认为"中国模式"具有不可复制的独特性。马丁·怀特（Martin Wight）认为，中国的国情很特殊，而且发展过程中存在巨大缺陷，因而中国模式是不可复制、推广和输出的。詹姆斯·曼认为：中国是独一无二的，因为它的全然的规模和庞大市场的诱惑力，没有任何其他国家可以比拟（唐晓，2010）。由于中国发展具有特殊性，而且仍然充满矛盾，因此，中国的发展和富强道路不能由任何其他国家照搬。

（二）中国道路的基本内涵和特征研究

一些学者从发展经济学的视角分析"中国模式"或"中国道路"，具体研究了中国经济发展战略及其特征。主要有几种意见：第一种认为"中国模式"或"中国道路"就是独立自主和自力更生的道路。詹姆斯·曼提出："中国模式"的基本原则是在全球化过程中坚持独立自主，走适合自己国家国情的道路（唐晓，2010）。斯蒂芬·马科思认为，"中国模式"的主要特征，就是没有采纳"华盛顿共识"，它所带来的理念不仅不同于以西方经验为中心的意识形态，而且在发展中国家中产生了显著的效果，从而动摇了西方经验以及由西方主导的国际游戏规则。周弘（2009）指出："中国发展道路的特殊性，首先在于它摆脱了资本主义发展的链条，走上了建设社会主义的道路，跳出了帝国主义的世界体系，走上了独立自主的发展道路。"第二种认为"中国模式"或"中国道路"是利用比较优势推动经济发展的道路。林毅夫（2014）认为，一个发展中国家如果在经济发展过程中按照比较优势来选择产业和技术，它的经济就会富有竞争力，中国从改革开放以后也开始按照比较优势选择发展产业和技术，并利用后发优势来进行产业升级和技术创新。华民（2007）提出比较优势竞争就是在不改变现有禀赋结构的基础上，发挥本国充裕要素的成本优势来提高国际竞争力，中国的劳动力要素密集，但人力资本短缺、技术创新效率低、创新体系不健全，所以需要继续坚持基于比较优势的国际分工和竞争策略。第三种认为"中国模式"是粗放型经济增长模式。吴敬琏（2014）认为，新中国成立后形成了高指标、高积累和低效率的增长模式，改革开放以后仍然把数量扩张作为发展的主要目标，各级政府拥有过多的资源配置权力和对企业微观经济决策的干预权力；由于通过投资扩张来推动增长的做法不必触动旧的利益格局，因而以强势政府和海量投资为基本特征的权威主义发展道路就成为一些官员的行为定式。张平等（2007）认为从传统的赶超经济模式看，发展中国家的政府期望通过干预要素价格而增加供给和创造需求，很容易形成同质化的低成本产能扩张的供给结构；改革开放以后，通过发展乡镇企业和外资企业，使制造业逐步确立了全球竞争优势，但它具有显著的低成本竞争特征。张军（2005）提出，从增长模式看，中国的追赶型经济属于高投资—高增长的助推类型，从贸易策略看是遵循外向原则并依赖技术引进实现技术进步,从工业化战略看主要是依赖比较优势逐步升级产业结构。

(三) 中国道路的制度安排和特征研究

还有的学者从制度经济学的角度分析"中国模式"或"中国道路",主要是围绕政府与市场、集权与分权、突变与渐进的问题进行研究。第一是政府和市场的关系。吴敬琏(2016)认为中国从20世纪末期建立"双轨制"后面临两种可能的前途,一条是沿着完善市场经济的改革道路前行,走向法治的市场经济;另一条是沿着强化政府作用的道路前行,走向权贵资本主义。林毅夫(2013)认为应该在促进技术和产业升级方面发挥积极有为的作用,因势利导促进产业的潜在比较优势变成竞争优势,同时要为产业发展提供必要的基础设施;中国正在通过全面深化改革,建立有效的市场并发挥着作用。巴瑞·诺顿提出,中国经验相当重视各种市场力量的逐步扩张,将其视为经济加速增长的基本前提条件,具体顺序是市场开放优先,随后进行市场监管(王新颖,2011)。第二是集权和分权的关系。姚洋等认为中国经济改革的制度基础是分权,财政分权迫使地方政府依靠当地力量创收,以支付政府人员工资,同时为老百姓提供公共品;改革时期的分权是计划时期分权的继续,它为中国改革奠定了制度基础(王新颖,2011)。陆铭等认为政治集权和经济分权是"中国模式"的特征,中国式的财政分权向地方政府和企业提供了经济发展的激励,在经济分权的同时实施政治的集权(姚洋,2011)。郑永年认为,政府间分权促进了中国经济高速增长,中央和地方都有发展经济的动力,地方政府可以增加操纵的资源,对中央和地方来说是一种双赢格局(姚洋,2011)。第三是渐进式改革。刘霞辉等认为传统计划经济体制向市场经济体制过渡,可以选择"激进式"或"渐进式"的转轨模式,中国采取的是相对温和的渐进式改革方略,这可以视作中国改革道路的一个重要的独特之处;渐进式改革与复杂的国情和改革的艰巨性相适应,很好地处理了改革发展与稳定的关系。姚洋认为中国的渐进式改革表现在时间和空间上,在时间上表现为每项改革都是分段进行的,没有一步到位;在空间上表现为改革的推进带有地域性,先搞试点再全面推广(郑永年,2016)。弗拉基米尔·波波夫提出,"摸着石头过河"的改革策略深植于中国传统,中国的渐进式改革方式没有毁坏改革前的所有成就,从未真正脱离得以保持低度的收入与财富不平等的整体主义制度(王新颖,2011)。

显然,国内外学者比较集中地分析了中国道路或中国模式的意义和内涵,并着重从发展战略和制度体制的角度进行了研究。为此,本文将选择新的研究视角:一是鉴于中国发展尚未形成定型的模式,体制机制和发展战略方面仍然处于逐步完善的过程中，所以着重于总结和概括新中国成立以来的发展经验；二是中国道路是包含着复杂内容的巨系统，涉及经济、政治、文化、社会和生态等领域，所以着重从经济学角度总结和概括中国的发展经验；三是基于中国是典型的发展中大国，具有超大规模特征，所以着重总结和概括中国作为大国的发展经验。总体思路是首先基于中国经验提出大国发展道路的理论框架，然后阐述中国道路的世界历史意义。

二、中国道路的经验分析框架

中国道路是由中国共产党开创的，在不同发展阶段得到完善和发展的社会主义建设道路，它蕴含着极为丰富的思想内涵，涉及经济建设、政治建设、文化建设、社会建设等诸多要素。在六十多年的社会主义建设实践中，中国共产党积累了宝贵的经验，这些经验就是构成中国道路的实践基础。笔者认为，中国是典型的发展中大国，中国发展问题的核心是经济问题，基于这两个特点，试图从发展经济学和国家规模的视角，对中国道路的基本经验进行分析。

（一）独立自主的发展道路

所谓"独立自主"，就是指依靠自己的力量，坚持从本国的实际出发，寻求适合国情的发展道路。中国是发展中大国，大国的初始条件是人口众多和幅员辽阔，这是最基本的国情。大国的国内需求很大，从经济发展的角度看，国民消费需求的总量大，基础设施建设的投资需求大，因而不可能主要依靠外部的供给，只能以内部要素和产品的供给来满足消费和投资需求。可见，独立自主的发展道路，符合大国的国情和大国经济的发展规律，这是中国道路的重要内容。

毛泽东同志历来主张，革命和建设都必须坚持"独立自主、自力更生"的基本方针。他在修改"八大"政治报告时写道："我国是一个东方国家，又是一个大国，因此，我国不但在民主革命过程中有自己的许多特点，在社会主义改造和社会主义建设的过程中也带有自己的许多特点，而且在将来建成社会主义社会以后还会继续存在自己的许多特点。"[①] 他强调主要依靠自己的力量，根据自己的情况，走中国工业化道路。邓小平同志在党的十二大开幕词中指出："把马克思主义普遍真理同我国的具体实际结

---

① 建国以来毛泽东文稿（第6册）[M]. 北京：中央文献出版社，1992：143.

合起来，走自己的道路，建设中国特色社会主义，这就是我们总结长期的历史经验得出的基本结论，中国的事情要按照中国的情况来办，要依靠中国人自己的力量来办。独立自主，自力更生，无论过去、现在和将来，都是我们的出发点。"① 他从总结中国经验的角度，阐述了"独立自主，自力更生"的方针。在新的形势下，习近平同志反复强调："独立自主是中华民族的优良传统，是中国共产党、中华人民共和国立党立国的重要原则。在中国这样一个人口众多和经济文化落后的东方大国进行革命和建设的国情与使命，决定了我们只能走自己的路"。② 他从东方大国的国情与使命的角度，分析了独立自主原则在我们党和国家战略中的重要位置。可见，在中国革命和建设的各个历史时期，党和国家领导人从不同角度分析和阐述了独立自主的发展道路：第一，中国国情的特殊性，决定了中国必须走自己的道路，建设中国特色社会主义道路；第二，大国的国情和使命，决定了中国不仅要走自己的路，而且要依靠自己的力量；第三，独立自主是总结长期历史经验得到的基本结论，是中华民族的优良传统，是立党立国的重要原则。

经过新中国成立以后六十多年的探索，中国依靠自己的力量走出了一条"独立自主"的现代化道路，形成了体现"独立自主"原则的经济发展框架。其主要内容，一是建立了独立的国民经济体系，经过经济恢复和建设时期，逐步建立起独立的和比较完备的国民经济体系，形成了第一产业、第二产业和第三产业协调发展的格局。到1978年，国内生产总值达到3645亿元，其中第一产业1028亿元，第二产业1745亿元，第三产业872亿元，呈现出"二一三"结构。改革开放以来，中国的产业结构不断优化，2013年国内生产总值达到588019亿元，其中，第一产业55322亿元，第二产业256810亿元，第三产业275887亿元，开始呈现"三二一"的现代产业结构。同时，在产业布局上，通过建设东部、中部、西部的经济区和产业区，形成了比较完善的国内经济循环系统。二是建立了独立的现代工业体系。20世纪50年代初期开始了社会主义工业化，总体目标是建立独立完整的工业体系。毛泽东同志认为，完整的工业体系是巩固社会主义的基础，"没有完整的工业体系，怎么能说有了社会主义工业化的巩固基础？"③ 从1952~1958年，中国工业发展的实际增长率为18%，建成了一批国家工业化急需的基础工业，使国家的经济结构发生了重大变化，工业技术水平和机械化程度提高，形成了比较完整的工业部门结构和地区结构。改革开放后加快了工业现代化步

---

① 邓小平文选（1975~1982年）[M]. 北京：人民出版社，1983：371-372.
② 习近平谈治国理政 [M]. 北京：外文出版社，2014：29.
③ 萧国亮，隋福民. 中华人民共和国经济史 [M]. 北京：北京大学出版社，2011.

伐、钢铁、有色金属、电力、煤炭、石油加工、化工、机械、建材、轻纺、食品、医药等工业部门迅速壮大；航空航天、汽车、电子等新兴工业部门迅速成长。2006年的工业增加值达到103720亿元，占国民总产值的比重为47.95%。目前，已经形成拥有39个工业大类、191个中类、525个小类的现代工业体系。三是形成了独立的科学技术体系。科学技术是国民经济发展的重要推动力量，现代科学技术体系是现代化国民经济体系和工业体系的重要支撑。新中国成立以后，党和国家始终把发展科学技术摆在突出的战略地位，从"向科学进军"到"科学技术是第一生产力"，从"建设创新型国家"到"实施创新驱动战略"。目前，中国已经成为科学技术体系较为完备、科学技术队伍庞大、科学技术成果丰硕的科学技术大国，农业科技、工业技术和高新技术产业蓬勃发展。2015年，中国研发人员数量居世界首位，研发经费居世界第二，国际专利数量居世界第三。中国不仅建立了比较完整的现代科学技术体系，而且整体科技水平走在发展国家前沿，在某些领域已经达到国际先进水平，甚至具有领跑的能力。

（二）经济分权的改革道路

所谓"经济分权"，就是指国家经济治理实行"分权模式"，将统一管理和分散管理相结合，寻求适合国情的改革道路。中国是一个大国，具有人口众多和幅员辽阔的基本特征，从国家治理的角度看，管理的范围过大，规模庞大的组织结构使管理效率受到负面影响，适宜"分权治理"的模式；通过合理设置中央政府和地方政府的权力，在中央政府的授权下灵活自主地处理辖区内的事务，有利于发挥各个方面的积极性，提高管理效率。显然，经济分权的改革道路，是理顺中央和地方关系的有效途径，也是符合大国国情的改革道路。

新中国成立初期，我们为适应经济赶超战略，沿用战争时期的做法和模仿苏联模式，建立了高度集权的计划经济体系，在实现经济高速增长的同时，也逐渐暴露出过于集中的管理弊端，企业成为上级行政机关的附属物，地方财权非常有限，农民缺乏生产自主权，从而压抑了农民、企业和地方的积极性。为此，从20世纪50年代末期，毛泽东就提出了经济分权的思路，他强调要把国内外一切积极因素调动起来，把中国建设成为一个强大的社会主义国家。"我们的国家这样大，人口这样多，情况这样复杂，有中央和地方两个积极性，比只有一个积极性好得多。"[1] 著名经济学家孙冶方设计了一种国家管理企业的模式，"大权独揽，小权分散"的经济模式，即在保持国家所

---

[1] 毛泽东选集（第五卷）[M]. 北京：人民出版社，1977：182.

有制和国家对企业供销关系的计划管理的条件下,给予企业在日常决策上的自主权。1957年9月的中共八届三中全会通过《关于改进工业管理体制的规定》《关于改进商业管理体制的规定》《关于划分中央和地方对财政管理权限的规定》,经全国人大常委会批准自1958年开始实行,其主要内容包括下放计划权、企业管辖权、物资分配权、基本建设项目审批权、财政权、税收权和劳动管理权。而中央和地方之间的财政关系是决定国家制度构架的最重要因素之一,从20世纪50年代到70年代,中央和地方的财政关系大致经历了五次反复:新中国成立初期效仿苏联模式,实行"统收统支"的财政体系;1951年开始调整,实行财政收入分成和预算分级管理;1958年鼓励地方寻找新的收入来源,实行分权化财政体系;1959～1967年,实行"定收定支,收支挂钩,总额分成,一年一度"的财政体系;1968年开始实行集权模式,但是又在不断进行小的调整。从1978年开始,财政分权的改革方向基本明确,邓小平同志指出:"我国有这么多省、市、自治区,一个中等的省相当于欧洲的一个大国,有必要在统一认识、统一计划、统一指挥、统一行动之下,在经济计划和财政、外贸等方面给予更大自主权"。① 他结合中国的大国特征,阐述了赋予地方、企业和劳动者更多自主权的必要性、重要性,同时还具体分析了权力过于集中的弊端。90年代中期,中国开始实行分税制,将国家的全部税种在中央政府和地方政府之间进行划分,从而确定各自的收入范围,其实质是根据中央政府和地方政府的事权确定相应的财权,它使中央和地方关系形成了一个比较稳定的框架。党的十八大以后,随着形势发展变化,对现行的财政体制进行了相应的调整。习近平同志指出:"要保持现有中央和地方财力格局总体稳定,进一步理顺中央和地方收入划分。"② 通过建立事权和支出责任性适应的制度,形成中央和地方财力与事权相匹配的财税体制,更好地发挥中央和地方两个积极性。通过各个历史时期的长期探索,党和国家在经济分权改革道路上形成了系统的思想、政策:第一,经济分权改革是大国经济治理的必然选择,它是由庞大的国家规模及复杂情况所决定的;第二,经济分权改革是系统工程,主要包括给地方分权、给企业分权和给农民分权;第三,经济分权改革的核心是财政分权,建立财权与事权相匹配的科学的财税体制。

中国大规模的经济分权改革始于1978年,通过给农民自主权、给企业自主权和给地方自主权的改革,探索了一条适应大国经济发展的道路。(1)通过农业体制改革,真正给农民自主权。为解决农业劳动激励机制缺乏的问题,中国农村推行了家庭承包

---

① 邓小平文选(1975～1982年)[M]. 北京:人民出版社,1983:145-146.
② 习近平谈治国理政[M]. 北京:外文出版社,2014:81.

责任制，这种改革首先源于农村基层群众的创新，由诱致性的制度变迁导致政府导向的强制性制度变迁。1980年9月，中共中央《关于进一步加强和完善农业生产责任制的几个问题》的会议纪要提出：允许有多种经营形式、多种劳动组织、多种计划办法的存在，特别是在那些边远山区和贫穷落后的地区。后来，家庭联产承包责任制不仅在农村集体经济组织推广，而且在国营农场推广，被称为社会主义集体所有制中分散经营和统一经营相结合的经营方式。从大集体的生产组织形式到以家庭为单位的农业生产组织形式，实现了农业微观经营机制的转变；农民获得了生产经营自主权，并获得了生产剩余的支配权，从而形成一种经济激励机制，极大地激发了农民的生产积极性，使农产品产量大幅度提高。在1978~1984年推行家庭联产承包责任制期间，按不变价格计算的农业总增长和年均增长率分别为42.23%、6.05%，这是新中国成立以来农业增长最快的时期。（2）通过企业体制改革，真正给企业自主权。为解决企业激励机制缺失的问题，中国城市调整了国家和国有企业的关系，通过赋予国有企业的自主权，增强了经济激励和企业活力。根据林毅夫的研究，中国的国有企业改革经历了三个阶段：1979~1984年为第一阶段，主要是向企业"放权让利"，提高企业效率；1984~1986年为第二阶段，主要是"简政放权"和"改革税制"，增强企业活力；1987~1995年为第三阶段，主要是实行各种形式的企业经营责任制，重建企业经营机制。通过改革赋予了企业更大的经营自主权，逐步建立适应市场经济体制的企业制度。截至2001年底，全国86%的国有工业企业完成了改制。这种企业微观经营机制的转变，实质上就是赋予企业在生产、销售、分配等方面的权力。随着企业改革的推进，提出了建立"产权明晰、权责分明、政企分开、科学管理"的现代企业制度的目标。（3）通过财政体制改革，真正给地方自主权。为解决地方政府激励机制缺失的问题，中国不断地调整国家和地方的利益关系；真正的财政分权改革是从1977年在四川和江苏进行财政包干制度试点开始的，主要内容是中央和地方"分灶吃饭"，实行总额分成、收入递增包干、定额上解、上解额递增包干和定额补助政策。从1994年开始的分税制改革，主要内容是将税收划分为中央税、地方税和共享税三大类，资源税和特种消费税为中央税，个人所得税、企业所得税和农业税为地方税，增值税和营业税为共享税。这次改革在中央和地方财政分权制度化和规范化进程中具有里程碑意义。它使中央和地方构建了长期稳定的利益关系格局。这种分权改革的实质是赋予地方政权在财政上的自主权，极大地调动了地方政府理财的积极性，促进了地方经济增长。分税制在改革实践中逐渐完善，建立了财政转移支付的机制，保障各地区经济的协调发展。

(三) 融入世界的开放道路

所谓"融入世界",就是把本国经济看作世界经济的有机组成部分,在国际范围内利用资源和市场,寻求适合国情的开放道路。中国是一个超大规模的国家,拥有资源丰富和市场广阔的优势,依靠国内资源和国内市场就可以支撑产业成长,形成专业化优势。在封闭的世界里,大国的内源发展机制有着小国所不可比拟的优越性。然而,在开放的世界经济体系中,小国可以利用国际的资源和市场形成推进经济繁荣的机制。因此,假如大国仍然自我封闭,就将丧失大国原有的优势,固有的规模优势可能被小国依托国际资源和国际市场所超越;大国只有自觉地融入世界经济体系,实施基于内需的全球化战略,才能形成超越小国的规模优势。事实证明,融入世界的开放道路是大国经济走向繁荣的必由之路,也是中国道路的重要内容。

新中国成立后,中国政府希望通过发展对外贸易促进国内经济的恢复。毛泽东于1949年12月赴苏联访问,他在莫斯科电告中共中央:"在准备对苏贸易条约时应从统筹全局的观点出发,……同时要准备和波捷德英日美等国做生意"。[1] 但是,西方国家试图遏制社会主义中国的发展,在中国周围形成"新月形"的包围圈;中国同苏联签订援助协定,又因政治关系的恶化而停止。进入20世纪70年代,中国政府审时度势地扩大对外经济交流,并将对外贸易和技术引进的重点转向西方国家。毛泽东指出:这些西方资本主义国家是创造了文化,创造了科学,创造了工业。现在我们第三世界可以利用他们的科学、工业、文化(包括语言)的好的部分(武力,1999)。然而,从总体上看,由于受到西方国家的经济封锁和"左"倾思想的影响,中国曾经长期处在一种"半封闭"的状态。邓小平指出:"我们总结了历史经验,中国长期处于停滞和落后状态的一个重要原因是闭关自守。经验证明,关起门来搞建设是不能成功的,中国的发展离不开世界。"[2] 以党的十一届三中全会为转折点,中国将对外开放确定为一项长期的基本国策,开始大规模地开展对外经济交流,逐步融入世界经济体系。在经济发展进入新常态以后,习近平强调在更大范围、更宽领域、更深层次上提高开放型经济水平。同时,提出了两项扩大开放的重大战略:一是建设自由贸易试验区,加快形成与国际投资贸易通行规则相衔接的基本制度体系和监管模式;二是建设丝绸之路经济带和海上丝绸之路,打造开放、包容、均衡、普惠的区域合作架构。习近平提出:"中

---

[1] 建国以来毛泽东文稿(第6册)[M]. 北京:中央文献出版社,1992:197.
[2] 邓小平. 建设有中国特色的社会主义(增订本)[M]. 北京:人民出版社,1987:67-68.

国愿秉持共商、共构、共享原则,以'一带一路'沿线各国发展规划对接为基础,以贸易和投资自由化便利化为纽带,以互联互通、产能合作、人文交流为支柱,以金融互利合作为重要保障,积极开展双边和区域合作,努力开创'一带一路'新型合作模式。"[1] 我们对融入世界的认识逐步增强和深化,形成了比较系统的经济开放思想:其一,开放是实现国家繁荣富强的根本出路,只有深度融入世界经济才能实现可持续发展;其二,开放应该是双向的和多元的,坚持互利共赢的原则;其三,中国应该积极参与全球经济治理,致力于建设一个共同繁荣的世界。

党的十一届三中全会以后,中国实施了一系列经济开放战略和政策,探索了一条融入世界经济的开放道路。(1)通过创办经济特区,发挥开放试验场的作用。在中国这样的大国,对外开放应该积极稳妥地推行,我们的法则就是先行试验。1980年,国务院批准设立深圳、珠海、汕头、厦门经济特区;1988年增设海南经济特区。创办经济特区的主要目的,就是在国内的特区集中引进国外的资金和先进技术,进行对外开放和对内搞活的政策试验,为全国的开放积累经验。经济特区在决策上有更多的自主权,在政策上有更多的特殊性,包括引资和财税方面的优惠,有利于较大规模地引进外资,建立出口导向型经济。在较短的时间里,特区经济获得迅速发展,特别是深圳特区经济发展取得令人瞩目的成就,创造了"深圳速度"的奇迹。从1980~1999年,深圳的年均 GDP 增长率达到31.2%,出口年增长率达到42%。从建立出口导向型经济到建立市场经济体制机制,从发展劳动密集型产业到发展技术密集型产业,经济特区积累了经验,为全国的经济开发提供了示范。(2)通过开放沿海城市,带动全国的经济开放。在经济特区产生积极效应后,中国政府决定加快对外开放的步伐,即开放一批沿海城市,包括大连、秦皇岛、天津、烟台、青岛、连云港、南通、上海、宁波、温州、福州、广州、湛江、北海。主要目的是利用这些沿海城市交通便利,较早同外国发生经济文化交流以及商品经济和科技文化比较发达的优势,通过放宽经济政策和改革管理体制,增强对外经济的活力。这些沿海城市和经济开放区,分布在从南到北的沿海岸线边缘地区,形成一条狭长的对外开放前沿地带,不仅促进了本地经济发展,而且带动了其他地方的对外经济贸易和技术交流合作,促进了全国的经济开放、观念更新和体制创新。(3)通过加入世界贸易组织,全面融入世界经济。1978年以来实施的一系列推动对外开放的政策,从总体上看带有临时性和过渡性特征,为使对外开放保持长期稳定,需要走向制度性开放,即与国际通行的制度规范接轨,以系统的和稳定的法律制度为对外开放提供制度保障。2001年12月,在经历15年的艰辛谈判之后,

---

[1] 习近平关于社会主义经济建设论述摘编[M]. 北京:中央文献出版社,2017:274.

中国正式加入世界贸易组织，这标志着中国对外开放进入新的发展阶段。根据世贸组织的要求，中国政府承诺：遵守国际贸易规则，并逐步使中国的市场开放达到世界市场开放的程度。这种承诺的积极效应在于，既有利于国内规则与国际规则接轨，又有利于国内市场与国际市场接轨。加入世贸组织使中国迎来了全面开放的时代，开放的重点从制造业开放扩大到服务业开放，形成贸易、分销、物流、金融、通信、旅游、运输等服务领域的开放格局，同时还推动了对外开放体制机制的建立和完善。（4）通过建设"一带一路"，创新开放合作模式。党的十八大以后，适应经济全球化的新形势，习近平总书记提出了建设"新丝绸之路经济带"和"21世纪海上丝绸之路"的构想，制定了加强政策沟通、道路联通、贸易畅通、货币流通和民心相通的措施，通过以点带面和以线到片，开展国际性区域经济合作。具体的做法有：以亚洲国家为发展重点，率先实现亚洲互联互通；以经济走廊为依托，建立亚洲互联互通的基本框架；以交通基础设施为突破，实现亚洲互联互通的早期收获；以建设融资平台为抓手，打破亚洲互联互通的"瓶颈"；以人文交流为纽带，夯实亚洲互联互通的社会根基。目前，我们已经建立亚洲基础，实施投资银行和丝绸基金，推动了沿线国家的基础设施建设和产能合作；通过新亚欧大陆桥、中蒙俄经济走廊、中国—中亚—西亚经济走廊、波斯湾—地中海经贸之路、中巴经济走廊、中国—中南半岛经济走廊、孟中印缅经济走廊的建设，把欧亚走廊的经济效应辐射到南亚、东南亚和印度洋地区。

（四）创新驱动的转型道路

所谓"创新驱动"，就是把创新看作经济发展的第一推动力量，通过技术创新促进经济转型升级，寻求适合国情的转型道路。中国是一个典型的后发大国，拥有比较丰富的创新资源，可以依靠国内人力资源和技术市场推动创新和研发，形成大国创新优势。后发大国的经济增长往往是从粗放型增长开始的，主要依靠人口资源大量投入人力资源、自然资源和资金推动经济增长，其特征为粗放型的经济增长方式，以及相应的低端产业结构和经济结构，缺乏可持续发展能力和国际竞争力。在经济发展到一定程度的时期，需要适时转变经济增长方式，利用技术需求旺盛和技术市场规模庞大的优势，加大技术创新和研发的力度，通过创新提升产业技术水平，促进经济转型升级。可见，创新驱动的转型道路是后发大国转变经济增长方式的根本途径，是中国经济转型升级的必由之路。

为了建设社会主义现代化国家，毛泽东提出："我们现在不但正在进行关于社会制度方面的由私有制到公有制的革命，而且还在进行技术方面由手工业生产到大工业机器生产的革命,而这两种革命是结合在一起的"。① 显然,在这里把技术革命、制度革命和技术创新提到同等重要的程度,阐述了在社会革命成功之后开展技术革命的客观必然性。在探索中国特色社会主义道路的过程中,科学技术推动经济发展的作用愈益提升,邓小平适应当今世界科学技术迅猛发展的趋势,做出了"科学技术是第一生产力"的科学论断,认为科学技术通过高科技产业成为现代经济增长的主要驱动力。习近平从大国复兴的战略高度深刻论述了科技创新的作用,首先,他认为"一个国家只是经济体量大,还不能代表强。我们是一个大国,在科技创新上要有自己的东西。一定要坚定不移走中国特色主义创新道路"。② 他通过总结国际国内的历史经验,阐述了科技进步和国家强盛的紧密联系,"近代以来,西方国家之所以能够称雄世界,一个重要原因就是掌握了高端技术"。同时,"近代以来,中国屡屡被经济总量远不如我们的国家打败,为什么? 其实不是输在经济规模上,而是输在科技落后上"。③ 其次,他分析了大国加快科技创新的极端重要性,"现在,世界发达水平人口全部加起来是十亿人左右,而我国有十三亿多人,全部进入现代化,那就意味着世界发达水平人口要翻一番多。不能想象我们能够以现有发达水平人口消耗资源的方式来生产生活,那全部现有资源都给我们也不够"。④ 最后,他分析了实行创新驱动战略的客观必然性,"过去 30 多年,我国发展主要靠引进上次工业革命的成果,基本上是利用国外技术,早期是二手技术,后期是同步技术。如果现在仍利用这种思路,不仅差距会越拉越大,还将被长期锁定在产业分工格局的低端"。⑤ 中国是一个发展中大国,目前正在大力推进经济发展方式转变和经济结构调整,正在为实现"两个一百年"奋斗目标而努力奋斗,必须把创新驱动发展战略实施好。特别是着力推动工程科技创新,实现从以要素驱动、投资规模驱动发展为主转向以创新驱动发展为主。在实现中华民族伟大复兴的进程中,我们党形成了比较系统的科技创新思想:其一,科学技术是第一生产力,创新是引领发展的第一动力;其二,大国拥有比小国更好的创新资源和更强的创新压力,科技创新是从经济大国走向经济强国的必由之路;其三,中国经济进入新常态的关键是要依靠科技创新转换发展动力,从国际产业价值链的低端走向高端;其四,实施创新驱动战略是一项系统工程,需要从体制机制等方面来保证。

---

① 毛泽东选集(第五卷)[M]. 北京:人民出版社,1977:275.
② 习近平关于科技创新论述摘编[M]. 北京:中央文献出版社,2017:40.
③ 习近平关于科技创新论述摘编[M]. 北京:中央文献出版社,2017:23.
④ 习近平关于科技创新论述摘编[M]. 北京:中央文献出版社,2017:28.
⑤ 习近平关于科技创新论述摘编[M]. 北京:中央文献出版社,2017:35.

新中国成立后，我们党和国家高度重视科学技术的作用，充分发挥它推动经济建设的功能；进入21世纪后，特别注重科学技术对转变经济增长方式的作用，通过科技进步创新促进经济结构转型，逐步探索了一条创新驱动的转型道路。(1)实施"科教兴国"和"创新驱动"的大国战略。1995年，党的十四届五中全会正式提出"科教兴国"战略，把科技和教育作为国家振兴的手段与基础，摆在经济和社会发展的重要位置；2012年，党的十八大明确提出"创新驱动"战略，强调把科技创新摆在国家发展全局的核心位置，走中国特色自主创新道路。目前，中国已经成为世界科技大国，从1995~2015年，中国的专利授权数量从43741件增加到1718192件；研发经费支出从302.36亿元增加到14169.88亿元；发表科技论文数量从13.4万篇增加到164万篇；高新技术产品在出口产品中的比例从6.78%增加到28.82%。科技进步推动了经济繁荣，2015年中国主要工业产品产量稳居世界前列，对外货物贸易和服务贸易总额分别跃居世界第一位和第二位。(2)在模仿创新基础上走自主创新道路。为了缩小同发展国家的技术差距，我们在改革开放初期选择"模仿创新"作为主要创新方式，大规模地引进发达国家的先进技术和设备，引进外商投资办企业，利用国外先进技术的扩散效应，进行工业技术的模仿与创新，促进了经济的繁荣和崛起。1985~2005年，中国引进外国技术总额从93.93亿元增加到1559.95亿元，引进外国直接投资总额从57.44亿元增加到4941.64亿元。进入21世纪以后，中国经济实现了快速持续增长，成为了世界经济大国，基于大而不强的问题，中国提出走"自主创新"道路，实现从模仿创新向自主创新转变，通过集成创新和原始创新，在高铁技术、航天技术等方面赶上甚至超过了国际先进水平。(3)依靠科技创新推动经济结构转型升级。为摆脱中国经济在国际经济中的不利地位，适时地转变创新方式，加快从要素驱动，投资规模驱动发展为主向创新驱动发展为主转变，通过科技创新不断提高劳动生产率，推动产业结构转型升级，逐步提升中国重点产业在国际产业价值链中的层次，增强中国经济的国际竞争力，避免落入"中等收入陷阱"。改革开放以来，中国的全要素生产率不断提高，对经济增长的贡献愈益明显，全要素生产率保持高速增长，大多数省市的技术进步呈高速增长趋势，成为推动全要素生产率增长的主要动力。(4)构建市场和政府相结合的科技创新机制。实施创新驱动战略，加快了科技改革的步伐，努力破除一切束缚创新驱动发展的体制机制障碍。改革有两个重要的目标：一是提高科技创新的效率；二是加速科技成果的转化。改革的关键是处理好政府和市场的关系。通过深化改革，让市场真正成为配置创新资源的基础，让创业真正成为技术创新的主体。同时，政府在关系国计民生和产业命脉的领域积极作为，确定总体技术方向和路线，组织关键核心技术的联合攻关。中国高铁技术从集成创新走向自主创新，不仅用最快的速度掌握了关键核心技术，而且推动了产业发展，在技术创新和产业创新上都领跑国际先进技术，成为政府科学组织和协调重大领域技术创新的成功案例。

三、中国道路的世界历史意义

中国作为世界性大国，必然产生重要的国际影响，它不仅正在以其巨大的经济总量和实力改变世界经济格局，而且将以其积极的形象和发展经验影响世界历史发展进程。中国的发展创造了世界奇迹，同时积累了积极的经验，认真分析中国的发展道路，总结成功的经验，并为其他发展中国家所借鉴，发挥它在加快发展中国家现代化进程中的积极作用，也是中国作为发展中大国的历史使命。中国道路是适合中国国情的道路，也是适合大国特征的发展道路和转型道路，它对于发展中大国的经济发展和转型具有普遍的借鉴意义。具体地说，中国道路为发展中大国提供了一种崛起道路和治理方式，也为世界文明提供了一种新理念和新力量，为发展马克思主义提供了鲜活实践经验。

第一，中国道路为发展中大国提供了成功崛起道路。在世界历史发展进程中，客观地存在着统一性与多样性，人类主体与民族主体的关系，各个民族由于处于不同的发展阶段而形成的"发展模式"，是基于它的经济发展程度以及同现代文明的关系而获得实际内容和具体规定的。正如列宁所说："世界历史是个整体，而各个民族是它的'器官'"。[①] 各个民族都受到世界历史整体系统的影响，成为构成世界历史整体运动的要素，并且因为同世界历史整体运动方向的契合程度，而形成自己的特定地位。进入世界历史时代以后，任何一种有利于人类进步的技术、管理、制度或文化领域的发明创造，无论是哪个民族提出和首创的，通过普遍交往将变成人类的共同财富，为各个民族选择或者享用。首先，世界现代化的趋势是不可逆转的，但发展道路具有多样性。习近平指出："世界上没有放之四海而皆准的具体发展模式，也没有一成不变的发展道路。历史条件的多样性，决定各国选择发展道路的多样性。"[②] 在现代化进程中，各个国家和民族将会根据客观实际情况和具体历史条件，选择适宜于自身发展的道路或者模式。其次，中国的现代化道路是中国人民在世界现代化进程中做出的选择，被实践

[①] 列宁全集（第55卷）[M]. 北京：人民出版社，1989：273.
[②] 习近平谈治国理政[M]. 北京：外文出版社，2014：29.

证明是成功的道路。从总体上看，中国道路是中华民族在探索实现现代化和跻身现代文明国家的实践中形成的，中国人民在通过比较苏联模式和西方模式之后，在艰辛的探索中做出了选择，形成了中国特色社会主义现代化道路。新中国成立以后，经济建设和社会发展取得重要成就，建立了相对独立完整的国民经济体系和工业体系；特别是改革开放以来，经济高速持续增长，综合国力明显增强，目前已成为第二大经济体，愈益成为世界经济发展的引擎。最后，中国经验对发展中国家有借鉴意义，其他发展中国家特别是发展中大国可以根据本国的国情特征进行选择。中国开辟的现代化道路，正在向世界表明，中国不仅是现代化的追赶者，而且可以成为现代化的引领者。俄罗斯科学院院士季塔连科认为，中国实现现代化和成功解决深刻的国内及国际矛盾的经验，为发展中国家树立了鲜活的榜样；肯尼迪政府学院约瑟夫·奈教授认为，中国模式为发展中国家提供了范例，甚至是另一种现代化道路；新加坡国立大学郑永年教授（2009）认为中国模式的崛起是21世纪国际发展的一件大事，中国模式的意义在于能否成为有别于从前其他所有现代化模式的一个替代模式。英国思想家乔舒亚·库玻·雷默指出："中国正在指引世界其他一些国家在有一个强大重心的世界上保持自己的生活方式和政治选择。这样的国家不仅在设法弄清如何发展自己的国家，而且还想知道如何与国际秩序接轨，同时使它们能够真正实现独立"。[①] 中国道路比较好地回答了上述问题，中国人民在坚持独立自主的前提下建设了经济繁荣和社会公正的国家，应该可以为发展中国家提供可资借鉴的经验。

第二，中国道路为发展中大国提供了适宜治理方式。经济治理模式是受国家规模、经济体制、历史传统和社会文化等制约的，中国政府从中国的大国特征和基本国情出发，创造了政治集权和经济分权相结合、市场机制和政府调控相结合的治理模式，有的学者将它称为"适宜制度"。中国道路不仅为发展中国家提供了促进经济高速持续增长的经验，也为发展中国家提供了保障经济活力和社会公正的治理模式。这种治理模式和经验，有的主要适宜于发展中大国，也有的可以适宜于一般的发展中国家。比如，经济分权的治理模式，是适应发展中大国人口众多和土地辽阔的基本特征，为了解决管理幅度过宽和矛盾复杂的问题而形成的，应该是具有普遍意义的大国治理模式，可以为发展中大国所借鉴。然而，具体怎样实行经济分权，各国应该根据利益主体的不同以及权力集中状况的不同而选择切实可行的方法。市场机制和政府调控相结合的治理模式，是针对中国市场经济体制不完善和机制不健全而提出的，它适应于许多发展中国家市场机制不健康的客观情况，也适应于一些发展中国家政府调控缺位

---

① 唐晓. 欧美媒体对"中国模式"的评价及其启示［J］. 新华文摘, 2010 (10).

的客观要求,对多数发展中国家有借鉴意义。实际上,早在20世纪中期,以刘易斯为代表的发展经济学家就强调发挥政府强力推进经济发展的作用,强调计划管理和计划指导的办法。他们认为,发展中国家经济落后和市场体系不完善,市场机制和价格机制难以有效地发挥作用;倘若政府不进行积极干预,有限的资本和社会资源就得不到合理配置和有限使用。当时的一些发展中国家在政治上刚刚取得独立,为了谋求经济上的独立和发展,需要建立相对独立的工业体系,由于市场机制不健全,因而更多地借助政府力量的推动。然而,这种治理模式在实践中产生了许多弊端,形成了僵化的和缺乏活力的管理体制,国民经济运行效率低,经济上没有获得繁荣和发展。现实的经验迫使人们进行反省,导致了新古典主义复兴,强调以自由主义为基本原则的市场体制既适合于发达国家,也适合于发展中国家。面对着政府和市场关系的困扰,中国人民坚持实事求是的科学态度,对缺乏活力的计划经济体制进行改革,逐步发挥市场在配置资源中的基础性作用或者决定性作用;同时,根据发展中大国的特殊国情及历史传统,更好地发挥政府的宏观调控作用,使两种手段协调配合相得益彰,从而促进了中国经济的高速持续发展,也保障了社会公正和稳定。为此,发展中国家的政府和领导人将目光转向中国,希望学习中国这种重视市场和政府之间的共生演化关系的治理思路,中国的经验的确为发展中国家提供了新的治理模式的选择。

第三,中国道路为构建新国际秩序提供了强劲推动力量。第二次世界大战以后,世界逐渐形成了以美国和苏联两个超级大国为重点的格局;20世纪末期,苏联及以其为中心的国际体系解体,美国重返它在全球经济和战略事务中的支配地位,世界经济格局由两极走向单极。进入21世纪,以中国为代表的新兴大国在经济上呈现群体性崛起的态势,使世界经济格局在发生着新的变化。来自国际货币基金组织的数据显示,从1999~2006年,发达经济体的平均增长率为2.7%,新兴经济体的平均增长率为5.2%,特别是全球性的金融危机以后,新兴市场国家率先实现经济复苏,新兴大国成为世界经济增长的引擎。中国作为新兴大国的典型代表,创造了三十多年经济高速持续增长的奇迹。2011年中国经济总量超过日本而位居世界第二,预示着美国经济占据压倒优势的支配地位将是暂时的,中国将是未来亚太地区经济发展的一支重要的领导力量。经济学家拉莫认为,"中国的崛起已经通过引进发展和实力的新概念而改变国际秩序……中国目前正在发生的情况,不只是中国模式,而且已经开始在经济、社会以及政治方面改变整个国际发展格局。"[1] 中国道路对于重建国际经济秩序的意义主要表

---

[1] 唐晓. 欧美媒体对"中国模式"的评价及其启示 [J]. 新华文摘, 2010 (10).

现在：其一，中国道路使经济迅速崛起，已经成长为世界第二大经济体，而且将赶超美国，在不远的将来位居经济总量的世界第一，从而客观上改变世界经济格局，为重建国际经济秩序奠定了硬实力；其二，中国道路积累了成功经验，为世界提供了一种不同于美国模式和区域性模式的新的发展模式和治理模式，这是以有利于国家稳定的方式引导经济增长的道路，是积极推动国民福祉改善的道路，是促进国家实现富强、民主、文明、和谐的道路，它为重建国际经济秩序提供了软实力；其三，中国道路将带动发展中国家特别是新兴大国，积极参与国际经济治理，重塑国际经济秩序。中国"正竭力将自己塑造了一种致力于世界正义的力量"，新兴大国已经成为代表着新兴市场国家和发展中国家利益的国际社会力量，它们拥有大国优势，也肩负着大国责任；而且以积极的姿态引领全球经济增长，参与国际金融体系改革，推动国际金融监管机制的完善，推进国际货币体系的多元化和合理化。所有这些因素，为新的国际经济秩序的建立提供了强劲动力。

第四，中国道路为发展马克思主义提供了鲜活实践经验。马克思主义是开放的和发展的理论体系，我们既要运用马克思主义观察和分析问题，深刻把握时代的脉络和走向，又要总结社会主义的实践经验，吸取人类文明的有益成果，创新和发展马克思主义。习近平在中央政治局第四十三次集体学习时指出：新中国成立以来特别是改革开放以来，中国发生了深刻变化，置身这一历史巨变之中的中国人更有资格、更有能力揭示这其中所蕴含的历史经验和发展规律，为发展马克思主义作出中国的原创性贡献。从总体上说，中国发展历史正如社会主义运动的伟大实验，经过近八十年的实践，证明中国道路是建设和发展社会主义的可行的和成功的道路，中国经验可以为发展马克思主义提供了鲜活实践经验。中国道路有很多成功的经验值得总结，具体地说，一是新发展理念，马克思主义认为社会主义的根本任务是发展生产力，那么，在新的历史条件怎样推动生产力发展？我们党提出"创新、协调、绿色、开放、共享"的发展理念，比较全面地解决了发展动力问题，发展不平衡问题，人与自然和谐问题，发展内外联动问题，社会公平正义问题，这个理念是在深刻总结国内外发展经验教训的基础上形成的，适应当代世界发展的大势，应该成为当代马克思主义理论的重要内容。二是新治理理念，马克思主义认为社会主义社会是自由人联合体，那么，在新的历史条件怎样组织这个自由人联合体？我们党提出中央和地方结合、政府和市场结合的治理理念，通过分级分权管理发挥中央和地方两个积极性，促进地方政府为增长而竞争；通过改革使市场在资源配置中起决定性作用，同时更好地发挥政府的积极作用，这个理念的创新是经历长期的实践探索而形成的，集中反映了我们党对经济社会发展规律认识的深化。三是人类命运共同体的思想观点，马克思主义认为开放是世界经济发展的大趋势，那么，在新的历史条件下怎样促进经济开放发展？我们党提出"构建人类命运共同体"的思想理念，主张每个国家都有发展权利，同时应站在全人类层面考虑自身利益，倡导"互利共赢"的合作原则，这个理念的创新贯彻了中华民族的和谐思维，反映了当代世界和平与发展的主题，为全球经济开放提供了中国方案，应该纳入当代马克思主义的理论体系。总之，总结这些鲜活的实践经验，必将给马克思主义注入新的生机和活力。

参 考 文 献

[1] 华民．比较优势、自主创新、经济增长和收入分配[J]．复旦学报，2007（5）．

[2] 林毅夫．新结构经济学：发展经济学的反思与重构[J]．人民日报，2013，11（10）．

[3] 林毅夫，蔡昉，李周．中国的奇迹：发展战略与经济改革[M]．北京：格致出版社、上海三联书店、上海人民出版社，2014．

[4] 刘霞辉，张平，张晓晶．改革年代的经济增长与结构变迁[M]．北京：格致出版社、上海人民出版社，2008．

[5] 陆铭等．中国的大国经济发展道路[M]．北京：中国大百科全书出版社，2008．

[6] 唐晓．欧美媒体对"中国模式"的评价及其启示[J]．新华文摘，2010（10）．

[7] 王丹莉．"中国模式"研究之新动向与再认识[J]．中国经济史研究，2012（2）．

[8] 王伟光．毛泽东是中国特色社会主义的伟大奠基者、探索者和先行者[J]．中国社会科学，2013（12）．

[9] 王新颖．奇迹的构建：海外学者论中国模式[M]．北京：中央编译出版社，2011．

[10] 吴敬琏．中国增长模式抉择[M]．上海：上海远东出版社，2014．

[11] 吴敬琏．当代中国经济改革教程[M]．上海：上海远东出版社，2016．

[12] 武力．中华人民共和国经济史（上卷）[M]．北京：中国时代经济出版社，1999．

[13] 姚洋．中国道路的世界意义[M]．北京：北京大学出版社，2011．

[14] 张军．中国经济发展：为增长而竞争[J]．世界经济文汇，2005（4）．

[15] 张平，赵志君．中国经济增长路经、大国效应与模式转变[J]．财贸经济，2007（1）．

[16] 郑永年．中国模式：经验与挑战[M]．北京：中信出版集团，2016．

[17] 周弘．全球化背景下"中国道路"的世界意义[J]．中国社会科学，2009（5）．

Large Countries' Economic Development Path and Its World Significance in China

Ouyang Yao

Abstract China is a typical large developing country, with the characteristics of large population, vast territory, low labor productivity and low per capita national income. Since the founding of the People's Republic of China, especially since the reform and opening up, a road of development for a big country driven by independence, economic decentralization, opening up and innovation has been gradually formed in the practice of socialist construction. From Mao Zedong to Deng Xiaoping to Xi Jinping, this road has been explored practically and explained theoretically. It can be said that it is logical in theoretical analysis and has been proved successful in practical application. It has universal significance for the economic development of large developing countries in the world.

Key words the road of great powers; China's experience; theoretical analysis; world significance

发展中大国提升全要素生产率的关键*

袁 礼** 欧阳峣

摘 要 本文将制度比较优势引入适宜性技术进步的理论框架下，在 CES 生产函数下演绎技术进步偏向和比较优势的适宜性通过技术进步效应和资源配置效应影响全要素生产率的机制，并采用标准化供给面系统测度技术进步偏向，从要素增量结构和制度环境演变的双重视角，检验发展中大国新型比较优势与技术进步偏向的适宜性及对全要素生产率的影响。结论显示：技术进步偏向内生于要素禀赋结构，但制度比较优势将使其偏离适宜选择，因而发展中大国能否有效甄别要素禀赋和制度比较优势的变化，选择适宜性技术进步，是全要素生产率提升的关键。中国和印度能够合理研判要素增量结构和制度环境变迁，选择资本偏向型技术进步，通过提高技术进步率和资源配置效率，对全要素生产率形成正向影响；但是印度尼西亚、南非和墨西哥未能预见要素市场有效供给的变化，没有适时调整技术进步偏向和强度，非适宜性技术进步引致技术进步率和资源配置效率下降，全要素生产率出现先升后降趋势，且技术进步效应的作用强度超过资源配置效应。

关键词 技术进步偏向；适宜性技术进步；比较优势；全要素生产率

一、引言

党的十九大报告指出：中国经济已由高速增长阶段转向高质量发展阶段，必须"推动经济发展质量变革、效率变革、动力变革，提高全要素生产率"。像中国这样的发展中大国，怎样依靠要素禀赋和制度比较优势，选择适宜性技术进步，进而提高全要素生产率，推动经济从高速增长阶段转向高质量发展阶段，这是新时代中国经济面临的重大课题。为此，本文通过国际比较研究，探讨发展中大国促进技术进步朝着充分发挥要素禀赋和制度比较优势的方向发展，从而推动全要素生产率提高的路径。

---

* 本文原载于《中国工业经济》2018 年第 6 期。
** 袁礼，经济学博士，湖南师范大学商学院讲师。

基于发展中大国经济发展模式和经济结构的高度同构性，各类发展中大国能否形成互补性的比较优势是发挥经济协动性的关键。由于生产要素禀赋和自然资源分布的非均衡特征，不同发展中大国的比较优势迥异，中国和印度的比较优势集中在劳动密集型和资源密集型产业；巴西和俄罗斯的比较优势则体现在资本密集型产业（欧阳峣等，2012）。但对于一个发展中大国而言，若过度依赖廉价的要素禀赋和自然资源形成的比较优势，将使经济增长出现高能耗、高投资和劳动密集等特征，引致不可持续的经济增长模式（Krugman，1994）。像中国这样的发展中大国，在全球价值链分工的大背景下，主要产业仍处于价值链分工的中低端位置，劳动要素成本不断上升，导致禀赋比较优势逐渐丧失，且禀赋比较优势还受限于汇率、原材料价格和环保成本的波动（刘林青等，2009），如何进一步挖掘和发挥比较优势成为关键。一方面，依靠制度变革和政策变迁形成的制度比较优势有利于提高出口竞争力，并构成新型比较优势；另一方面，持续的技术创新是发展中国家比较优势向资本和技术密集型产业转换，突破"比较优势陷阱"的重要推动力（邱斌等，2014；杨高举和黄先海，2014）；若不能通过技术创新提高生产率，在资本和技术密集型产业形成比较优势的新形态，发展中大国将难以实现比较优势的转换和升级，出现"比较优势真空"的挑战，掉入"比较优势陷阱"（蔡昉，2011）。对发展中大国而言，一个不可忽视的问题是，在制度环境变迁的背景下，如何根据要素禀赋结构的动态变化，调整技术进步偏向，选择适宜性技术进步，以充分发挥制度和要素禀赋的比较优势，提高全要素生产率。

为此，本文以发展中大国比较优势和全要素生产率分化的经验事实为研究的逻辑起点，尝试厘清如下几个重要问题：（1）各类发展中大国的技术进步是否存在有偏特征？（2）何为适宜性技术进步？是应固守要素禀赋结构形成的比较优势，还是根据要素结构和制度环境的动态变化适时调整技术进步偏向？（3）技术进步偏向与比较优势的适宜性对全要素生产率的影响机制怎样？如何调整技术进步偏向，选择适宜性技术进步，推动全要素生产率提升？本文的贡献在于：首先，将制度比较优势引入适宜性技术进步的理论框架，梳理技术进步偏向、要素禀赋结构和制度环境变迁三者之间的逻辑关系，诠释技术进步偏向和新型比较优势的适宜性内涵；在CES生产函数下演绎适宜性技术进步通过技术进步效应和资源配置效应，作用于全要素生产率的机理，为适宜性技术进步的理论研究提供了一个新的视角。其次，利用三方程标准化供给面系统（Klump et al.，2007），估算并对比不同类型发展中大国技术进步偏向的时空规律；利用矩阵分析法，从要素增量结构和制度环境演变双重视角，检验技术进步偏向与新型比较优势的适宜程度。最后，利用分解方法，考察发展中大国技术进步偏向与比较优势的适宜性对全要素生产率的影响，为解释各类发展中大国比较优势和全要素生产率变化的不同规律提供新的思路。

二、文献综述

对于发展中大国而言，如何选择技术进步路径，以充分发挥比较优势，提高全要素生产率是一个无法回避的重要问题。基于技术进步耦合于资本和劳动要素禀赋，学者们从适宜性技术进步的视角揭示发展中国家全要素生产率变化的规律。技术进步偏向与要素禀赋结构的适配性是技术效率和全要素生产率提升的关键，阿特金森和斯蒂格利茨（Atkinson and Stiglitz，1969）最早将适宜性技术进步诠释为"本地化的干中学"，且技术发挥效率的关键在于资本劳动比（Basu and Weil，1998）。阿西莫格鲁和齐利波蒂（Acemoglu and Zilibotti，2001）将技术进步偏向理论引入适宜性技术进步的分析框架（Acemoglu，2002），认为一国的技术进步偏向内生于当地的要素禀赋及质量结构，发达国家根据本国丰裕的技能劳动，进行前沿技术创新。对发展中国家而言，引进来自发达国家的前沿技术，可能与本国丰裕的非技能劳动要素并不匹配，制约全要素生产率提升。若发展中国家根据本国的要素禀赋结构，"因势利导"地选择适宜技术则有可能实现经济和技术赶超；一旦技术选择出现偏差，则可能扩大与发达国家的技术差距（林毅夫和张鹏飞，2006；徐朝阳和林毅夫，2010）。杨汝岱和姚洋（2008）则认为严格遵循比较优势从事生产并不能使发展中国家实现技术赶超，采用适度偏离和高于比较优势的"有限赶超"战略对经济增长有显著的正向影响。许岩和尹希果（2017）将人力资本纳入适宜性技术进步分析框架下，认为人力资本是决定采用"因势利导"还是"有限赶超"战略的关键因素。而卡塞利和科尔曼（Caselli and Coleman，2006）则认为技术差距引致技术吸收障碍和效率损失，一国的适宜性技术进步取决于技术差距与要素结构，持续存在的技术差距将使适宜技术对跨国全要素生产率差距的影响更加重要（Jerzmanowski，2007）。

在实证研究层面，安东内利和夸特拉罗（Antonelli and Quatratro，2010）利用12个OECD国家1970~2003年的面板数据验证，与当地要素市场相适配的技术进步偏向更有利于提高全要素生产率。国内学者则多采用三方程标准化供给面系统，估算全国、区域和产业层面的要素替代弹性并测算技术进步偏向性（戴天仕和徐现祥，2010；邓明，2014；姚毓春等，2014；董直庆等，2014），考察技术进步偏向与要素结构的适宜性对产业结构和全要素生产率的影响（王林辉和董直庆，2012；孔宪丽等，2015；雷钦礼和徐家春，2015；余泳泽和张先轸，2015）。但相关文献忽视各国适宜性技术进步适应制度环境变化的差异才是跨国全要素生产率分化的重要原因（Acemoglu and Dell，2010）。

发展中大国的市场化程度偏低，制度障碍导致要素非自由流动和要素价格扭曲，影响要素市场的有效供给并形成资源错配（盖庆恩等，2015；Restuccia and Rogerson，2017）。尤其是制度障碍和政策干预使中国要素市场出现严重的负向扭曲，并成为影响技术进步偏向的主要因素（余东华等，2018）。同时，技术研发资本和人力资本的流动、配置和聚集均在要素市场上完成，要素市场扭曲已成为制约技术创新效率和技术进步率提升的重要因素（张杰等，2011；戴奎早和刘友金，2016）。但中国所有制结构的变迁和政府行政干预的减弱，正使市场价格逐渐成为引导要素流动和配置的主要因素，有利于减小要素市场扭曲，改善要素错配现象（龚关和胡关亮，2013）。不仅如此，制度环境可通过影响交易成本，重塑基于总成本的比较优势，甚至逆转要素禀赋结构形成的比较优势，逐步形成制度比较优势（杨青龙，2013；Nicolini，2011）。尤其是在资源消耗严重、劳动力成本上升和发达国家投资回流的背景下，挖掘制度比较优势已成为构建中国新型比较优势的关键（邱斌等，2014）。因此，将制度比较优势纳入适宜性技术进步的研究框架，考察发展中大国政策干预和制度环境的演变，研判新型比较优势的动态变化，推进技术进步偏向的转换，对于全要素生产率提升显得尤为重要。

三、典型化事实

本文参考欧阳峣等（2016）从"规模"和"发展"两方面遴选发展中大国的方法，以中国、印度、巴西、墨西哥、尼日利亚、埃及、印度尼西亚、伊朗、南非、俄罗斯等13个国家作为研究样本，并以韩国从发展中国家成功跨越到发达国家的经验事实为对照，从要素禀赋结构和市场制度环境双重视角，考察发展中大国的新型比较优势和全要素生产率的演化规律，发现新型比较优势和全要素生产率的相关性在不同国家间出现了显著的差异；以中国和印度为代表的发展中大国，比较优势指数与全要素生产率基本保持同步增长趋势；以印度尼西亚、墨西哥和南非为代表的发展中大国，虽然初始比较优势迥异，但比较优势指数和全要素生产率的变化趋势相背离，甚至出现负相关关系。

本文采用文献的通用做法，根据资本与劳动要素的相对丰裕与稀缺程度衡量禀赋比较优势（Lin，2009），以劳均物质资本存量代表要素禀赋结构，并以美国的劳均物质资本存量为基准，将发展中大国与美国劳均物质资本存量的比值定义为禀赋比较优势指数,代表要素结构升级的趋势和速率。若增加,表示该国资本要素积累的相对速率较快,要素禀赋结构出现资本相对丰裕的趋势,禀赋比较优势向发达国家收敛。若减小,则代表该国劳动供给增加的速率相对较快,劳动相对于资本的丰裕程度提高,与发达国家禀赋比较优势的差距扩大。各国物质资本和劳动数据均来源于"宾夕法尼亚大学"世界表(Penn World Table 9.0)。而制度比较优势则指通过制度变革和政策干预变化使要素市场扭曲程度减弱,提高要素配置的有效性,以进一步挖掘禀赋比较优势的发挥空间。为此,本文采用 Fraser 研究所测算的世界经济自由度指数(Economic Freedom of World Index)作为制度比较优势指数。该指标从政府对经济的干预、工资和物价、企业融资便利性和资本流动等多个维度估算了不同国家的经济自由度,正是由于该指标的涵盖范围与本文的制度比较优势内涵具有较高的契合度,因而可以代表市场制度环境变化形成的制度比较优势。各国的制度、禀赋比较优势指数和全要素生产率的变化规律可归为以下四类(见图1)。

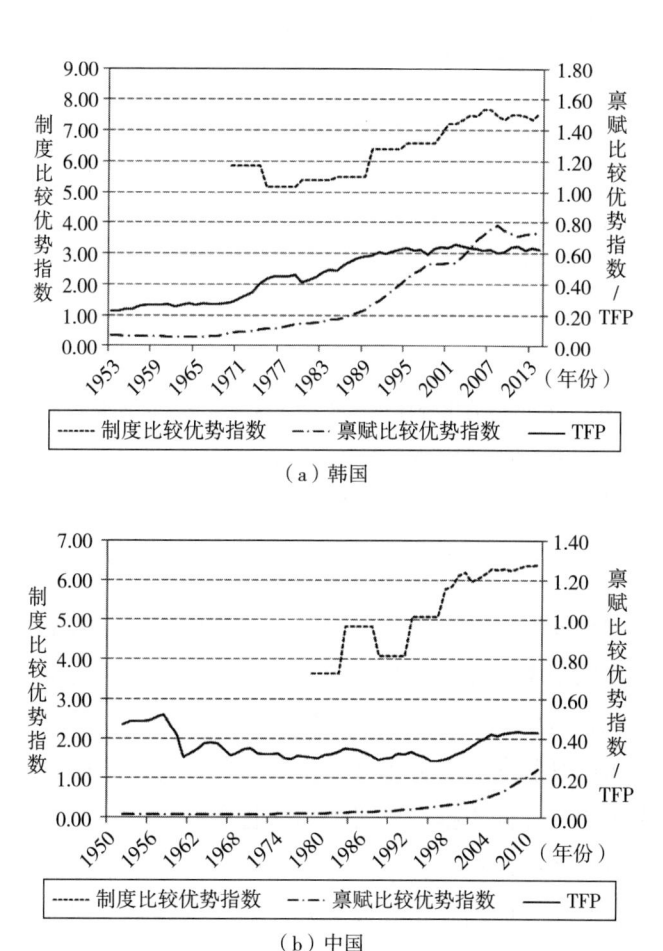

(a)韩国

(b)中国

(c) 印度尼西亚

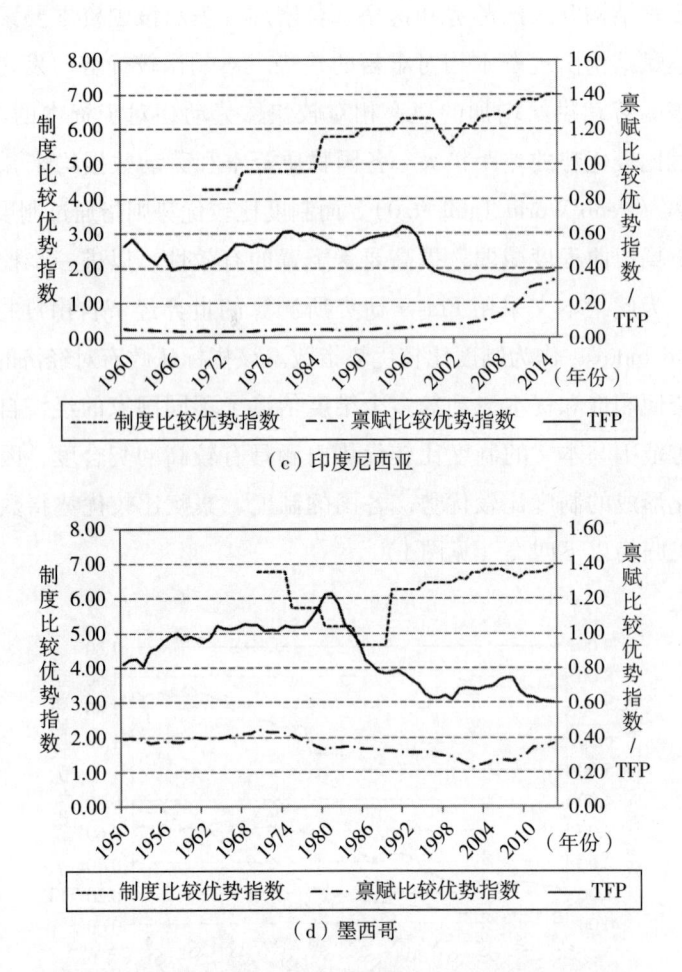

(d) 墨西哥

图 1　经济体的比较优势指数和全要素生产率的变化趋势

注：图中的 TFP 为该国以美国为基准的全要素生产率水平。

资料来源："宾夕法尼亚大学"世界表（Penn World Table 9.0）和 Economic Freedom of the World, 2017, 作者绘制。

第一，韩国作为从发展中国家迈入发达国家的典型，该类国家的禀赋比较优势指数和制度比较优势指数基本呈同步增长趋势，共同带动本国全要素生产率的提升。一方面，说明其资本积累速率超过劳动供给的增长速率，资本相对于劳动的有效供给增加；另一方面，也表明其制度环境逐渐改善，市场自由度渐次提升，要素价格扭曲和要素流动障碍不断消除。在同步推进要素结构优化和制度环境改善的条件下，该国相对于美国的全要素生产率持续提高。但全要素生产率的增长率大体上低于禀赋比较优势指数和制度比较优势指数的增长率，近年来韩国与美国要素禀赋结构的比值也已突破二者全要素生产率的比值。

第二，以中国和印度为代表的发展中大国，初始的劳动要素相对于资本较为丰裕，且存在市场机制不健全、市场竞争程度偏低等问题，但自20世纪80年代开始该类国家的禀赋比较优势指数和制度比较优势指数出现显著增长，体现两国资本积累的不断深化和市场自由度的渐次提升，要素市场的配置效率逐渐改善，带动该类国家全要素生产率的增长，不断缩小与美国全要素生产率的差距。整体看，中国和印度这类发展中大国的比较优势和全要素生产率的变化趋势与韩国较为相似，但禀赋比较优势指数的增速相对偏低，且数值水平尚未突破全要素生产率之比。

第三，印度尼西亚作为初始劳动要素丰裕且市场自由度偏低的发展中大国，比较优势指数与全要素生产率的变化趋势背离。自20世纪70年代开始，印度尼西亚的禀赋比较优势指数和制度比较优势指数逐步增加，要素禀赋结构和市场制度环境都有不同程度的改善，改善速率不及中国和印度这类发展中大国，但全要素生产率却未能与二者保持同步增长的趋势。以90年代中期为分界点，前期全要素生产率整体呈波动上升趋势，而后期全要素生产率出现下滑趋势。可见，印度尼西亚全要素生产率的变化趋势与新型比较优势的变化趋势出现了分化与背离。

第四，以墨西哥和南非为代表的第三类发展中大国，初始的资本要素相对丰裕，且市场自由度较高。在20世纪80年代以前，墨西哥的市场制度环境不仅没有得到改善，制度比较优势指数反而呈现下降趋势，要素市场的扭曲程度恶化；而禀赋比较优势指数则出现波动趋势，但全要素生产率在此期间呈现上升趋势，与美国的技术差距不断缩小。自80年代中期，该类国家的制度比较优势指数呈波动变化趋势，要素非自由流动现象并未显著改善；禀赋比较优势指数基本保持稳定，十年来出现小幅增长的趋势。但与此同时，该国相对于美国的全要素生产率水平反而出现了下降趋势。不同国家的典型化事实表明，比较优势和全要素生产率的变化趋势表现出非一致性特征，对于比较优势指数提高的发展中大国，为什么有的国家全要素生产率得到提升，而有的国家全要素生产率却出现下降？为此，本文尝试从技术进步偏向与新型比较优势的适配性角度出发，探析如何选择适宜性技术进步，以充分发挥禀赋和制度比较优势，为剖析和解释各类发展中大国比较优势和全要素生产率变化的不同规律奠定理论基础。

四、理论框架

基于技术进步在生产过程中与要素禀赋耦合发展，呈现明显的要素偏向特征，一国的生产部门在进行技术创新时应充分考虑要素禀赋结构，以发挥本国的要素禀赋比较优势。发达国家可根据本国的要素禀赋结构实现自主创新；发展中大国可同时通过自主创新和模仿创新实现技术进步，但前沿技术创新可能与本国要素禀赋结构存在非适宜性，反而导致生产效率下降，如何选择适宜的技术进步方式则成为全要素生产率提升的关键。不仅如此，发展中大国的制度约束引致要素非自由流动和要素价格扭曲，导致生产部门的技术选择偏离适宜性技术进步，并造成全要素生产率损失。而适宜性技术进步是指内生于本国的要素禀赋结构，并适应制度环境的技术进步形态，可以有效提高全要素生产率。由于发展中大国禀赋和制度比较优势迥异，其适宜性技术进步亦有所不同，若选择与本国要素禀赋结构和制度环境不匹配的技术进步偏向，必然制约本国全要素生产率的提升。

（一）技术进步偏向与禀赋比较优势的适宜性

技术进步偏向关注的是技术进步对各类要素边际产出形成的非对称性作用，若更有利于提高某种要素的相对边际产出，则技术进步偏向于该类生产要素。那么，引致技术进步偏向某一类要素的主要原因是什么？若从技术需求方视角看，利润最大化目标约束下的生产部门，决定技术进步偏向哪一类要素；而从技术供给方看，研发部门考虑研发成本和回报率等因素后的技术创新决策决定技术进步偏向。在市场出清的条件下，经济体的技术进步偏向于多使用丰富和廉价的生产要素，倾向于节约稀缺昂贵的生产要素（Acemoglu，2002）。归根结底，技术进步偏向是由要素的相对价格和要素禀赋结构所决定的，并随要素禀赋结构的升级而进行相应调整。这与比较优势理论的观点基本一致，认为一国应该生产和出口具有比较优势的产品，而比较优势源于资本和劳动力等要素禀赋结构，应生产和出口密集使用本国廉价和丰裕要素的产品。

基于要素流动和积累速率的不断变化，要素禀赋结构的调整将引致技术进步偏向的转变，若某种要素变得相对丰富时，研发和采用与该类要素相耦合的技术都更具有价值，技术进步将偏向该类要素。同时，要素禀赋结构的变化也会引致比较优势的动态变化，如何选择与要素禀赋结构相适应的技术进步偏向，才能充分发挥禀赋比较优势？本文认为适宜性技术进步应当根据要素积累速率的差异判定和预见要素增量结构的变化趋势，据此调整技术进步偏向和强度，以适应要素禀赋比较优势的动态变化，提升全要素生产率。一般而言，技术进步偏向与禀赋比较优势的适配性对全要素生产率的作用机制表现在改变技术进步率和资源配置效率两个方面：一是发展中大国技术进步偏向的适宜程度是影响不同要素增进型技术发挥效率的关键因素，而各类发展中大国迥异的要素禀赋结构，将改变各类企业的技术创新决策和产业部门的技术进步偏向，并最终体现在整体技术进步率的巨大差距上；二是要素禀赋结构是生产部门选择技术进步偏向时面临的主要约束，而技术进步偏向将改变要素结构升级的路径，二者的适配程度和动态交互效应势必影响资源配置效率变化，并作用于全要素生产率。在资源稀缺的条件下，若企业选择缺乏自生能力的技术类型，产业的技术进步偏离比较优势，必然需要政府通过税收优惠和行政干预等措施维持企业生存，提升产业竞争力，这无疑将扭曲要素在企业和部门之间的配置，制约资源配置效率和全要素生产率的提升（许岩和尹希果，2017）。

（二）技术进步偏向与制度比较优势的适宜性

虽然生产企业和研发企业在决定技术进步偏向时发挥基础性作用，但制度比较优势将使原本内生于要素禀赋结构的技术进步方向发生偏离。发展中大国的制度障碍和政策干预等因素将引致市场扭曲尤其是要素配置市场的扭曲，使要素价格严重偏离要素的边际产出，改变要素禀赋结构变迁的既定路径，影响甚至逆转要素禀赋结构形成的比较优势。不仅如此，要素价格扭曲将使生产企业使用要素的产出超过成本，增加企业的超额利润，使其具备引进发达国家先进技术的能力，容易催生资本偏向型技术进步（Brandt et al., 2013；余东华等，2018）。制度的变革和政策干预的减弱可以减小市场机制的扭曲程度，形成制度红利并构成新的比较优势，因此，需从制度层面诠释比较优势。一般而言，制度比较优势包含两重含义：一是制度环境变迁。制度环境不完备，市场机制不健全将使市场形成内生性扭曲，而制度环境的逐步完善和健全，有利于要素的自由流动，可以纠正要素价格的扭曲，促进全要素生产率提升。二是政策干预的变化。一方面，政策干预能纠正市场机制的内生性扭曲，改善要素市场的非有效性配置，并推进要素市场的自由流动；另一方面，政策过度干预和政府管制将使要素市场价格与要素供求状况相背离，扭曲生产要素的有效配置，引致全要素生产率损失。发展中大国制度比较优势的涵盖范围较广，具体表现为政府管制、所有制结构、行政垄断、户籍制度、金融制度、产业政策、劳动力市场制度、市场分割和税收扭曲等影响市场有效配置的制度和政策变迁。

（三）技术进步偏向与比较优势的适宜性对全要素生产率的影响机理

本文从要素增量结构和制度环境变迁的双重视角，诠释发展中大国新型比较优势与技术进步偏向的适配性对全要素生产率的影响机制：当某一类要素变得相对丰富时，要素的相对价格发生改变，诱致技术进步偏向于该类要素，以增加技术进步偏向与禀赋比较优势的适配程度，提高技术进步率和配置效率，并有利于全要素生产率的提升。但是，制度变革和政策干预变化构成的制度比较优势将影响要素价格扭曲程度，使技术进步方向偏离适宜选择，具体表现为两方面：一方面，不同类型要素价格的扭曲程度不同，如资本要素价格的负向扭曲程度超过劳动力，则资本要素价格被严重低估，使技术进步加速偏向于资本；另一方面，同一类型要素在不同部门的要素价格扭曲程度不同，如国有部门资本要素价格的负向扭曲程度超过非国有部门，使国有部门的技术进步呈现资本偏向特征，而非国有企业出现劳动偏向型技术进步。正因为要素相对价格难以反映要素稀缺和丰裕态势的改变，要素价格与要素边际产出呈现非一致性，难以判定和预见要素增量结构的变化趋势，不能适时调整技术进步方向，二者的非适配性特征将导致全要素生产率下降。

为从数理角度演绎技术进步偏向与比较优势的适宜性对全要素生产率的影响机理，将发展中大国 i 的生产函数设定为 CES 型生产函数：

$$Y_{it} = \left[(1-\alpha_i)(A_{L_{it}} L_{it})^{\frac{\varepsilon_i-1}{\varepsilon_i}} + \alpha_i (A_{K_{it}} K_{it})^{\frac{\varepsilon_i-1}{\varepsilon_i}} \right]^{\frac{\varepsilon_i}{\varepsilon_i-1}} \tag{1}$$

其中，Y_{it} 代表 t 时刻发展中大国 i 的总产出；L_{it} 和 K_{it} 则为生产中投入的劳动和资本要素；$A_{L_{it}}$ 和 $A_{K_{it}}$ 分别代表同期的劳动要素技术效率和资本要素技术效率；参数 ε_i 代表大国 i 资本和劳动要素的替代弹性。当 $\varepsilon_i = 0$ 时，该国生产函数转化为里昂惕夫生产函数；当 $0 < \varepsilon_i < 1$ 时，生产要素呈互补关系，当 $\varepsilon_i = 1$ 时，生产函数退化为 C-D 型；当 $\varepsilon_i > 1$ 时，生产要素为相互替代关系。

根据利润最大化的一阶条件可知，资本与劳动的相对边际产出由两类要素技术效率和要素禀赋结构共同决定：

$$\frac{MP_{K_{it}}}{MP_{L_{it}}} = \left(\frac{\alpha_i}{1-\alpha_i}\right)\left(\frac{A_{K_{it}}}{A_{L_{it}}}\right)^{\frac{\varepsilon_i-1}{\varepsilon_i}} \left(\frac{K_{it}}{L_{it}}\right)^{-\frac{1}{\varepsilon_i}} \tag{2}$$

将式（2）对时间求导，可得式（3），要素相对边际产出变化的影响因素有二：一是技术进步偏向效应，当要素结构不变时，资本要素技术效率与劳动要素技术效率的增速差异，即技术进步的有偏特征影响要素的相对边际产出。二是比较优势效应。在要素增进型技术效率保持不变的条件下，要素市场有效供给的变化和要素禀赋结构调整引起比较优势改变，从而对要素相对边际产出产生影响。

$$\frac{d(MP_{K_{it}}/MP_{L_{it}})}{dt} = \frac{\partial (MP_{K_{it}}/MP_{L_{it}})}{\partial (A_{K_{it}}/A_{L_{it}})} \times \frac{d(A_{K_{it}}/A_{L_{it}})}{dt} + \frac{\partial (MP_{K_{it}}/MP_{L_{it}})}{\partial (K_{it}/L_{it})} \times \frac{d(K_{it}/L_{it})}{dt}$$

$$\tag{3}$$

为探析发展中大国技术进步对资本和劳动要素边际产出的非对称性作用，本文结合 Acemoglu（2002）对技术进步偏向内涵的界定，引入技术进步偏向指数 TB_i：

$$TB_{it} = \frac{\partial (MP_{K_{it}}/MP_{L_{it}})}{\partial (A_{K_{it}}/A_{L_{it}})} \times \frac{d(A_{K_{it}}/A_{L_{it}})}{dt}$$

$$= \left(\frac{\alpha_i}{1-\alpha_i}\right)\left(\frac{\varepsilon_i - 1}{\varepsilon_i}\right)\left(\frac{A_{K_{it}}}{A_{L_{it}}}\right)^{-\frac{1}{\varepsilon_i}}\left(\frac{K_{it}}{L_{it}}\right)^{-\frac{1}{\varepsilon_i}}\frac{d(A_{K_{it}}/A_{L_{it}})}{dt}$$

$$\doteq \left(\frac{\alpha_i}{1-\alpha_i}\right)\left[\left(\frac{A_{K_{it}}}{A_{L_{it}}}\right)^{\frac{\varepsilon_i-1}{\varepsilon_i}}\left(\frac{K_{it}}{L_{it}}\right)^{-\frac{1}{\varepsilon_i}} - \left(\frac{A_{K_{it-1}}}{A_{L_{it-1}}}\right)^{\frac{\varepsilon_i-1}{\varepsilon_i}}\left(\frac{K_{it-1}}{L_{it-1}}\right)^{-\frac{1}{\varepsilon_i}}\right] \quad (4)$$

其中，当资本要素技术效率 $A_{K_{it}}$ 增速低于劳动要素技术效率 $A_{L_{it}}$ 时，即 $d(A_{K_{it}}/A_{L_{it}})/dt < 0$，则技术进步表现为相对劳动增进形态；反之，当资本要素技术效率 $A_{K_{it}}$ 增速超过劳动要素技术效率 $A_{L_{it}}$ 时，即 $d(A_{K_{it}}/A_{L_{it}})/dt > 0$，则技术进步呈相对资本增进形态。技术进步相对增进形态的实质是资本要素技术效率和劳动要素技术效率变化的相对速率。为进一步判定技术进步偏向是否随要素增量结构变化而调整，偏向多利用丰裕生产要素，节约稀缺要素，充分发挥比较优势的方向发展，构建技术进步偏向指数 TB_i。在发展中大国 i 劳均物质资本存量（K_i/L_i）恒定的条件下，衡量相对增进型技术进步 $A_{K_{it}}/A_{L_{it}}$ 变化对要素相对边际产出 $MP_{K_{it}}/MP_{L_{it}}$ 变化的影响。当 $TB_i > 0$ 时，代表发展中大国的相对增进型技术进步使资本相对于劳动的边际产出上升，技术进步偏向于资本，选择密集使用资本节约劳动；当 $TB_i < 0$ 时，代表该国的相对增进型技术进步使资本相对劳动的边际产出下降，技术进步偏向于劳动；当 $TB_i = 0$ 时，说明该国的中性技术进步使劳动和资本要素边际产出同比例增加。因此，技术进步偏向指数 TB_i 可检验发展中大国的技术进步偏向是否随着要素增量结构的变化而调整。

根据式（4）可判定相对增进型技术进步和技术进步偏向指数的关系：当 $\varepsilon_i > 1$ 时，生产要素相互替代，要素相对增进型技术进步同时偏向这一生产要素，相对资本增进型技术进步也偏向于资本，相对劳动增进型技术进步也偏向于劳动。当 $0 < \varepsilon_i < 1$ 时，生产要素呈互补关系，技术进步的相对增进形态与偏向有所不同，相对资本增进型技术进步将偏向于劳动要素，而相对劳动增进型技术进步则将偏向于资本。这是因为在生产要素互补的条件下，劳动要素技术效率的提高会增加对资本要素的需求，且劳动要素技术效率的提升速率超过资本，故对资本形成超额需求，资本的相对边际产出提高，技术进步偏向于资本。

在要素市场有效配置的条件下，要素自由流动，要素价格与要素边际产出相等。但若考虑制度比较优势，在市场制度不健全和政府政策干预的条件下，要素市场价格的扭曲程度较高，要素边际产出与要素价格无法实现等价，难以由市场机制实现资本和劳动要素的最优配置。若以要素边际产出和要素价格的相对偏离度代表制度比较优势引致的要素价格扭曲程度，可知：

$$\tau_{K_{it}} = MP_{K_{it}}/r_{it}, \quad \tau_{L_{it}} = MP_{L_{it}}/w_{it} \tag{5}$$

在式（5）基础上，剖析技术进步偏向和比较优势对全要素生产率的影响机制，根据克曼塔（Kmenta，1967）和克隆普等（Klump et al.，2007）的思路，在式（5）的左右两边取对数，并进行泰勒展开，在经济增长率中剔除来自资本和劳动投入增加的贡献，可将全要素生产率的增长率分解为：

$$\frac{\dot{TFP}_{it}}{TFP_{it}} = \alpha_i \frac{\dot{A}_{K_{it}}}{A_{K_{it}}} + (1-\alpha_i)\frac{\dot{A}_{L_{it}}}{A_{L_{it}}} + \frac{\varepsilon_i - 1}{\varepsilon_i}\alpha_i(1-\alpha_i)\ln\left(\frac{A_{K_{it}}}{A_{L_{it}}}\right)\left(\frac{\dot{A}_{K_{it}}}{A_{K_{it}}} - \frac{\dot{A}_{L_{it}}}{A_{L_{it}}}\right) +$$

$$\frac{\varepsilon_i - 1}{\varepsilon_i}\alpha_i(1-\alpha_i)\ln\left(\frac{A_{K_{it}}}{A_{L_{it}}}\right)\left(\frac{\dot{K}_{it}}{K_{it}} - \frac{\dot{L}_{it}}{L_{it}}\right) +$$

$$\frac{\varepsilon_i - 1}{\varepsilon_i}\alpha_i(1-\alpha_i)\ln\left(\frac{K_{it}}{L_{it}}\right)\left[\left(\frac{\dot{A}_{K_{it}}}{A_{K_{it}}} - \frac{\dot{A}_{L_{it}}}{A_{L_{it}}}\right) + \left(\frac{\dot{K}_{it}}{K_{it}} - \frac{\dot{L}_{it}}{L_{it}}\right)\right] \tag{6}$$

式（6）将全要素生产率的增长率分解为五项：第一项和第二项是资本增进型技术进步效应 TPK_{it} 和劳动增进型技术进步效应 TPL_{it}，表现为劳动和资本要素技术效率调整引起的生产率变化。第三项是相对增进型技术进步效应 TBE_{it}，衡量资本和劳动两种要素技术效率变化的相对速率对生产率增长的影响。前三项的内涵都是衡量发展中大国选择有偏型技术进步直接引致的全要素生产率变化，即适宜性技术进步通过影响技术进步率对全要素生产率的作用，将前三项加总可作为技术进步效应。第四项是要素配置效应 FAE_{it}，表征在有偏型技术进步约束下，禀赋比较优势变化对生产率的作用。第五项是技术进步偏向和比较优势对全要素生产率形成的动态交互效应 TFE_{it}，刻画了技术进步偏向与比较优势的相对变化速率对全要素生产率形成的影响。结合要素价格的扭曲程度式（5），可将动态交互效应表示为

$$TFE_{it} = [\alpha_i(1-\alpha_i)(\varepsilon_i - 1)/\varepsilon_i][\varepsilon_i\ln(\alpha_i/1-\alpha_i) + (\varepsilon_i - 1)\ln(A_{K_{it}}/A_{L_{it}}) -$$

$$\varepsilon_i\ln(\tau_{K_{it}}/\tau_{L_{it}}) - \varepsilon_i\ln(r_{it}/w_{it})][(\dot{A}_{K_{it}}/A_{K_{it}} - \dot{A}_{L_{it}}/A_{L_{it}}) + (\dot{K}_{it}/K_{it} - \dot{L}_{it}/L_{it})]$$

受要素市场的扭曲程度 $\ln(\tau_{K_{it}}/\tau_{L_{it}})$、要素相对价格 $\ln(r_{it}/w_{it})$、要素替代弹性 ε_i、要素禀赋结构的调整速度 $(\dot{K}_{it}/K_{it} - \dot{L}_{it}/L_{it})$、要素技术效率的相对变化率 $(\dot{A}_{K_{it}}/A_{K_{it}} - \dot{A}_{L_{it}}/A_{L_{it}})$ 等因素共同影响。考察技术进步是否朝向充分发挥比较优势的方向发展，技术环境的改变是否引致要素禀赋结构的调整，二者的动态适配性对全要素生产率的影响，若 $TFE_{it} > 0$，则表示技术进步偏向可随新型比较优势的变化而调整，技术进步偏向与要素结构相适宜，并适应制度环境的变化，有利于全要素生产率提升；若 $TFE_{it} < 0$，说明技术进步偏

向难以随新型比较优势的变化进行调整,技术进步偏向与要素增量结构的调整方向、要素市场价格扭曲的变化相背离,抑制全要素生产率提升。第四项和第五项共同代表技术进步偏向与比较优势的适宜性通过改变资源配置效率,对全要素生产率产生的影响,称为资源配置效应。

五、指标测度与实证结果分析

为检验不同类型发展中大国的技术进步偏向与禀赋和制度比较优势的适配性,本文首先估算发展中大国的技术进步偏向,并以韩国为基准,检验各国技术进步偏向与新型比较优势的适宜性,并测算其对全要素生产率变化的贡献。

(一)发展中大国技术进步偏向的测度

结合式(1)和式(2)可测算大国 i 的资本要素技术效率 $A_{K_{it}}$ 和劳动要素技术效率 $A_{L_{it}}$:

$$A_{K_{it}} = \left(\frac{s_{K_{it}}}{\alpha_i}\right)^{\frac{\varepsilon_i}{\varepsilon_i - 1}} \left(\frac{Y_{it}}{K_{it}}\right), \quad A_{L_{it}} = \left(\frac{1 - s_{K_{it}}}{1 - \alpha_i}\right)^{\frac{\varepsilon_i}{\varepsilon_i - 1}} \left(\frac{Y_{it}}{L_{it}}\right) \tag{7}$$

其中,$s_{K_{it}}$ 为发展中大国的资本收入份额,而 $1 - s_{K_{it}}$ 则为该国的劳动收入份额,Y_{it},K_{it} 和 L_{it} 与上文的含义一致,上述指标均可使用实际数据进行测算。至于各国的要素替代弹性 ε_i 和要素分配参数 α_i,本文基于生产函数建立三方程标准化供给面系统,结合似不相关回归模型(SUR),采用可行广义非线性最小二乘法(FGNLS)进行参数估计。

将要素技术效率的增长率设定为 BOX-COX 型可变增长率,其中 $\gamma_{A_{K_i}}$ 和 $\gamma_{A_{L_i}}$ 分别代表资本要素技术效率的参数和劳动要素技术效率的参数;$\lambda_{A_{K_i}}$ 和 $\lambda_{A_{L_i}}$ 则表示劳动和资本要素技术效率的曲率。

$$A_{K_{it}} = A_{K_{it_0}} \cdot e^{g_{A_{K_{it}}}}, \quad A_{L_{it}} = A_{L_{it_0}} \cdot e^{g_{A_{L_{it}}}}$$

$$g_{A_{K_{it}}} = \frac{\gamma_{A_{K_i}} t_0 ((t/t_0)^{\lambda_{A_{K_i}}} - 1)}{\lambda_{A_{K_i}}}, \quad g_{A_{L_{it}}} = \frac{\gamma_{A_{L_i}} t_0 ((t/t_0)^{\lambda_{A_{L_i}}} - 1)}{\lambda_{A_{L_i}}} \tag{8}$$

假定基期数据满足:$w_{it_0} L_{it_0} / r_{it_0} K_{it_0} = (1 - \alpha_i)/\alpha_i$,可证明基期的资本要素技术效率和劳动要素技术效率分别为:$A_{K_{it_0}} = Y_{it_0}/K_{it_0}$,$A_{L_{it_0}} = Y_{it_0}/L_{it_0}$。

再将各指标的样本均值作为基准值分别对其进行标准化：$Y_{it_0} = \xi_i \bar{Y}_i$，$K_{it_0} = \bar{K}_i$，$L_{it_0} = \bar{L}_i$，$t_0 = \bar{t}$，代入生产函数及其一阶条件，可得三方程标准化供给面系统：

$$\log\left(\frac{Y_{it}/\bar{Y}_i}{K_{it}/\bar{K}_i}\right) = \log(\xi_i) + \frac{\gamma_{A_{K_i}}\bar{t}}{\lambda_{A_{K_i}}}\left(\left(\frac{t}{\bar{t}}\right)^{\lambda_{A_{K_i}}} - 1\right) + \frac{\varepsilon_i}{\varepsilon_i - 1}\log\left\{(1-\alpha_i)\left(\frac{L_{it}/\bar{L}_i}{K_{it}/\bar{K}_i}\right)^{\frac{\varepsilon_i - 1}{\varepsilon_i}}\right.$$

$$\left. e^{\frac{\varepsilon_i - 1}{\varepsilon_i}\left[\frac{\gamma AL_i \bar{t}}{\lambda AL_i}\left(\left(\frac{t}{\bar{t}}\right)^{\lambda AL_i - 1}\right) - \frac{\gamma AK_i \bar{t}}{\lambda AK_i}\left(\left(\frac{t}{\bar{t}}\right)^{\lambda AK_i - 1}\right)\right]} + \alpha_i \right\}$$

$$\log\left(\frac{w_{it} L_{it}}{Y_{it}}\right) = \log(1-\alpha_i) - \frac{\varepsilon_i - 1}{\varepsilon_i}\left[\log\left(\frac{Y_{it}/\bar{Y}_i}{L_{it}/\bar{L}_i}\right) - \log\xi_i - \frac{\gamma_{A_{L_i}}\bar{t}}{\lambda_{A_{L_i}}}\left(\left(\frac{t}{\bar{t}}\right)^{\lambda_{A_{L_i}}} - 1\right)\right]$$

$$\log\left(\frac{r_{it} K_{it}}{Y_{it}}\right) = \log\alpha_i - \frac{\varepsilon_i - 1}{\varepsilon_i}\left[\log\left(\frac{Y_{it}/\bar{Y}_i}{K_{it}/\bar{K}_i}\right) - \log\xi_i - \frac{\gamma_{A_{K_i}}\bar{t}}{\lambda_{A_{K_i}}}\left(\left(\frac{t}{\bar{t}}\right)^{\lambda_{A_{K_i}}} - 1\right)\right] \quad (9)$$

根据发展中大国 1950～2014 年的数据，采用 FGNLS 估计三方程标准化供给面系统式（9）中的参数 ξ_i，$\lambda_{A_{L_i}}$，$\lambda_{A_{K_i}}$，$\gamma_{A_{L_i}}$，$\gamma_{A_{K_i}}$，α_i，ε_i，变量初值设定遵循 Leon – Ledesma et al.（2010）的思路。总产值 Y_{it} 为发展中大国的总产出，K_{it} 代表该国的资本要素投入，二者都经过购买力平价的调整，是以 2011 年美元计价的真实值，而劳动要素投入 L_{it} 则为总就业人数，劳动收入 $w_{it} L_{it}$ 为劳动收入份额与总产出的乘积；资本收入 $r_{it} K_{it}$ 则为总产出中扣除劳动收入份额的余值，以上数据均来源于"宾夕法尼亚大学"世界表（Penn World Table 9.0）。基于数据长度的限制，本文剔除连续样本期间低于 30 年的国家数据，仅选择巴西、中国、埃及、印度、印度尼西亚、伊朗、墨西哥、尼日利亚和南非 9 个大国为样本。为了进行国际比较研究，同时测算了美国、日本和韩国三个发达国家的技术进步偏向指数。

发展中大国和发达国家三方程标准化供给面系统的参数估计结果如表 1 所示：（1）大多数国家的参数估计结果令人满意，显著性水平达到 1%，似不相关模型的 log – det 值和残差的 ADF 检验结果，可达到统计检验的基本要求。（2）不同类型经济体的要素替代弹性不同，大部分经济体资本与劳动的要素替代弹性小于 1，具体包括劳动丰裕型大国（中国、印度）和资本丰裕型大国（墨西哥、南非），以及发达国家（美国、日本和韩国）共 7 个国家，表明这些国家生产过程中使用的资本与劳动呈互补关系且技术进步存在偏向特征。但也有部分发展中大国即巴西、埃及、伊朗和尼日利亚 4 国的要素替代弹性非常接近于 1，表明其生产函数退化为 CD 生产函数。仅有印度尼西亚的要素替代弹性大于 1，暗示该国在生产过程中劳动与资本形成了较强的替代关系。（3）结合各国的要素替代弹性分布，以及劳动要素技术效率参数 γ_{L_i} 和资本要素技术效率参数 γ_{K_i} 的估计结果，可判断 12 个国家的技术进步偏态。对于要素替代弹性接近于 1 的巴西、

表1　经济体标准化系统的参数估计结果

国家	ξ_i	γ_{AK_i}	λ_{AK_i}	ε_i	α_i	γ_{AL_i}	λ_{AL_i}	ADF_Y	ADF_K	ADF_L	$\log-\det$	Obs.
巴西	1.105*** (0.000)	-1.690*** (0.000)	1.619*** (0.000)	1.001*** (0.000)	0.478*** (0.000)	1.545*** (0.000)	1.495*** (0.000)	-2.959	-4.343	-4.332	-77.735	65
中国	0.795*** (0.000)	-0.079*** (0.002)	3.867*** (0.000)	0.965*** (0.000)	0.341*** (0.000)	0.053*** (0.000)	4.232*** (0.000)	-4.492	-2.908	-2.731	-67.338	63
埃及	1.259*** (0.000)	-0.239 (0.960)	1.221 (0.629)	0.999*** (0.000)	0.608*** (0.000)	0.385 (0.958)	1.022 (0.516)	-1.922	-3.084	-3.232	-59.117	65
印度	0.727*** (0.000)	-0.040*** (0.005)	3.131*** (0.000)	0.833*** (0.000)	0.288*** (0.000)	0.039*** (0.000)	3.317*** (0.000)	-1.782	-1.671	-1.604	-66.516	65
印度尼西亚	1.279*** (0.000)	-0.025*** (0.005)	3.116*** (0.000)	1.107*** (0.000)	0.561*** (0.000)	0.043*** (0.000)	1.101*** (0.000)	-2.220	-1.903	-1.959	-57.998	55
伊朗	0.721*** (0.000)	-0.403*** (0.000)	4.375*** (0.000)	0.998*** (0.000)	0.664*** (0.000)	0.719*** (0.000)	4.951*** (0.000)	-2.778	-2.957	-3.252	-66.714	60
墨西哥	1.133*** (0.000)	-0.021*** (0.007)	2.511*** (0.000)	0.831*** (0.000)	0.507*** (0.000)	0.026*** (0.002)	0.819*** (0.000)	-2.197	-2.631	-2.631	-62.413	65

续表

国家	ξ_i	$\gamma_{A_{K_i}}$	$\lambda_{A_{K_i}}$	ε_i	α_i	$\gamma_{A_{L_i}}$	$\lambda_{A_{L_i}}$	ADF_Y	ADF_K	ADF_L	log-det	Obs.
尼日利亚	1.231*** (0.000)	-0.181*** (0.000)	2.792*** (0.000)	1.026*** (0.000)	0.730*** (0.000)	0.360*** (0.001)	2.545*** (0.000)	-2.923	-4.277	-4.331	-61.099	65
南非	1.090*** (0.000)	-0.031*** (0.000)	2.307*** (0.000)	0.848*** (0.000)	0.379*** (0.000)	0.031*** (0.000)	0.990*** (0.000)	-2.502	-2.401	-2.347	-71.399	65
美国	0.950*** (0.000)	-0.019** (0.045)	1.379*** (0.000)	0.886*** (0.000)	0.365*** (0.000)	0.026*** (0.000)	1.025*** (0.000)	-2.066	-2.976	-2.939	-71.425	65
日本	1.050*** (0.000)	-0.060*** (0.000)	2.405*** (0.000)	0.920*** (0.000)	0.319*** (0.000)	0.066*** (0.000)	0.903*** (0.000)	-2.288	-2.826	-2.620	-73.309	65
韩国	0.835*** (0.000)	-0.292** (0.043)	1.057*** (0.000)	0.962*** (0.000)	0.366*** (0.000)	0.232* (0.092)	1.245*** (0.006)	-3.019	-1.313	-1.000	-72.884	62

注：***、**和*分别代表显著性水平达1%、5%和10%；括号内是P值。
资料来源：总产出、资本、劳动和收入份额的原始数据来源于"宾夕法尼亚大学"世界表（Penn World Table 9.0），作者计算。

埃及、伊朗和尼日利亚4国，技术进步呈无偏中性，因而下文不再测度其技术进步偏向。对于要素替代弹性小于1的7个国家而言，其劳动要素技术效率参数 γ_{L_i} 大于资本要素技术效率参数 γ_{K_i}，表明这7个发展中大国和发达国家劳动要素技术效率 A_{L_i} 的增长率超过资本要素技术效率 A_{K_i}，出现相对劳动增进型技术进步，再根据要素替代弹性小于1的参数估计结果，推测这些国家的技术进步整体偏向于资本要素，倾向于密集使用资本，节约劳动要素。印度尼西亚的劳动要素技术效率参数 γ_{L_i} 大于资本要素技术效率参数 γ_{K_i}，技术进步为相对劳动增进形态，再结合其要素替代弹性大于1的估计结果，表明该国的技术进步也偏向于劳动，朝向多使用劳动节约资本的方向发展。

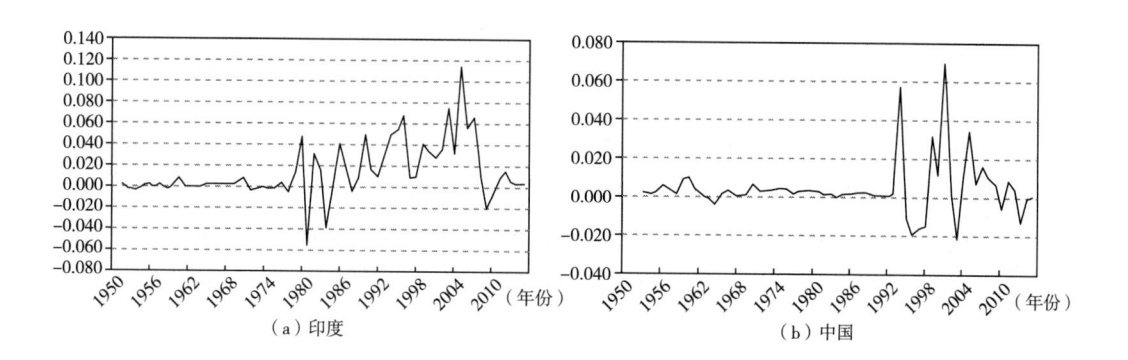

为了逐年考察上述国家技术进步偏向指数的变化趋势，根据式（4）测算了发展中大国和发达国家历年的技术进步偏向指数，如图2所示，各经济体技术进步偏向指数的具体描述性统计特征则如表2所示。各国技术进步偏向指数的动态变化规律与表1中的静态参数估计结果基本吻合：针对中国、印度和印度尼西亚这三个初始劳动要素较为丰裕的发展中大国，中国1953~2014年的技术进步偏向于资本，技术进步偏向指数的均值水平达0.0044，在63年的样本内偏向指数大于0的年度数目达53年，均显示中国的技术进步偏向指数整体大于0，且偏向指数的波动幅度自20世纪90年代后期开始扩大，但振幅自2005年开始逐渐收窄，表明技术进步偏向于资本的程度，先增强而后逐渐减弱，这与本国制度环境的变迁不无关系。印度技术进步偏向的变化趋势与中国相类似，1951~2014年技术进步偏向指数的均值为0.0137，且在64年中有49个年度是大于0的，整体呈波动上升的趋势，近几年该指数的变化幅度收窄，显示印度的技术进步大体上是偏向于资本。印度尼西亚的技术进步偏向却不同于中国和印度两国，指数大于0的年度数量和均值水平两方面均显示该国出现劳动偏向型技术进步。

(a) 印度

(b) 中国

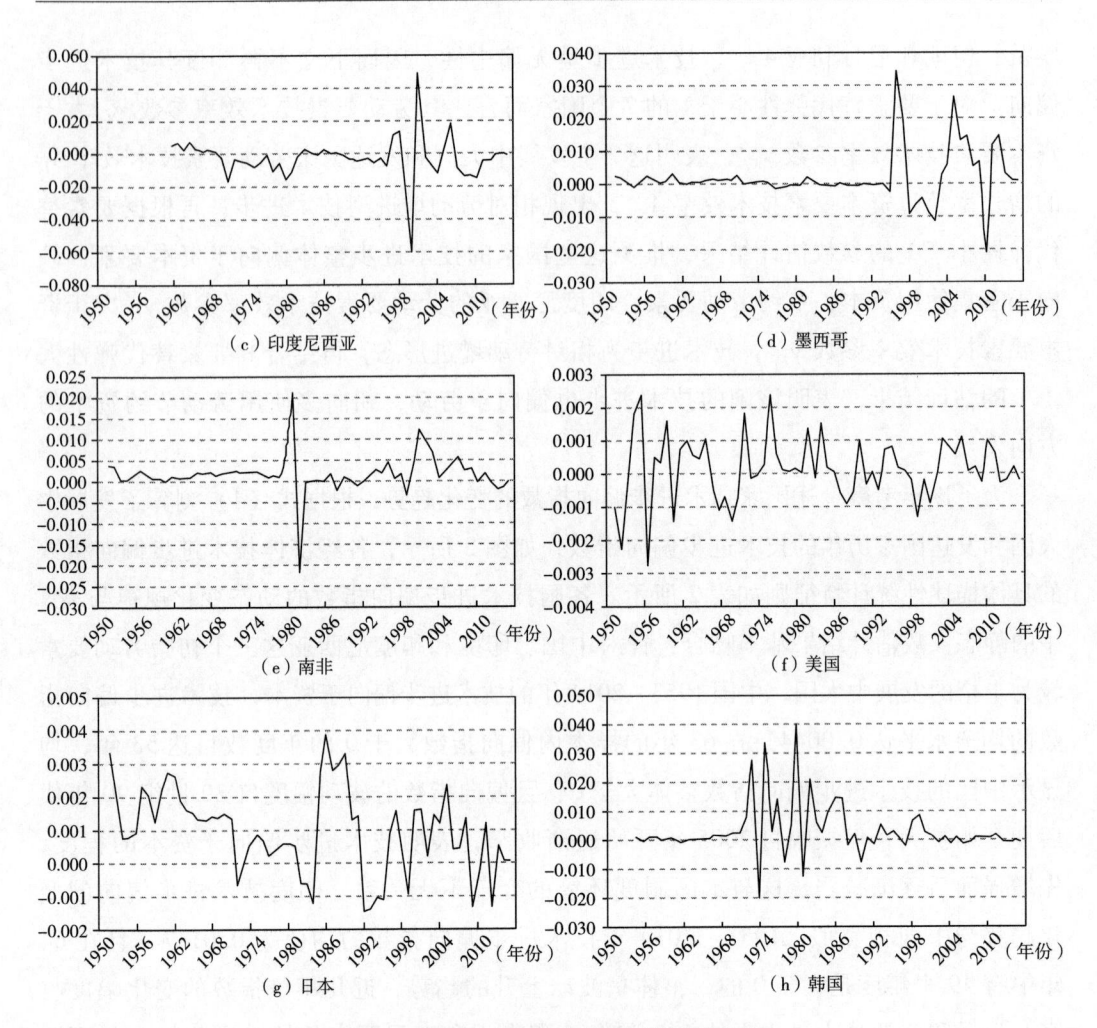

图 2　经济体技术进步偏向指数的变化趋势

表 2　发展中大国和发达国家技术进步偏向指数的描述性统计特征

指数	发展中大国					发达国家		
	中国	印度	印度尼西亚	墨西哥	南非	美国	日本	韩国
平均值	0.0044	0.0137	−0.0030	0.0019	0.0017	0.0001	0.0009	0.0030
标准差	0.0144	0.0270	0.0134	0.0079	0.0047	0.0010	0.0013	0.0098
最小值	−0.0235	−0.0570	−0.0621	−0.0222	−0.0230	−0.0029	−0.0015	−0.0218
最大值	0.0704	0.1156	0.0510	0.0351	0.0217	0.0024	0.0039	0.0415
大于 0 的年度数	53	49	17	43	53	37	51	42
总年度数	62	64	54	64	64	64	64	61

对于墨西哥和南非这两个初始资本要素相对丰裕的发展中大国而言,根据技术进步偏向指数的均值水平和指数大于 0 的年度数目判断,两国均选择了资本偏向型技术进步,墨西哥和南非技术进步偏向指数的均值水平分别为 0.0019、0.0017,在样本期 64 年中偏向指数大于 0 的年度数分别达 43 年和 53 年,即技术在大多数年份朝向密集使用资本,节约劳动的方向发展,且偏向于资本的程度加强。可见,绝大多数发展中大国的技术进步偏向于资本。对比技术进步偏向指数在发展中大国和发达国家中所出现的不同规律,发现中国、印度、墨西哥和南非 4 国的技术进步不仅整体偏向于资本,且无论从均值水平还是偏向指数大于 0 的年度数量看,偏向于资本的程度均超过三个发达国家。尤其是对中国和印度这类初始劳动要素相对丰裕的发展中大国而言,技术进步偏向于资本的程度甚至远超发达国家和其他发展中大国,其背后的原因何在?中国和印度一般通过引进和模仿发达国家的前沿技术,实现技术进步和升级,进而导致两国技术进步偏向直接跟随技术输出国,出现资本偏向特征。不仅如此,制度障碍形成的要素市场扭曲,使技术进步偏向于资本的程度加剧。以中国为例,资本管制使资本要素价格的负向扭曲程度超过劳动力,低廉的资本价格使技术进步加速偏向于资本;同时,金融业融资偏向于国有企业的属性,也提高国有部门技术进步偏向于资本的强度。此外,中国和印度两国在实现技术升级的过程中,也同步推进要素结构升级,提高市场自由化程度,开放利率市场的管制,消除资本的非自由流动,因而近年来技术进步偏向于资本的程度呈弱化趋势。

(二) 发展中大国技术进步偏向的适宜性检验

为进一步检验发展中大国技术进步偏向与新型比较优势的适宜性,尤其是考察发展中大国在实现经济赶超的过程中,能否合理研判要素增量结构和制度环境的变迁,选择适宜性技术进步,是严格遵守初始的比较优势,还是根据要素市场有效供给的变化,适时调整技术进步方向和程度?

为此,本文根据发展中大国技术进步偏向与新型比较优势演进的四种不同情形,利用矩阵分析法检验二者的适配程度,见图 3。新型比较优势指数 EAE 沿用前文的设定,以劳均物质资本存量的增长率和制度比较优势指数的增长率的乘积确定 $EAE_t = g_{K/L} \times g_{EF_t}$,涵盖禀赋和制度两个层面的比较优势,前者代表要素禀赋结构的变化和要素供给的数量保障,后者则指制度变革和政策干预变化,使要素市场扭曲程度减弱,提升要素市场的有效配置能力,有利于挖掘禀赋比较优势的发挥空间。若一国劳均物质资本存量提升,资本加速积累,但要素市场的扭曲程度增加,未能实现要素的有效配置,则该国的要素相对价格难以体现要素增量结构的改变,资本相对劳动的有效供给并未发生显著增加;若禀赋比较优势和制度比较优势指数同时增加,表示要素结构升级和要素配置效率提升的同步发生,可供有效配置的资本要素才真正增加。为鉴别要素市场有效供给的变化,采用韩国 1953~2014 年新型比较优势指数的均值(约为 6.36×10^{-4})作为检验基准。

II 资本有效供给降低,资本偏向型技术进步	I 资本有效供给增加,资本偏向型技术进步
III 劳动有效供给增加,劳动偏向型技术进步	IV 劳动有效供给降低,劳动偏向型技术进步

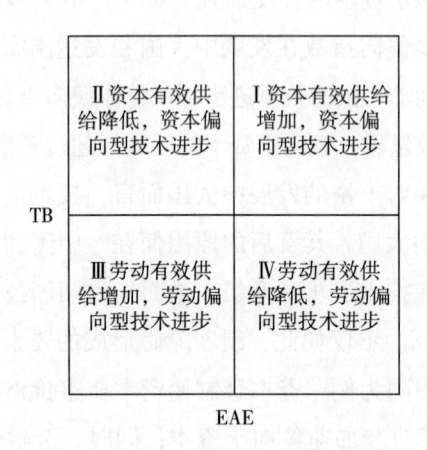

图3 技术进步偏向的适宜性检验

如图3所示,横轴代表经济体的新型比较优势指数,并标明垂直线 $EAE = 6.36 \times 10^{-4}$,若散点落在垂线左侧,表明要素增量结构和要素价格扭曲并未同时改善,此时资本相对劳动的有效供给下降;若位于垂线右侧,则表明要素结构的变化可以反映在要素价格上,资本相对于劳动的有效供给增加。图中纵轴代表技术进步偏向指数 TB,且标明水平线 $TB = 0$,若散点处于水平线上,则技术进步偏向于资本;若处于线下,则技术进步偏向于劳动。因此,图中标明的水平线和垂线将适宜性检验图分割成4个区域,若经济体的新型比较优势指数和技术进步偏向的散点落在区域 I,表明此时资本的有效供给增加,且选择了资本偏向型技术进步,符合此时的新型比较优势;区域 II 则表示经济体当前资本要素的有效供给并未显著增加,技术进步偏向于资本,则这一时点技术进步偏向与比较优势存在非适配特征;区域 III 代表经济体的劳动有效供给增加,出现劳动偏向型技术进步,技术进步偏向与新型比较优势相适宜;区域 IV 也代表技术进步偏向于劳动,但劳动有效供给减少,此时经济体选择的技术进步偏向并未遵循要素结构和制度环境变化形成的比较优势。可见,只有当散点处于第 I 区域和 III 区域时,经济体的技术进步偏向恰好与要素增量结构和制度环境改善相适配;若处于第 II 区域和第 IV 区域,则显示经济体的技术进步偏向与新型比较优势存在非适宜性问题。

本文绘制了中国、印度、印度尼西亚、墨西哥、南非5个不同类型发展中大国技术进步偏向与新型比较优势的适宜性检验如图 4~图 8 所示，基本与前面的判断一致：在中国技术进步偏向的适宜性检验图中（见图 4），大部分散点落在第 I 区域内。一方面，中国的初始要素禀赋结构存在劳动丰裕资本相对稀缺的特征，但通过推进生产过程中的资本加速积累，资本要素积累的速率超过劳动供给的增长率，劳均物质资本存量出现上升趋势；另一方面，制度比较优势指数亦呈增长趋势，逐步消除的制度障碍有利于改善要素价格扭曲和要素错配现象，要素价格逐渐反映要素市场的供求变化。二者共同作用下，中国资本要素的有效供给增加，实现要素供给结构升级。因此，中国根据要素增量结构和制度环境的变化，选择了适宜性的资本偏向型技术进步。

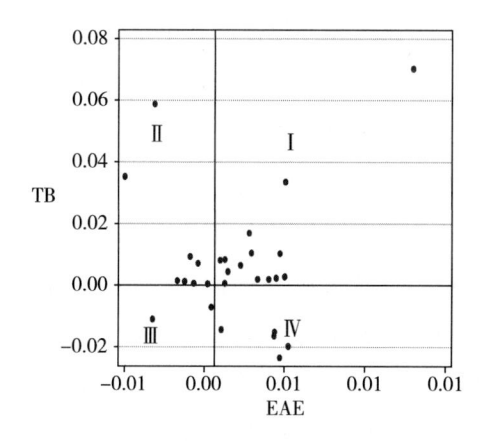

图 4　中国技术进步偏向的适宜性检验

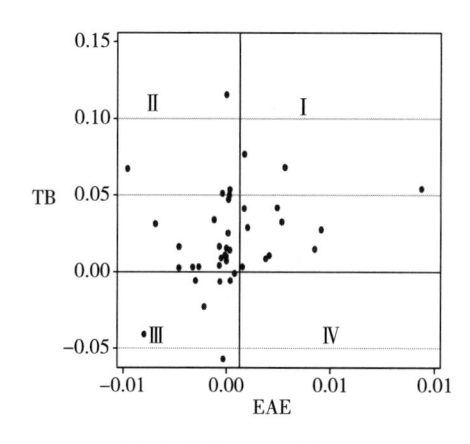

图 5　印度技术进步偏向的适宜性检验

20 世纪印度适宜性检验图中的散点则相对分散，绝大部分散点落在第 I 区域和第 II 区域内（见图 5）。20 世纪 90 年代中期以前，散点集中分布在第 II 区域，印度的技术进步偏向于资本，且劳均物质资本存量提升，在此期间该国制度环境基本无明显改善，即要素配置能力并未显著增加，要素相对价格难以体现要素边际产出和要素市场的供求变化，在此期间技术进步偏向与新型比较优势处于非适配状态。90年代后期开始，印度的制度障碍渐次减弱，制度比较优势指数与劳均物质资本存量同步提升，不仅实现资本要素有效供给的增加，资本偏向型技术进步与新型比较优势也由非适配转向适配，散点多分布在第Ⅰ区域。

印度尼西亚技术进步偏向的适宜性检验则如图6所示，大部分的散点落在了第Ⅳ区域，作为劳动丰裕型发展中大国，该国的劳均物质资本存量不断提升，且制度环境也随着要素结构升级实现同步优化，资本要素市场的有效供给增加。然而，印度尼西亚却未能科学研判新型比较优势的变化规律，技术进步反而朝向多使用劳动节约资本的方向发展，因而技术进步偏向与要素禀赋结构、制度环境形成的新型比较优势相背离。墨西哥和南非同为资本丰裕型发展中大国，其技术进步偏向与新型比较优势的散点大部分都落在第Ⅱ区域内（见图7和图8），两国虽然严格遵守初始要素禀赋，选择了资本偏向型技术进步，但其后两国的要素禀赋结构却并未出现明显改变，尤其是市场制度环境反而出现恶化趋势，显示两国要素配置能力下降，要素非自由流动现象加剧，未能预见资本要素的有效供给并未显著增加，没有适时调整技术进步偏向强度，技术进步偏向于资本的程度反而加强。基于资本积累的深化和制度障碍的逐步消除，中国和印度选择了与比较优势相适配的资本偏向型技术进步。而印度尼西亚、墨西哥和南非却未能根据本国要素市场有效供给的变化，及时转换技术进步偏向并调整偏向强度，选择了非适宜性的技术进步方向。

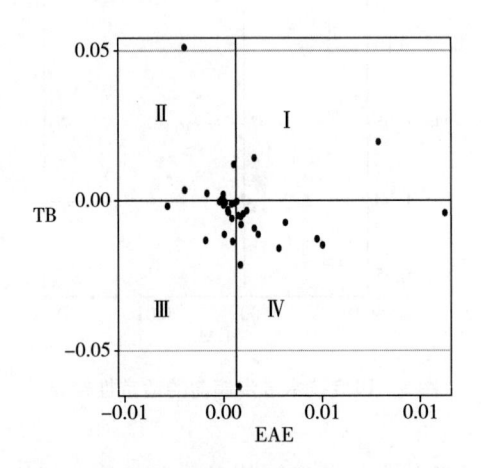

图6 印度尼西亚技术进步偏向的适宜性检验

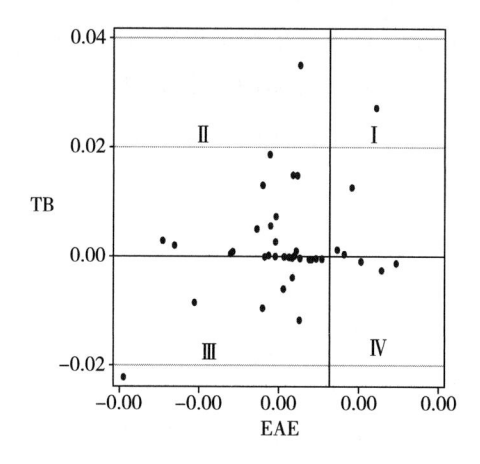

图 7　墨西哥技术进步偏向的适宜性检验

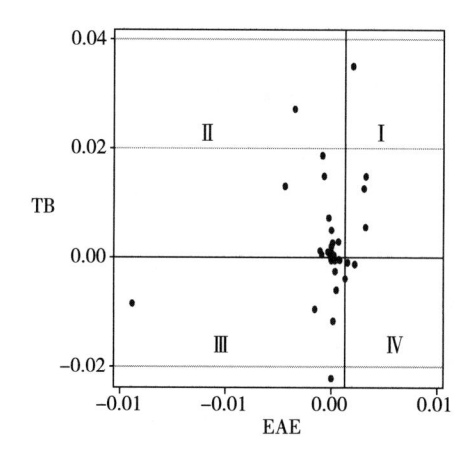

图 8　南非技术进步偏向的适宜性检验

（三）发展中大国技术进步偏向与比较优势的适宜性对全要素生产率的作用检验

为进一步考察发展中大国技术进步偏向与比较优势的适宜性对全要素生产率的作用效应，根据式（6）将各国全要素生产率的变化率进行分解，分解结果见表 3。中国资本增进型技术进步效应 TPK 对全要素生产率的影响为负，劳动增进型技术进步效应 TPL 则对全要素生产率存在正向影响，这与中国资本要素技术效率下降，而劳动要素技术效率上升的结论相符。以 1970 年为分界点，相对增进型技术进步效应 TBE 对全要素生产率的影响，前期大体上为正值，后期则为负值。同时，上述三项效应总和形成的技术进步效应对全要素生产率的影响方向为正向，恰好表明资本偏向型技术进步是适宜的，通过技术进步率对全要素生产率产生正向作用。要素配置效应 FAE 在大多数年份对全要素生产率存在正向影响，表明中国资本积累速率超过劳动要素增长率，要素供给结构调整引起的比较优势变化，有利于全要素生产率提升，数值水平虽然偏低，但呈逐渐上升趋势。技术进步偏向和比较优势的动态交互效应 TFE 对全要素生产率的影响整体是正向的，且这一正向效应呈渐次增强趋势，1951～1990 年技术进步偏向与比较优势对全要素生产率的动态交互效应虽然为正，但均值水平接近于 0；而 1991～2000 年和 2001～2014 年动态交互效应分别增长至 0.0018、0.0014，尤其是 1991～2000 年约可解释 17% 的全要素生产率增长。可见，随着要素增量结构的优化和制度环境的变迁，中国选择了与比较优势变化相适宜的资本偏向型技术进步，并通过改变资源配置效率，对全要素生产率形成正向影响，且这一正向影响只有在比较优势改善明显和技术进步偏向速度加快的条件下才较为显著。

表3　不同经济体全要素生产率增长率的分解

时期（年）	分解项目	发展中大国					发达国家		
		中国	印度	印度尼西亚	墨西哥	南非	美国	日本	韩国
1951～1960	TPK	-0.0092	0.0027	—	0.0056	-0.0040	0.0064	0.0009	0.0079
	TPL	0.0103	0.0104	—	0.0211	0.0097	0.0066	0.0404	0.0190
	TBE	0.0001	0.0001	—	-0.0019	-0.0006	-0.0006	0.0000	0.0007
	FAE	-0.0001	-0.0001	—	0.0019	0.0006	0.0017	0.0000	-0.0007
	TFE	0.0000	0.0000	—	0.0000	0.0000	-0.0024	0.0000	0.0000
	TFP	0.0011	0.0130	—	0.0268	0.0057	0.0117	0.0413	0.0269
1961～1970	TPK	-0.0023	0.0016	-0.0014	0.0008	0.0035	0.0116	-0.0047	0.0006
	TPL	0.0051	0.0231	-0.0035	0.0163	0.0296	0.0055	0.0587	0.0337
	TBE	0.0000	0.0002	0.0000	-0.0024	-0.0014	0.0010	-0.0015	0.0042
	FAE	0.0000	-0.0002	0.0000	0.0024	0.0014	0.0015	0.0015	-0.0042
	TFE	0.0000	0.0000	0.0000	0.0000	0.0000	-0.0037	0.0000	0.0000
	TFP	0.0028	0.0247	-0.0049	0.0171	0.0331	0.0158	0.0540	0.0343

续表

时期（年）	分解项目	发展中大国					发达国家		
		中国	印度	印度尼西亚	墨西哥	南非	美国	日本	韩国
1971~1980	TPK	-0.0159	0.0019	0.0073	0.0096	-0.0405	-0.0281	0.0006	-0.1984
	TPL	0.0051	-0.0024	0.0261	0.0078	0.0484	0.0282	0.0339	0.2006
	TBE	-0.0002	-0.0016	0.0003	0.0002	-0.0179	-0.0099	-0.0014	0.0116
	FAE	0.0002	0.0000	-0.0003	-0.0002	0.0041	0.0023	0.0014	-0.0026
	TFE	0.0000	0.0000	0.0000	0.0000	0.0092	0.0079	0.0000	0.0050
	TFP	-0.0108	-0.0020	0.0334	0.0175	0.0033	0.0004	0.0345	0.0162
1981~1990	TPK	-0.0053	-0.0184	0.0064	-0.0152	0.0233	-0.0051	-0.0544	-0.1529
	TPL	0.0181	0.0289	0.0071	-0.0130	-0.0346	0.0179	0.0734	0.2147
	TBE	-0.0003	-0.0027	0.0001	-0.0003	0.0086	-0.0050	-0.0180	-0.0355
	FAE	0.0003	0.0001	-0.0001	0.0003	-0.0004	0.0005	0.0032	0.0043
	TFE	0.0000	-0.0017	0.0000	0.0000	-0.0087	0.0033	0.0094	0.0074
	TFP	0.0128	0.0062	0.0135	-0.0282	-0.0117	0.0116	0.0136	0.0379
1991~2000	TPK	-0.1318	-0.0337	-0.0243	-0.0194	-0.0243	0.0181	-0.0090	-0.1588
	TPL	0.1751	0.0732	-0.0043	0.0207	0.0292	-0.0035	0.0142	0.2501
	TBE	-0.0361	-0.0194	0.0026	-0.0129	-0.0116	0.0047	-0.0063	-0.0993
	FAE	0.0018	0.0044	-0.0012	-0.0001	-0.0001	0.0020	0.0037	0.0081
	TFE	0.0018	-0.0009	0.0003	0.0083	0.0081	-0.0071	0.0007	0.0169
	TFP	0.0108	0.0236	-0.0268	-0.0035	0.0014	0.0142	0.0033	0.0170
2001~2014	TPK	-0.0665	-0.0266	-0.0438	-0.0408	-0.0229	-0.0248	-0.0341	0.0083
	TPL	0.1224	0.0865	0.0388	0.0398	0.0175	0.0301	0.0380	-0.0185
	TBE	-0.0408	-0.0426	0.0092	-0.0331	-0.0136	-0.0139	-0.0209	0.0059
	FAE	0.0119	0.0219	-0.0063	0.0089	0.0098	0.0027	0.0036	0.0064
	TFE	0.0014	0.0008	-0.0019	0.0130	0.0014	0.0094	0.0076	-0.0026
	TFP	0.0283	0.0400	-0.0040	-0.0122	-0.0077	0.0035	-0.0057	-0.0006

资料来源：作者计算。

印度全要素生产率的分解结果与中国类似，劳动要素技术效率的提升速率，超过资本要素技术效率，因而在大多数年份中，该国劳动增进型技术进步效应 TPL 对全要素生产率的正向影响超过资本增进型技术进步效应 TPK。再结合相对增进型技术进步效应 TBE，三者对全要素生产率的变化形成了正向的技术进步效应，表明资本偏向型技术进步通过改变技术进步率，引导全要素生产率提升。1951~2014 年要素配置效应 FAE 对全要素生产率的影响由负转正，且正向效应增加，说明该国资本相对于劳动的丰裕度提升，尤其是近年来要素结构升级速度加快。至于技术进步偏向与比较优势形成的动态交互效应 TFE，1951~1980 年动态交互效应对全要素生产率增长的影响基本接近于 0。但 1981~2000 年二者的动态交互效应转为负值，这是由于这一阶段资本积累速率虽然超过劳动，但市场自由度并没有显著改善甚至出现下降。在制度障碍约束下，资本要素的有效供给并没有增加，因此技术进步偏向与比较优势对全要素生产率形成负向的动态交互效应。2001~2014 年在要素增量结构和制度环境同步优化的条件下，资本相对于劳动的有效供给增加，该国技术进步偏向与比较优势的适配性通过改变资源配置效率，对全要素生产率的影响效应为 0.0008。对印度尼西亚而言，劳动要素技术效率和资本要素技术效率的提升速率相对缓慢，有时甚至出现了负增长的趋势，因而劳动增进型技术进步效应 TPL 和资本增进型技术进步效应 TPK，难以对全要素生产率形成稳定的正向作用。且印度尼西亚选择劳动偏向型技术进步，又与该国近年资本积累的加速深化，市场自由度有所改善，要素供给结构升级的情形背离，技术进步偏向未能随要素增量结构和制度环境的改变而调整。一方面，该国的技术进步效应在大多数年份为负值，通过技术进步率对全要素生产率产生负向影响，也验证该国选择的劳动偏向型技术进步是非适宜的；另一方面，2001~2014 年技术进步偏向与比较优势的非适配性，通过改变资源配置效率，也对全要素生产率形成了负向影响。

墨西哥和南非属于初始资本要素相对丰裕的发展中大国，全要素生产率总体呈现出先升后降的趋势。1951~1980 年资本增进型技术进步效应 TPK、劳动增进型技术进步效应 TPL 和相对增进型技术进步效应 TBE 三项形成的技术进步效应引导两国全要素生产率提升，这与该类国家劳动要素技术效率的增速超过资本要素技术效率，选择资本偏向型技术进步有关。1981~2014 年由于两国的资本要素技术效率出现下降趋势，对全要素生产率形成负向影响。在要素互补条件下，资本要素技术效率下降，反而使技术进步偏向于资本的强度增加。与此同时，两国资本要素的有效供给却并未显著增加，加之市场制度环境的不稳定性，资本偏向型技术进步与比较优势反而由适配转向非适配，一方面，非适宜的技术进步偏向，通过技术进步率对全要素生产率形成直接的负向影响；另一方面，技术进步偏向与比较优势的动态交互效应对全要素生产率的影响在部分年份出现负值，表明二者的非适配性通过资源配置效应，抑制全要素生产率的提升。

对比发达国家生产率的分解结果发现：美国、日本和韩国的全要素生产率在绝大多数年份呈上升趋势，但近几年增速放缓。由于发达国家主要依赖自主创新实现技术进步，因而可以根据本国要素禀赋结构的变化，同步调整技术创新策略，引导技术进步朝向有利于发挥本国比较优势的方向转变，美国、日本和韩国的技术进步效应和资源配置效应对全要素生产率的影响在绝大多数年份都为正值。整体而言，中国、印度合理研判了要素增量结构和制度环境的演进规律，选择了适宜性的资本偏向型技术进步，并通过提高技术进步率和资源配置效率，对全要素生产率形成正向影响。而印度尼西亚、墨西哥和南非选择的技术进步偏向与比较优势的适配性减弱，非适宜的技术进步路径引致技术进步率和资源配置效率下降，全要素生产率出现先升后降趋势。整体而言，适宜性技术进步主要通过技术进步效应作用于全要素生产率，其作用强度超过资源配置效应。

六、结论与政策启示

如何有效甄别要素增量结构和制度环境的变迁，适时调整技术进步偏向和强度，选择适宜性技术进步是发展中大国面临的一项重要问题。本文以发展中大国禀赋及制度比较优势与全要素生产率分化的典型事实为切入点，在CES生产函数下演绎技术进步偏向与比较优势的适宜性对全要素生产率的作用机制，利用三方程标准化系统测度发展中大国的技术进步偏向，从要素增量结构和制度环境双重视角，考察新型比较优势与技术进步偏向的适宜程度及全要素生产率变化的贡献。结论显示：（1）技术进步偏向与禀赋比较优势的适宜性将同时改变技术进步率和资源配置效率，对全要素生产率产生双重作用。而制度比较优势将影响要素价格扭曲程度，并使技术进步方向偏离适宜选择，改变全要素生产率。（2）基于资本有效供给的增加和制度障碍的逐步消除，中国和印度选择了适宜的资本偏向型技术进步，技术进步偏向与比较优势的适配度得到改善，引导两国全要素生产率的提升。而印度尼西亚选择劳动偏向型技术进步，墨西哥和南非的技术进步大体上偏向于资本，均未能预见本国要素市场有效供给的变化，没有及时转换技术进步偏向和适时调整要素偏向强度，导致全要素生产率出现先升后降趋势。（3）发展中大国技术进步偏向与比较优势的适配性，主要通过技术进步效应影响全要素生产率，其作用强度超过资源配置效应。

本文的研究结论对于像中国这样的发展中大国具有明显的政策含义：从企业层面而言，应当有效甄别要素增量结构和市场制度环境的演化趋势，建立新型比较优势与技术创新类型的二维坐标体系。因要素禀赋资源和制度环境制宜，按梯级筛选与要素禀赋结构和要素配置能力相适宜的技术创新类型，若资本要素的有效供给并未显著改善，则选择与劳动要素相耦合的领域进行技术创新；若资本有效供给显著增加，则应当选择与资本要素耦合的领域进行技术创新，实现关键技术突破和颠覆式技术创新。从产业层面来说，可通过适时调整技术进步偏向和强度，形成与要素结构和市场制度环境相适应的技术进步路径，使技术进步偏向与比较优势产生积极的良性互动机制，同时提高技术进步率和资源配置效率，促进全要素生产率提升。

从政府层面来说，应当打破制度的藩篱，消除要素市场扭曲，优化要素增量和存量结构，提高要素配置效率，重塑新型比较优势。制度藩篱是制约中国要素价格市场化的主要因素，当前中国土地、资本和劳动要素的市场化改革仍存在较大的空间，需要破除行政垄断，推进土地流转制度，加快土地流转速度；需要通过户籍制度和社会保障制度的改革，促进劳动力的自由流动；需要加速推进资本市场改革，逐步消除银行系统的所有制歧视，提升金融服务效率，改善资本的非有效配置。要突破制约要素完全流动的障碍，放开要素市场准入，促进要素自由流动，提高要素结构升级效率。同时，政府应引导要素市场体系的建立，促进要素市场的公平交易，让市场发挥要素配置中的基础性作用，让要素价格灵活反映要素市场的供求变化，成为要素供需平衡的关键。

参 考 文 献

[1] 蔡昉. "中等收入陷阱"的理论、经验与针对性 [J]. 经济学动态, 2011 (12): 4-9.

[2] 戴魁早, 刘友金. 要素市场扭曲与创新效率——对中国高技术产业发展的经验分析 [J]. 经济研究, 2016, 51 (7): 72-86.

[3] 戴天仕, 徐现祥. 中国的技术进步方向 [J]. 世界经济, 2010, 33 (11): 54-70.

[4] 邓明. 人口年龄结构与中国省际技术进步方向 [J]. 经济研究, 2014, 49 (3): 130-143.

[5] 董直庆, 蔡啸, 王林辉. 技术进步方向、城市用地规模和环境质量 [J]. 经济研究, 2014, 49 (10): 111-124.

[6] 盖庆恩, 朱喜, 程名望, 史清华. 要素市场扭曲、垄断势力与全要素生产率 [J]. 经济研究, 2015, 50 (5): 61-75.

[7] 龚关, 胡关亮. 中国制造业资源配置效率与全要素生产率 [J]. 经济研究, 2013, 48 (4):

4 - 15 + 29.

[8] 孔宪丽, 米美玲, 高铁梅. 技术进步适宜性与创新驱动工业结构调整——基于技术进步偏向性视角的实证研究 [J]. 中国工业经济, 2015 (11): 62 - 77.

[9] 雷钦礼, 徐家春. 技术进步偏向、要素配置偏向与我国 TFP 的增长 [J]. 统计研究, 2015, 32 (8): 10 - 16.

[10] 林毅夫, 张鹏飞. 适宜技术、技术选择和发展中国家的经济增长 [J]. 经济学 (季刊), 2006 (3): 985 - 1006.

[11] 刘林青, 李文秀, 张亚婷. 比较优势、FDI 和民族产业国际竞争力——"中国制造"国际竞争力的脆弱性分析 [J]. 中国工业经济, 2009 (8): 47 - 57.

[12] 欧阳峣, 罗富政, 罗会华. 发展中大国的界定、遴选及其影响力评价 [J]. 湖南师范大学社会科学学报, 2016, 45 (06): 5 - 14.

[13] 欧阳峣, 张亚斌, 易先忠. 中国与金砖国家外贸的"共享式"增长 [J]. 中国社会科学, 2012 (10): 67 - 86.

[14] 邱斌, 唐保庆, 孙少勤, 刘修岩. 要素禀赋、制度红利与新型出口比较优势 [J]. 经济研究, 2014, 49 (8): 107 - 119.

[15] 王林辉, 董直庆. 资本体现式技术进步、技术合意结构和我国生产率增长来源 [J]. 数量经济技术经济研究, 2012, 29 (5): 3 - 18.

[16] 徐朝阳, 林毅夫. 发展战略与经济增长 [J]. 中国社会科学, 2010 (3): 94 - 108.

[17] 许岩, 尹希果. 技术选择: "因势利导"还是"适度赶超"? [J]. 数量经济技术经济研究, 2017, 34 (8): 55 - 71.

[18] 杨高举, 黄先海. 中国会陷入比较优势陷阱吗? [J]. 管理世界, 2014 (5): 5 - 22.

[19] 杨青龙. 基于制度要素的比较优势理论拓展——以交易成本经济学为视角 [J]. 财贸研究, 2013, 24 (4): 58 - 68.

[20] 杨汝岱, 姚洋. 有限赶超与经济增长 [J]. 经济研究, 2008 (8): 29 - 41.

[21] 姚毓春, 袁礼, 王林辉. 中国工业部门要素收入分配格局——基于技术进步偏向性视角的分析 [J]. 中国工业经济, 2014 (8): 44 - 56.

[22] 余东华, 孙婷, 张鑫宇. 要素价格扭曲如何影响制造业国际竞争力 [J]. 中国工业经济, 2018 (2): 63 - 81.

[23] 余泳泽, 张先轸. 要素禀赋、适宜性创新模式选择与全要素生产率提升 [J]. 管理世界, 2015 (9): 13 - 31 + 187.

[24] 张杰, 周晓艳, 李勇. 要素市场扭曲抑制了中国企业 R&D? [J]. 经济研究, 2011, 46 (08): 78 - 91.

[25] Acemoglu, D., and M. Dell. Productivity Differences between and within Countries [J]. American Economic Journal: Macroeconomics, 2010, 2 (1): 169 - 188.

[26] Acemoglu, D., and F. Zilibotti. Productivity Differences [J]. The Quarterly Journal of Economics,

2001, 116 (2): 563–606.

[27] Acemoglu, D. Directed Technical Change [J]. The Review of Economic Studies, 2002, 69 (4): 781–809.

[28] Antonelli, C., and F. Quatraro. The Effects of Biased Technological Change on Total Factor Productivity: Empirical Evidence from a Sample of OECD Countries [J]. Journal of Technology Transfer, 2010, 35 (4): 361–383.

[29] Atkinson, A. B., and J. E. Stiglitz. A New View of Technological Change [J]. The Economic Journal, 1969, 79 (315): 573–578.

[30] Basu, S., and D. N. Weil. Appropriate Technology and Growth [J]. The Quarterly Journal of Economics, 1998, 113 (4): 1025–1054.

[31] Brandt, L., T. Tombe, and X. Zhu. Factor Market Distortions across Time, Space and Sectors in China [J]. Review of Economic Dynamics, 2013, 16 (1): 39–58.

[32] Caselli, F., and W. J. Coleman. The World Technology Frontier [J]. The American Economic Review, 2006, 96 (3): 499–522.

[33] Jerzmanowski., M. Total Factor Productivity Differences: Appropriate Technology vs. Efficiency [J]. European Economic Review, 2007, 51 (8): 2080–2110.

[34] Klump, R., P. McAdam, and A. Willman. Factor Substitution and Factor-augmenting Technical Progress in the United States: a Normalized Supply-Side System Approach [J]. The Review of Economics and Statistics, 2007, 89 (1): 183–192.

[35] Kmenta, J. On Estimation of the CES Production Function [J]. International Economic Review, 1967, 8 (2): 180–189.

[36] Krugman, P. The Myth of Asia's Miracle [J]. Foreign affairs, 1994, 73 (6): 62–78.

[37] León-Ledesma, M. A., P. McAdam, and A. Willman. Identifying the Elasticity of Substitution with Biased Technical Change [J]. The American Economic Review, 2010, 100 (4): 1330–1357.

[38] Lin, J. Y. Economic Development and Transition: Thought, Strategy, and Viability [M]. Cambridge University Press, 2009.

[39] Nicolini, M. On the Evolution of Institutional Comparative Advantages [J]. Structural Change & Economic Dynamics, 2011, 22 (2): 162–172.

[40] Restuccia, D., and R. Rogerson. The Causes and Costs of Misallocation [R]. NBER Working Papers, 2017, 31 (3): 151–174.

The Key of the Large Developing Countries to Promote Total Factor Productivity

Yuan Li, Ouyang Yao

Abstract This paper introduces the institutional comparative advantage into the framework of appropriate technical change, and interprets the appropriate effect of biased technical change and comparative advantage on total factor productivity in the CES production function, by changing the technological progress rate and resource allocation efficiency. Applying normalized supply-side system, we estimate the biased technical change. From the perspectives of the incremental structure of factor and the evolution of the institutional environment, we examine the appropriateness of the biased technical change and comparative advantage and their effects on TFP in the large developing countries. The results show that: biased technical change is endogenized by the factor endowment structure, but the institutional comparative advantage will make it deviate from the appropriate choice. Whether the large developing countries can effectively identify changes in factor and institutional comparative advantages, and choose appropriate technical change is the key to raising TFP. The increase of effective capital supply and gradual elimination of institutional barriers, China and India have chosen capital-biased technical change and improved appropriateness of biased technical change and new comparative advantages, increasing TFP. While Indonesia, South Africa and Mexico have not been able to change the direction of technological change in response to changes in the effective supply of factor markets timely, inappropriate technical change path leads to a decline in technological progress rate and allocation efficiency, and TFP increases first and then decreases. The role of technical change exceeds the resource allocation efficiency.

Key words biased technical change; appropriate technical change; comparative advantage; TFP

后发大国的农业适度规模经营*

欧阳峣

摘 要 发展农业适度规模经营,是新时代中国经济发展中不可回避的重大现实问题。世界经济发展的历史和中国农业发展的实践表明,推进农业适度规模经营,乃是后发大国农业转型的必由之路;要将农业发展普遍规律和中国农业发展特点有机地结合起来,科学地确定农业规模经营的"度",制定农业发展战略和政策支持体系。从总体上看,应该发挥家庭经营的基础作用,重点培育家庭农场,并相应地加快农村土地制度改革,健全农村社会化服务体系。

关键词 后发大国;农业发展;规模经营

习近平总书记在党的十九大报告中提出了"建设现代化经济体系"的目标,其中有一项重要内容就是"构建现代农业产业体系、生产体系、经营体系,完善农业支持保护制度,发展多种形式适度规模经营,培育新型农业经济主体,健全农业社会化服务体系,实现小农户和现代农业发展有机衔接"。①在这里,他再次强调了"发展农业适度规模经营"的问题,这是新时代中国经济发展中不可回避的重大现实问题。

一、后发大国农业转型的必由之路

新中国成立后,党就开始思考和探索农业经营体制问题,通过"合作化"和"人民公社化运动",走上了互助合作和人民公社的道路。然而,经过二十多年的实践证明,这种形式并不适宜现代农业发展,也不是有效率的农业组织形式。从 20 世纪 70 年代末期,我们先后实行包产到组、包干到组、联产计酬、包产到户、联产承包、分户

---

* 本文原载于《人民论坛》2018 年第 12 期。
① 习近平. 在中国共产党第十九次全国代表大会上的报告[N]. 人民日报,2017 - 10 - 28.

承包等不同形式,直到家庭承包经营制,比较好地解决了农民生产的动力机制问题,调动了农民的生产积极性,迎来了农业的快速增长。林毅夫曾经计算过这场制度变革所带来的贡献效应:"农村改革对1978~1989年的产出增长也有显著贡献,各项改革所致的生产率变化构成产出增长的48.6%。在各项改革中,从生产队体制向HRS的转变显然是重要的,仅制度改革一项就使产出增长了约46.89%,大约相当于投入增加的总效应。"① 这不仅解决了粮食短缺问题,而且出现了主要农产品全面增长的局面。但是,这项改革措施的积极效应也是有限的,它比较好地解决了农业生产的动力问题,却没有很好地解决农业生产的效率问题。中国科学院中国现代化研究中心发布的《中国现代化报告2012:农业现代化研究》表明,2008年中国谷物单产、小稻和小麦单产已经达到发达国家水平,但中国农业劳动生产率仅为世界平均值的47%,仅为高收入国家平均值的2%和美国平均值的1%。② 之所以出现这种尴尬局面,主要原因在于中国农业经营规模过于狭小,严重地制约着农业劳动生产率的提高。

恩格斯遵循生产力和生产关系矛盾运动的原理,预测了农业生产组织形式变化的趋势。他认为,当时德国"现存的大土地所有制将给我们提供一个良好的基础来由组合工作者经营大规模的农业,只有在这种巨大规模下,才能应用一切现代辅助工具、机器等等,从而使小农明显地看到基于组合原则的大规模经济的优越性"。③ 受历史条件的限制,恩格斯不可能预测到现代化农业经营的具体形式,但他对于走向规模经营的判断是正确的。我们根据《世界统计年鉴》的数据,比较分析了中国、印度和美国、法国的农业经营规模及其劳动生产率状况:美国和法国属于发达大国,美国以600万人左右的农业人口解决了3亿多人的粮食问题,而且成为世界第一的农产品出口大国;法国以180万人左右的农业人口解决了6500万人左右的粮食问题,并且成为世界第二的农产品出口大国;中国和印度属于后发大国,中国以7亿多农业人口基本上解决了13亿多人的粮食问题,目前是农产品净进口国,印度以6亿农村人口基本实现了粮食自给,但有些农产品需要进口。从农业经营规模看,美国每个农业经济活动人口经营土地65.2公顷,提供粮食148.36吨;法国每个农业经济活动人口经营土地28.9公顷,提供粮食85.08吨;中国每个农业经营人口经营土地0.21公顷,提供粮食0.92吨;印度每个农业经营人口经营土地0.6公顷,提供粮食0.98吨。显然,一个国家的农业人口比重同农业劳动生产率呈反比例发展,而农业经营规模则同农业劳动生产率成正比

---

① 林毅夫. 制度、技术与中国农业发展 [M]. 上海: 上海三联书店、上海人民出版社, 1994: 95.
② 中国科学院中国现代化研究中心. 中国现代化报告2012: 农业现代化研究 [M]. 北京: 北京大学出版社, 2012: 1-5.
③ 马克思恩格斯选集(第2卷)[M]. 北京: 人民出版社, 1972: 547.

例发展。

世界经济发展的历史和中国农业发展的实践表明,推进农业适度规模经营,乃是后发大国农业转型的必由之路。像中国、印度这样的发展中大国,农业经营规模过于狭小,严重地制约了农业生产效率的提高,进而也制约着农民收入的增加。每个农民经营着1~5亩的土地,生产能力不可能得到充分发挥,长期处于半就业状态,导致劳动力的极大浪费;同时,规模狭小的农业经营,限制了机器和技术的应用,发达的现代工业在推动农业现代化方面不能发挥应有的作用。而且,中国农村人口占总人口的比重很大,2016年乡村常驻人口仍为58973万人,在这种情况下,如果没有农民收入的大幅度增加,就不可能有国民人均收入的大幅度增加,也就难以跨越"中等收入陷阱"。正是基于这样的科学认识,习近平总书记指出:"土地流转和多种形式规模经营,是发展现代农业的必由之路,也是农村改革的基本方向"。① 现有的过于狭小的农业经营规模,已经严重地制约了中国农业的进步和农村经济的发展:第一,过于狭小的土地制约了农业劳动生产率的提高,很多农民处在半就业状况,利用小部分时间就可以完成所承包土地的生产任务;第二,农民家庭耕种的土地很少,缺乏购买和使用先进的农业机械的需求和动力,阻碍了农业机械的推广应用;第三,农民家庭的生产规模过小,不利于农产品的标准化生产和加工,制约农民家庭生产的农产品与大市场的有效联结;第四,较低的劳动生产率制约了农民收入的增加,很多农民的主要收入来自进城务工,单纯从事农业生产的农民收入很低;第五,较低的农民收入抑制了农民种粮的积极性,已有不少的土地长期抛荒,很多农业人口并没有从事农业生产。为此,我们要提高农民劳动生产率和增加农民收入,要发展农业机械化和专业化生产,要"确保国家粮食安全,把中国人的饭碗牢牢端在自己手里,"就必然要走适度规模经营的道路。

二、中国国情和农业适度规模经营

所谓"适度规模经营",就是要深刻认识中国的国情,既要把握世界农业发展的普遍规律,又要把握中国农业发展的自身特点,将普遍规律和中国特点有机地结合起来,科学地确定农业规模经营的"度",并且制定适合中国国情的农业发展战略,构建科学和有效的政策支持体系。第一个重要的国情:中国人多地少,长期处在分散经营的状

---

① 习近平关于社会主义经济建设论述摘编[M]. 北京:中央文献出版社,2017:191.

态。从总体上看,中国人口众多,人均耕地少,长期以来,农民被束缚在小块土地上劳作,形成了一种对土地的特殊依赖;中国农村土地存在细碎化特点,特别是在南方山区,这种特点更为突出,如江西省、四川省耕地平均地块大小分别为 1.46 亩、0.62 亩。在这种情况下,农业经营规模的扩大需要经历循序渐进的过程,应该随着农民观念、习惯和行为方式的变化,以及农民的总流转土地面积的增加而逐步扩大农业经营规模。第二个重要的国情:农村目前实行的家庭承包制,已经为广大农民认同。改革开放以来实行的农村家庭承包制,调动了农民生产积极性,促进了农民增产和增收。正因为如此,习近平总书记明确指出:"保持土地承包关系稳定并长期不变,第二轮土地承包到期后再延长三十年"。① 农业生产体制的变化,应该以农村人口向城市的转移为前提,只有在农村人口大量向城市转移并且真正市民化的基础上,才能加快农村土地流转的步伐。如果流转的速度超出了现实的条件,不顾农民的意愿而人为地垒大户,就有可能影响农民和农村的稳定。

显然,发展农业适度规模经营,适度规模的客观标准应该以中国农业发展的客观现实状况为依据,需要在中国国情变化和现有经营体制逐步完善的条件下有序地推进。同时,具体地衡量"适度"有着不同的标准:

一是技术上"可行"的标准。习近平总书记指出:农业现代化关键在科技进步,我们必须比以往任何时候都更加重视和依靠农业科技进步,要给农业插上科技的翅膀,加快构建适应高产、优质、生态、安全农业发展要求的技术体系。农业经营规模要同农业科技应用的需求相适应,与农业生产手段的改进程度相适应;特别是以工业化装备农业现代化,更是对农业的经营规模提出了客观要求,如果不能满足这种规模的要求,农业科技特别是技术设备的采用就无法产生效益。因此,应该从技术的角度选择适度规模,从而获得最佳技术效率和效益。同时也要考虑使用什么样的农业技术,更有利于农民的增收和农业的发展,更适合当前中国农民的素质和技能。总之,要"让农业经营有效益,让农业成为有奔头的产业,让农民成为体面的职业,让农村成为安居乐业的美丽家园"。②

二是经济上"可行"的标准。所谓适度规模经营,就是基于"规模经济"的条件,适度扩大生产经营单位的规模,使土地、资本、劳动力等生产要素的配置趋向合理,从而获得最佳经营效益。然而,不同的利益相关者获得的经济利益具有差异性,进而它们对适度规模的判断也可能有所不同,我们应该主要从经营者的角度来考虑这

---

① 习近平. 在中国共产党第十九次全国代表大会上的报告 [N]. 人民日报,2017 - 10 - 28.
② 习近平关于社会主义经济建设论述摘编 [M]. 北京:中央文献出版社,2017:178.

个问题。目前，中国的粮食、棉花、油料等农产品成本利润率和单位面积利润等经济指标，已经达到或接近世界先进水平，但是由于经营规模过小，导致农民的积极性受到挫伤，大田农业中主要剩下老人和妇女。如果适度扩大经营规模，无疑会使经营者获得更多的经济效益；当然，究竟扩大到什么程度，也要综合考虑扩大到什么程度将使单位面积利润下降，以及下降到什么程度将会影响整个国家的农业生产效益等问题。

三、以家庭农场为主体的发展思路

在20世纪80年代末期，党的十三大报告就提出：有条件的地方，要在坚持自愿互利的基础上鼓励和提倡多种形式的合作与联合，逐步达到合理的经营规模。到90年代，随着农业劳动生产力的提高和农业科学技术的进步，中国政府提出了"适应科学种田和社会化的需要，发展适度规模经营"的问题，并且进行了发展农业生产大户和建立农业社会化服务体系的尝试。2002年，党的十六大报告提出：有条件的地方可以按照依法自愿、有偿的原则进行土地承包经营权流转，逐步发展规模经营。2007年，党的十七大报告提出：健全土地承包经营权流转市场，有条件的地方可以发展多种形式的适度规模经营。2012年，党的十八大报告提出：培育新型经营主体，发展多种形式规模经营，构建集约化、专业化、组织化、社会化相结合的新型农业经营体系。2014年11月，中共中央审议通过《关于引导农村土地经营权有序流转发展农业适度规模经营的意见》，不仅强调发展适度规模经营已成为必然趋势，而且提出要发挥家庭经营的基础作用，重点培育以家庭成员为主要劳动力、以农业收入为主要收入来源，从事专业化、集约化农业生产的家庭农场，使之成为引领适度规模经营、发展现代农业的有生力量。2016年3月，习近平同志在参加十二届全国人大四次会议湖南代表团的审议时讲话强调："以家庭农场和农民合作社为抓手发展农业适度规模经营"。①

家庭农场这种形式，既符合农业生产的特点和规模，又符合中国的国情和农民的习惯，应该是目前发展农业适度规模经营的最佳形式。家庭农场是目前中国发展农业适度规模经营的最佳选择。根据农业生产的特点，它是一种将经济再生产与自然生命再生产紧密结合的产业，经济再生产过程完全建立在自然生产再生产健康顺利的基础之上，自然生产再生产过程中的任何一个环节的断裂将危及整个生命过程，并且丧失

---

① 习近平关于社会主义经济建设论述摘编［M］. 北京：中央文献出版社，2017：198.

经济再生产过程中的所有成果。这种需要再生产者耐心细致的扶植，最大限度地减少各个环节的问题；而且，农业生产过程的各个环节遵循自然生命的生产规模而具有时间上的继起性和连续性，不可能像工业产品那样将逻辑上先后继起的生产环节分割开来，放在同一时间的空间中施工，通过许多人的分工协作形成专业化效应，从而降低成本和提高效率。农业生产的这个重要特点与家庭组织相契合，家庭农场就是将经济活动和家庭生活相结合的组织，它可以合理地协调生产和生活的时间，进行悉心周到的照料，从而促进自然生命的健康成长，并获得较好的经济效益。从世界范围看，无论是发展中国家还是发达国家，农业生产基本上都采用家庭农场的组织形式。如美国家庭农场不仅占农场总数的比重特别大，而且呈现出上升的趋势。在 1969～1978 年，家庭农场占大农场的比重从 85.4% 上升到 87.8%，公司农场的比重则从 12.8% 下降至 9.7%。同时，家庭农场的经营规模适度，美国的大型家庭农场平均面积达 2428 亩，它们对农业产值的贡献超过 60%。法国曾经是小农经济占主导地位的国家，第二次世界大战后的农业经历规模迅速扩大，但仍然保持家庭农场占主导地位的格局。可见，农业生产的特点和世界农业发展的经验证明，发展家庭农场是农业经营组织的最佳选择。从中国的情况看，可以在家庭承包基础上扩大规模，积极发展"家庭农场"。如果将原有农户规模由 5～10 亩扩大到 50～100 亩，农业经营规模扩大 10 倍左右，有助于要素投入规模的扩大和成本的降低，也有利于小型的农业机械的使用和农业生产效率的提高。但要看到，发展家庭农场也是一项系统工程，与此相适应，需要加快农村土地制度改革，健全农村社会化服务体系。

第一，发展家庭农场要求深化农村土地制度改革，积极稳妥地推进经营权流转。习近平同志指出："搞家庭联产承包制，把土地所有权和承包经营权分开，所有权归集体，承包经营权归农户，这是我国农村改革的重大创新。现在，顺应农民保留土地承包权、流转土地经营权的意愿，把农民土地承包经营权分为承包权和经营权，实现承包权和经营权分置并行，这是我国农村改革的又一次重大创新。"[①] 在现有的土地制度下，土地经营权流动是适度规模经营的基本前提。目前我国的农村人口仍占总人口的 70% 左右，但实际上有 50% 以上已经成为在城镇就业的农民工，他们的土地有的由老人和妇女经营，也有相当部分抛荒，这就为土地经营权的流转提供了广阔的空间。前些年，这种流转主要发生在亲戚朋友之间，随着市场意识的增强和地租的上升，目前已开始从以亲缘为纽带的流转转向以租金为纽带的流转。根据农业部的统计数据，截至 2013 年底，全国流转土地面积约为 2.7 亿亩，占家庭承包耕地总面积的 33.3%。目

---

① 习近平关于社会主义经济建设论述摘编 [M]. 北京：中央文献出版社, 2017: 175-176.

前存在的问题：一是流转土地面积比较小，还有大量的土地没有发挥作用和效益；二是流转方式不够规范，仅有60%左右签订了流转合同。为此，需要继续推进土地流转，在流转方向上重点向家庭农场流转，在流转方式上重点在公开市场平台上流转。同时，要"把握好土地经营权流转、集中、规模经营的度，要与城市化进程和农村劳动力转移规模相适应，与农业科技进步和生产手段改进程度相适应，与农业社会化服务水平相适应，不能片面追求快和大，不能单纯为了追求土地经营规模强制农民流转土地，更不能人为垒大户"。[①] 具体地说，要与城市化进程和农村劳动力转移规模相适应，随着农村劳动力向城镇转移规模的增大以及农民工城市化程度的提升，逐渐扩大土地流转的规模；要与农业科技进步和生产手段改进程度相适应，随着农业科学技术的进步及其应用以及农业机械运用的增加，逐步加快土地流转的速度；要与农业社会化服务水平相适应，随着农业社会化服务体系的健全以及服务水平的提高，逐步推进土地经营权流转。

第二，发展家庭农场需要健全农村社会化服务体系，提高社会化服务水平。在推进农业规模经营的过程中，为了适应专业化生产的要求，应该把农业生产的部分环节外包，由农村社会化服务组织来承担。习近平同志总结了我国农民的一些创造，认为"在粮食等大田作物的生产上，适度规模经营的家庭农场，加上比较完备的农业社会化服务体系，形成了耕种收入靠社会化服务、日常田间管理靠家庭成员的经营样式"。[②] 在推进适度规模经营的过程中，可以把不同的农业生产环节分成两种类型：第一种是日常管理环节，应该主要依靠家庭农场的成员完成；第二种是耕地、播种和收割环节，应该外包给农业社会化服务组织完成。从20世纪90年代开始，中国政府开始重视农村社会化服务体系建设，但从总体上看，速度比较缓慢，效果也不够明显。为了加快社会化服务体系建设，一是应该巩固乡镇涉农公共服务机构基础条件建设的成果，鼓励农技站、防疫站、质管站等公共服务机构，围绕发展农业适度规模经营，拓宽服务范围，壮大服务队伍；二是应该积极扶植各类经营性服务组织，发展良种种苗繁育，统防统治，测土配方施肥等农业生产性服务业；三是应该加强农村市场体系建设，积极发展农产品电子商务等现代流通服务业，建设粮食烘干、农机场库棚和仓储物流等配套基础设施；四是应该推进农产品初加工体系建设，积极发展农产品加工企业，提升初级农产品价值及延长农产品储藏时间。通过这些环节的建设，积极为发展家庭农场服务，从而推动家庭农场在数量上逐渐增加，在质量上的不断提升。

---

① 习近平关于社会主义经济建设论述摘编 [M]. 北京：中央文献出版社，2017：177.
② 习近平关于社会主义经济建设论述摘编 [M]. 北京：中央文献出版社，2017：175.

Moderate Scale Management of Agriculture in Later Developing Large Countries

Ouyang Yao

Abstract Developing moderate scale management of agriculture is an unavoidable major practical problem in the development of China's economy in the new era. The history of world economic development and the practice of China's agricultural development have shown that propelling the moderate scale management of agriculture is the only way for the transformation of agriculture in the late-developing countries; the general law of agricultural development and the characteristics of China's agricultural development should be organically combined, the "degree" of agricultural scale management should be determined scientifically, and the agricultural development strategy and policy support system should be formulated. Generally speaking, we should give full play to the basic role of family management, focus on cultivating family farms, and speed up the reform of rural land system accordingly, and improve the rural social service system.

Key words Later developing countries; Agricultural development; Scalv emanagement

融入全球产品内分工为何不应脱离本土需求*

易先忠** 高凌云

摘 要 本文回归外贸起源及其本质作用,从"内需—出口"关联视角阐释了融入全球产品内分工缘何不应脱离本土需求:其一,产品内分工深化并不必然弱化"内需—出口"关联,本土需求仍然是产品内分工格局下外贸优势的重要来源;其二,脱离本土需求融入产品内分工不仅会抑制出口升级,并且由脱离本土需求融入产品内分工带动的出口升级难以成为经济持续增长的驱动力;其三,脱离本土需求融入产品内分工,难以通过贸易部门与本土产业部门的广泛关联带动国内生产率的整体改进,因而偏离了产品内分工格局下外贸发展作为"增长引擎"的本质作用。

关键词 产品内分工;内需—出口关联;本土需求;可持续增长

一、问题提出

本土需求是外贸发展的立足点和外贸优势的重要来源(Krugman,1980;杨小凯,2003;Crozet and Trionfetti,2008),而且出口是主要服务于国内需求的本土企业在开放条件下市场竞争"自选择"的结果(Melitz,2003),由此形成了依托本土需求发展外贸也即"内需—出口"关联(Demand – Export Hypothesis)的理论共识。但这一理论共识受到了全球产品内分工深化的挑战。产品内分工深化加剧了生产和销售在时空上的分散,导致生产的"片断化",特定产品的生产被分割成不同生产工序分散到不同国家,使得出口产品可能与国内需求并没有必然关联。因此,很容易形成一般性直觉判断——产品内分工深化颠覆了本土需求对出口的基础性作用,脱离本土需求的出口模

---

* 本文原载于《世界经济》2018年第6期。
** 易先忠,经济学博士,南京审计大学政治与经济研究院教授,湖南师范大学大国经济研究中心特邀研究员。

式顺应了产品内分工深化的客观趋势。

基于产品内分工特性的这一直觉判断,在贸易实践上支撑了中国脱离本土需求的出口模式,但与脱离本土需求的加工贸易出口比重持续下降的事实并不一致。在这一直觉判断的支撑下,长期以来,中国把发展脱离国内需求、"体外循环"式的加工贸易作为对产品内分工的主要利用形式。如国务院发展研究中心课题组(2003)指出,"产品内分工作为国际分工体系的新形态,为中国企业参与国际分工提供了现实条件,加工贸易是产品内分工背景下推进我国工业化的一条新道路"。在此理念下,中国以不同的内外贸管理体制、对加工贸易差异化的出口退税和出口补贴的政策组合,助推脱离本土需求的出口模式,使中国出口企业具有显著的"出口偏好",国外市场销售大于国内销售的"市场倒挂"现象普遍。2013 年"市场倒挂"的中国本土出口企业占本土出口企业总数的 47.03%,而这些"市场倒挂"企业的国内销售均值和生产率均值仅为没有"市场倒挂"出口企业的 4.7% 和 69.5%。这与国际贸易理论公认的典型事实——"出口企业在国内销售更多、并且生产率更高"(Bernard and Jensen,2004;Melitz and Ottaviano,2008)形成鲜明反差。不仅如此,在全球产品内分工深化的同时,中国加工贸易出口比重持续大幅度下降,2017 年下降为 33%。全球产品内分工深化和中国加工贸易比重持续下降并存的事实说明,脱离本土需求的加工贸易可能并不是参与全球产品内分工最有效的方式。

更为重要的是,基于产品内分工特性的这一直觉判断,在解释外贸转型升级的根本性动力与可持续发展方面贫乏无力,突出表现在:其一,脱离本土需求的出口扩张并没有通过"出口中学"等途径实现本土企业技能水平的同步提升(包群等,2014;张杰等,2016),中国本土出口企业产品增值率低、缺乏核心技术和自主品牌的困境并没有得到根本扭转(姚洋和张晔,2008)。其二,脱离本土需求的外贸扩张对本土产业升级和国内生产率的促进作用非常有限(佟家栋和刘竹青,2012;唐东波,2013 等)。由此引发的问题是,究竟如何参与全球产品内分工才能形成外贸转型升级的内生机制,并更好地发挥外贸作为增长引擎的作用?

鉴于此,本文深入探究融入全球产品内分工能否脱离本土需求这一重要的基础性问题,可能的贡献在于:其一,回归外贸起源和外贸发展的本质作用,厘清产品内分工格局下出口与内需关联的本质内涵及其重要意义,为把握如何有效参与全球产品内分工等重大战略问题,提供一个可供讨论的基本理论参照系。其二,虽然已有文献就脱离本土需求的出口方式如何影响生产率、创新、福利和出口升级进行了研究(张杰和郑文平,2017;易先忠等,2017),但本文从外贸转型升级根本性动力和经济持续增长的视角,为如何参与全球产品内分工才能形成外贸转型升级的内生机制、并更好地发挥外贸的增长引擎作用这一重要问题提供了补充证据。

二、理论基础

"内需—出口"关联是依托本土需求发展外贸的体现。从外贸起源的视角看，本土需求仍然是产品内分工格局下外贸优势的重要来源，产品内分工并不会颠覆依托国内需求发展外贸的经典理论共识；从外贸发展本质作用的视角看，由脱离本土需求融入产品内分工带动的出口升级和贸易扩张，难以带动本土供给能力及结构的改善，因而偏离了外贸作为"增长引擎"的本质作用。

（一）"内需—出口"关联的本质及其重要意义

"内需—出口"关联是"国内需求—本土供给—出口结构"关联的表现，是遵循古典贸易理论依托本土需求发展外贸的实质体现（易先忠和欧阳峣，2018）。图1描述了"国内需求—本土供给—出口结构"关联图。首先，"国内需求—本土供给"的匹配和平衡是经济运行的核心，国内需求是决定本土供给的根本性因素。其次，出口又是本土企业依托国内需求逐步培养竞争力，而后在开放条件下市场竞争"自选择"的结果（Melitz，2003）。因此，出口结构实质上是本土产业结构在空间上的扩展（尹翔硕，1997）。由此形成了"国内需求—本土供给—出口结构"内在关联，即"内需—出口"关联。

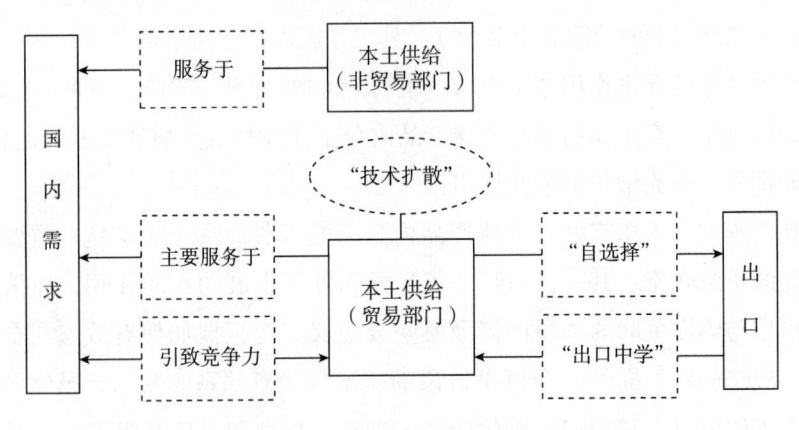

图 1 "国内需求—本土供给—出口结构"的基本关联

从外贸起源看，"内需—出口"关联的逻辑起点在于外贸发展中广泛存在的"本地偏好"（Wolf，2000），由于本土企业在国内市场具有成本优势、信息优势，对本土文化和制度的熟悉又使得本土企业更容易把握国内需求特征，所以产品的设计和生产起初往往是针对国内市场，并通过对最初产品的改进满足国外需求（Porter，1990），因而国际贸易也一般在国内贸易之后发展起来（杨小凯，2003）。在立足本土需求发展对外贸易的过程中，国内需求通过规模效应、生产者与消费者互动的学习效应、引致创新和异质性需求引致的产品差异化等途径，对本土企业出口能力和出口结构产生深刻影响，从而形成"内需—出口"关联的理论共识（Crozet and Trionfetti，2008）。

从外贸发展的本质作用看，遵循"内需—出口"关联的外贸发展才能更好地实现其"增长引擎"作用。经济持续增长的关键在于本土供给能力和供给结构的不断改善，生产率的提升是改善本土供给能力及结构的关键。而外贸之所以被誉为"增长引擎"，关键在于，贸易通过"技术扩散""出口中学""自选择"等途径提升了本土供给的生产率，从而加强主要服务于国内需求的本土供给能力，改善供给结构，最终促进经济持续增长（Wagner，2007）。因为遵循"内需—出口"关联的外贸发展，贸易部门与非贸易部门存在由要素流动、中间投入品、市场竞争以及示范效应实现的广泛关联，外贸发展不仅可以通过"出口中学"等途径提升贸易部门的生产率水平，也可通过贸易部门与非贸易部门的广泛关联，以技术扩散促进非贸易部门的生产率改进，进而成为经济持续增长的驱动力（Bernard and Jensen，2004；Dreger and Herzer，2013）。因此，改进主要服务于国内需求的本土供给能力及结构，进而促进经济持续增长，才是外贸发展的本质作用。

（二）产品内分工格局下的"内需—出口"关联机制

生产和销售急剧分散的产品内分工格局是否颠覆了"内需—出口"关联，使得外贸发展并不需要依托国内需求？在图1基础上，图2刻画了产品内分工格局下内需与出口的关联机制。无论是中间品进口还是出口都和国内需求具有必然关联，并可能通过以下三条机制强化"内需—出口"关联，发挥国内需求对出口的促进效应。

其一，"国内需求—本土中间品供给—中间品出口"机制。国内需求不仅能深刻影响最终产品的出口竞争力，也通过"引致需求"影响了中间产品出口竞争力（Porter，1990）。主要服务于国内需求的本土最终产品生产需要中间品供给，中间品最终受到国内"引致需求"的影响。与最终产品类似，中间品在国内需求的支撑下，通过需求总量的规模效应、生产者与消费者互动的学习效应、引致创新和异质性需求引致的产品差异化等途径，提升了本土中间品的出口竞争力，从而实现本土中间品的出口。在这一机制下，以中间品出口的方式参与全球产品内分工并不会颠覆"内需—出口"关联。

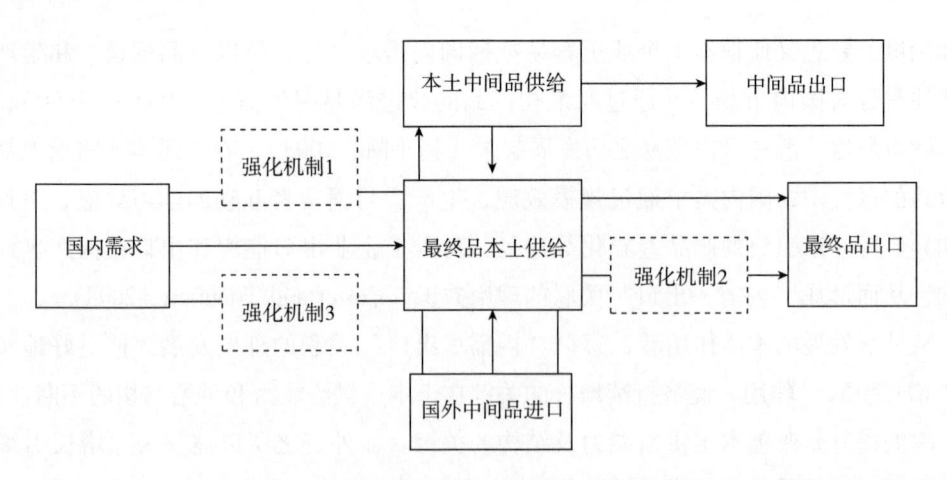

图 2　产品内分工中的"内需—出口"关联

相反，国内需求仍是本土中间品出口优势的重要来源。

其二，"中间品进口—最终品本土供给—最终品出口"机制。在产品内分工格局下，本土企业为满足国内需求也需要进口技术含量高的中间品，中间品进口可以提高本土企业生产率、改进技术和提高产品质量（Amiti and Khandelwal，2013）。这就可能使本土企业在通过中间品进口满足国内需求的过程中，提高本土最终产品的出口竞争力，从而强化"内需—出口"关联。进口引致出口是产品内分工格局下本土企业实施出口的重要机制（Bas and Strauss - Kahn，2015）。而且，相对于纯内销和纯外销的企业而言，中间品进口对同时进行出口和内销的企业出口促进效应最强（田巍和余淼杰，2013）。这说明中间品进口在国内需求产品转换为出口产品过程中具有衔接促进效应。

其三，"中间品进口—最终品本土供给—国内需求—最终品出口"机制。中间品进口会通过扩大产品种类等途径增加本土最终产品的竞争程度（Goldberg et al.，2010），进而降低企业的成本加成，提升消费者对品牌的认知度（Dhingra，2013），使国内消费者面临更多选择并更加挑剔，从而扩大对本土最终产品的需求规模和提升需求层次。这一改善的国内需求，又会通过需求总量的规模效应、生产者与消费者互动的学习效应、引致创新等途径，改善本土最终产品的出口竞争力，从而更有利于发挥国内需求对出口的促进效应，强化"内需—出口"关联。

（三）脱离"内需—出口"关联融入全球产品内分工的发展效应

脱离本土需求融入全球产品内分工，不仅会失去国内需求这一重要的外贸优势来源，更为重要的是，脱离本土需求融入全球产品内分工带动的外向型企业出口升级和外贸扩张，割裂了"国内需求—本土供给—出口结构"的内在关联，难以改善本土企业供给能力及结构。

其一，脱离本土需求融入产品内分工，不仅会固化本土出口企业能力缺口而囿于"低端锁定"，并且脱离"内需—出口"关联的出口升级对经济持续增长的作用有限（见图3）。一方面，由于全球价值链的每一环节都对应着不同的技术层级，全球价值链体系下的出口升级归根结底取决于本土企业的技术能力建设（Humphrey，2004）。研发能力和市场能力又是企业技术能力的两个重要方面，因为任何一项技术创新都需要市场化。同时，由于本土企业在国内市场上有天然优势，就决定了产品内分工下的出口升级脱离不了本土需求的作用（张杰和刘志彪，2007）。正如斯塔茨等（Staritz et al.，2011）指出的那样，国内需求的市场规模和需求特征对本土企业实现全球价值链攀升具有决定性影响。而脱离本土需求融入产品内分工，出口升级就失去了国内需求这一重要的优势来源，从而加大了"低端锁定"的风险。另一方面，即便产品内分工能够带动外向型企业的出口升级，但脱离"内需—出口"关联的出口升级，由于贸易部门与国内产业部门的关联效应较差，无法带动本土产业供给能力及结构改善，进而也难以成为经济持续增长的驱动力。正如庞赛特和沃尔德玛（Poncet and Waldemar，2013）的研究表明的那样，由加工贸易和外资带动的出口升级并不能驱动长期经济增长，只有从事一般贸易的本土企业的出口升级才是长期经济增长的重要驱动力。

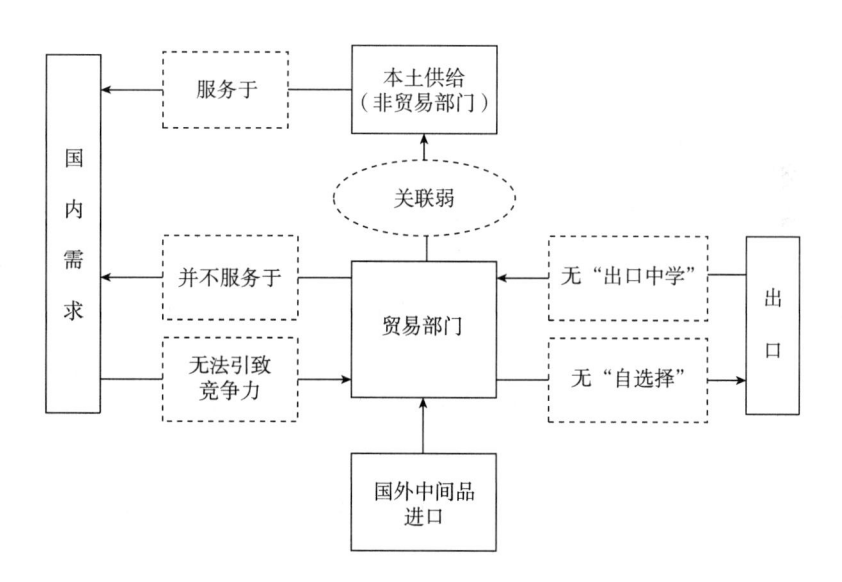

图3 脱离"内需—出口"关联融入产品内分工的发展效应

其二，脱离本土需求融入产品内分工的贸易扩张难以通过"技术扩散""出口中学""自选择"等途径带动国内产业部门生产率的整体改进,进而难以促进经济持续增长。从"技术扩散"途径看,虽然产品内分工下的中间品进口可通过其内含关键技术和促进竞争等途径提升贸易企业的生产效率,但正如张翊等(2015)研究发现的那样,由于大量脱离本土产业部门的加工贸易存在,中间品进口并没有提升中国制造业整体生产率。融入产品内分工虽然伴随着中国出口规模扩张,但全球价值链下的技术溢出并没有带动国内产业升级(唐东波,2013;张少军和刘志彪,2013),也没有带动国内经济部门生产率的整体改进(佟家栋和刘竹青,2012)。这说明,脱离了本土需求单纯追求产品内分工下的贸易扩张,由于贸易部门与国内产业部门的关联较差,贸易部门难以通过对非贸易部门的技术扩散,改进服务于国内需求的本土产业的供给能力,因而偏离了外贸发展作为"增长引擎"的本质作用。从"出口中学"和"自选择"途径看,只有一般贸易企业的出口存在显著的"自选择"效应和"出口中学"效应(张杰等,2016)。参与全球价值链改进了一般贸易企业而非加工贸易企业的生产率(吕越等,2017)。从事一般贸易的企业正是依托国内需求发展外贸的本土企业,这些"内需—出口"关联较强的贸易企业不仅通过"出口中学"等途径改进了自身生产率水平,还能通过与本土产业部门的广泛关联带动本土产业生产率水平的整体提升。

三、特征事实

(一)关键指标测度

1. "内需—出口"关联测算

根据"内需—出口"关联的本质内涵,以两种方法度量一个国家出口与内需的总体关联程度。其一,以内需与出口的相关系数度量"内需—出口"关联度($correl\_a$),见公式(1)①。出口与内需的相关性源于国际贸易的形成过程,根据以"斯密定理"为核心的古典贸易理论和企业异质性贸易理论,对外贸易是由国内贸易内生演进形成,即主要服务于国内需求的本土企业在国内需求的支撑下形成竞争力,而后在开放条件下市场"自选择"实现出口,那么必然表现出"国内需求—本土供给—出口结构"的相关性,即"内需—出口"关联。

---

① 理论上,"内需—出口"关联度取值在 0 到 1 之间,但相关系数取值 -1 到 1 之间。计算时发现,只有尼日利亚的出口与内需相关系数为负,均值为 -0.07,接近 0,其他国家的相关系数皆为正,故不影响随后的分析。

$$correl\_a = \frac{\sum_{i=1}^{n}(E_i - \bar{E})(C_i - \bar{C})}{\sqrt{\sum_{i=1}^{n}(E_i - \bar{E})^2 \sum_{i=1}^{n}(C_i - \bar{C})^2}} \quad (1)$$

其中，E_i为产业i的出口总量；C_i为产业i的国内需求，以产业i的国内消费总量度量国内需求；n为产业数量；$\bar{E}$和$\bar{C}$分别为出口与国内需求的均值。

其二，根据出口产品结构偏离国内需求结构的均值度量"内需—出口"关联度（$correl\_b$）。如果一个国家遵循依托国内需求发展外贸的规律，出口产品应该是本国需求较多的产品，而国内需求较少的产品则出口较少或者需要进口（Crozet and Trionfetti, 2008）。那么，这个国家出口产品结构与国内需求结构背离程度的绝对值就会比较小，"内需—出口"关联指数就会比较大。相反，如果这个国家的外贸发展并没有遵循从依托国内需求发展对外贸易的规律，而是通过融入产品内分工以加工贸易方式直接以国外需求为导向进行出口，或者主要出口少数有要素禀赋优势的产品，这些出口产品与国内需求并没有必然联系。那么，出口产品结构背离国内需求结构的绝对值就会比较大，"内需—出口"关联指数也会比较小。为弱化异常值的影响，以出口产品结构背离国内需求结构的均值度量出口与内需的总体关联程度（$correl\_b$），$correl\_b$介于0到1，计算方法见式（2）。

$$correl\_b = \exp\left(-\frac{1}{n}\sum_{i=1}^{n}\left|\frac{E_i}{\sum_{i=1}^{n}E_i} - \frac{C_i}{\sum_{i=1}^{n}C_i}\right| \times 100\right) \quad (2)$$

脱离本土需求融入产品内分工的外贸发展模式主要发生在制造业，因为服务业和农业由于其生产特性，国际生产分割程度远低于制造业，脱离本土需求融入产品内分工的现象在服务业和农业并不普遍。同时考虑到产品内分工主要是由制造业的国际生产分割带动，和服务业往往通过内含于制造业产品间接出口的事实。故采用联合国工业发展组织（UNIDO）产业供需平衡数据库国际标准产业分类（ISIC）四分位制造业数据，比较细致地测度51个国家1997~2010年"内需—出口"关联度。按照ISIC四分位分类标准，共有127个制造业，其中烟草产品（ISIC：1600）主要在国内销售，出口量少，而成品油（ISIC：2320）和基本钢铁（ISIC：2710）受到国家资源禀赋影响程度大，其"内需—出口"关联度不能代表出口依托内需的程度，故而剔除这三个产业。

2. 产品内分工的测度

关于产品内分工的度量方法目前主要有两类：一类是以中间品贸易比重度量产品内分工；另一类基于国际投入—产出（I-O）表计算垂直专业化指数。相对于垂直专业化指数，利用中间品贸易比重度量产品内分工的优点在于，可以区分原材料类型的中间品和基于生产分割的中间品，因为并不是每一类中间品贸易都是产品内分工深化的结果。乌基（Ueki，2011）认为，主要用于工业的 3 类资源型中间产品（食品和饮料、初级燃料和润滑油、加工燃料和润滑油）的贸易并不能反映产品内分工深化导致的国际生产分割。因此，剔除这 3 类资源型中间产品，以广义经济分类（BEC）下的 5 类中间品进出口额（BEC 产品代码：22、32、42、53 和 121）占总贸易的比重度量一国融入全球产品内分工程度，可获得与本文"内需—出口"关联指数相匹配的 51 个国家的产品内分工指数（$iner\_a$）。

胡梅尔斯等（Hummels et al.，2001）的垂直专业化率成为这一方法的思想源头，他们以"出口中内含进口中间品比重"衡量一国参与全球垂直专业化分工的程度，被称为 HIY 方法。为放宽 HIY 方法下的同比例假设和解决重复计算问题，库普曼等（Koopman et al.，2014）提出以 KWW 方法测度全球价值参与度（GVC Participation），GVC 参与程度可分解为向前参与和后向参与，计算公式如下：

$$iner\_b = \frac{(DVA\_I + RDV\_F)}{E} + \frac{FVA}{E} \quad (3)$$

其中，E 是出口总额；DVA_I 表示以中间投入品被进口国作为生产本国最终品的投入所吸收的那部分增加值；RDV_F 表示被进口国作为投入消耗并最终返回国内的增加值部分；$(DVA\_I + RDV\_F)/E$ 表示参与 GVC 下游生产环节的出口国内增加值占总出口的比重，在 GVC 活动中被称为前向关联，反映一个国家中间投入品嵌入到其他国家出口中的信息。FVA 表示出口产品中的国外附加值，FVA/E 在 GVC 活动中被称为后向关联，也就是 HIY 方法中的"出口中内含进口中间品比重"。基于 KWW 方法计算全球价值链参与度依赖国际投入—产出表，综合目前常用的投入—产出数据库，2016 年版的 OECD - WTO 贸易增加值数据库涵盖的国家最多，并且时间连续，利用该数据库的贸易增加值数据可获得与本文"内需—出口"关联指数相匹配的 34 个国家的全球价值链参与度（$iner\_b$）。

（二）3 个特征事实

特征事实 1：产品内分工深化并不必然弱化"内需—出口"关联，融入产品内分工程度与"内需—出口"关联呈倒"U"形关系。图 4 给出了 1997～2010 年两类产品内分工指标（$iner\_a$ 和 $iner\_b$）与两类"内需—出口"关联指标（$correl\_a$ 和 $correl\_b$）的年度均值变化趋势。可以看出，1997～2010 年全球产品内分工呈深化趋势，而无论是以 $correl\_a$ 还是以 $correl\_b$ 度量的"内需—出口"关联度并没有显著下降，反而呈现弱上升趋势。由于出口与内需的关联度体现了出口依托国内需求的程度，根植于国内需求是外贸优势的根本性来源,因此,这一事实初步说明,产品内分工深化并没有颠覆依托国内需求发展外贸的理论共识。

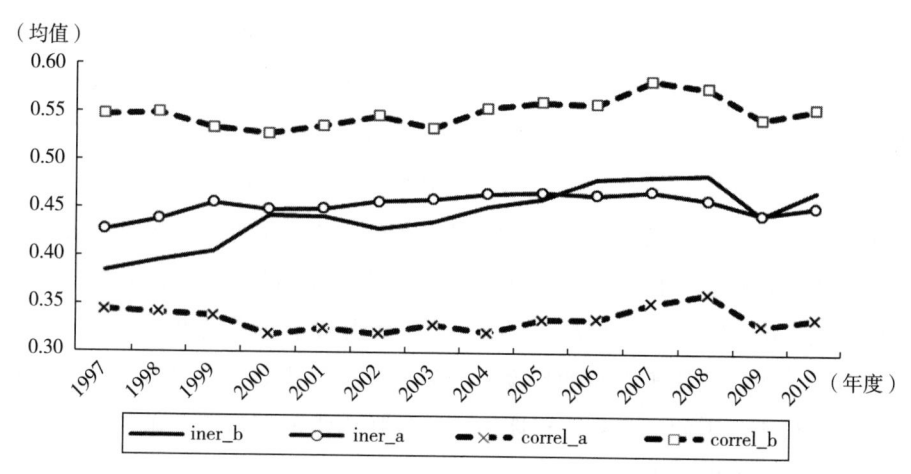

图4　1997~2010年全球产品内分工与"内需—出口"关联年度均值变化趋势

进一步,以面板数据刻画产品内分工与"内需—出口"关联的内在关系。51个国家的组间数据显示,产品内分工(iner_a)与"内需—出口"关联度(correl_a)呈倒"U"形关系,见图5(a)。34个国家的混合数据也显示,产品内分工(iner_b)与"内需—出口"关联度(correl_b)呈倒"U"形,见图5(b)。上述稳健的倒"U"形关系进一步说明,产品内分工深化并不必然弱化"内需—出口"关联,一定程度融入全球产品内分工可能强化"内需—出口"关联度,但高度依赖产品内分工会弱化"内需—出口"关联度。

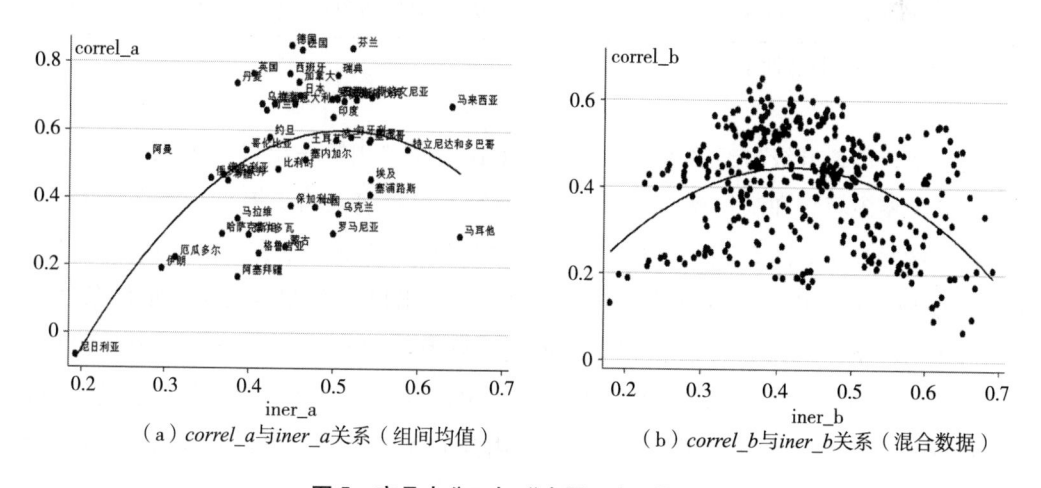

(a) correl_a与iner_a关系(组间均值)　(b) correl_b与iner_b关系(混合数据)

图5　产品内分工与"内需—出口"关联

特征事实 2：在不同"内需—出口"关联条件下，产品内分工深化与出口升级、出口升级与经济持续增长的关系有明显差异。为有效捕捉产品内分工与出口升级的动态关系，以常用的出口产品技术复杂度的对数度量出口产品结构水平（Hausmann et al.，2007），以其差分值（$\Delta \log upgrading$）刻画出口升级，以产品内分工的差分值（$\Delta iner$）刻画产品内分工的深化。表 1 显示，当以相关系数度量"内需—出口"关联时，在"内需—出口"关联度大于均值（mean）的条件下，产品内分工深化与出口升级显著正相关；在"内需—出口"关联度小于均值的条件下，产品内分工深化与出口升级并不显著，并且相关系数大幅度下降。当以 KWW 方法度量产品内分工时，产品内分工深化与出口升级的相关性在不同"内需—出口"关联条件下都显著为正，但"内需—出口"关联较强时的相关系数明显大于"内需—出口"关联较弱时的相关系数。这一结论在以 $correl\_b$ 度量"内需—出口"关联时并没有本质变化。由于"内需—出口"关联反映了出口依托于内需的程度，产品内分工深化与出口升级在不同"内需—出口"关联条件下的不同关系初步说明，出口依托内需的程度会影响融入全球产品内分工对出口升级的促进效应。

表 1　　　　　　　　产品内分工深化与出口升级的条件相关性

变量	条件	与 $\Delta iner\_a$ 的相关系数	与 $\Delta iner\_b$ 的相关系数
$\Delta \log upgrading$	$correl\_a > mean = 0.55$	0.1832(0.0017)	0.2975(0.0002)
$\Delta \log upgrading$	$correl\_a \leq mean = 0.55$	-0.0393(0.5913)	0.1475(0.0040)
$\Delta \log upgrading$	$correl\_b > mean = 0.35$	0.0760(0.0223)	0.3379(0.0009)
$\Delta \log upgrading$	$correl\_b \leq mean = 0.35$	-0.0233(0.6929)	0.1712(0.0015)

注：小括号中为显著性水平。

进一步，出口升级与经济持续增长的关系在不同"内需—出口"关联条件下也明显不同。借鉴庞赛特和沃尔德玛（2013）的研究，以真实人均 3 年 GDP 平均增长率度量经济持续增长率。图 6 显示，出口升级与经济持续增长的关系在不同"内需—出口"关联（$correl\_a$）条件下具有显著差异。在"内需—出口"关联度大于均值的条件下，出口升级与经济持续增长显著正相关，相关系数为 0.1175（显著性水平为 0.0434）；在"内需—出口"关联度小于均值的条件下，出口升级与经济持续增长的相关系数仅为 0.0296，且不显著。这说明，出口依托于内需的程度影响了出口升级对经济持续增长的作用效应。

经济持续增长率 / 出口产品技术复杂度变化

(a)"出口—内需"关联度大于均值

(b)"出口—内需"关联度小于均值

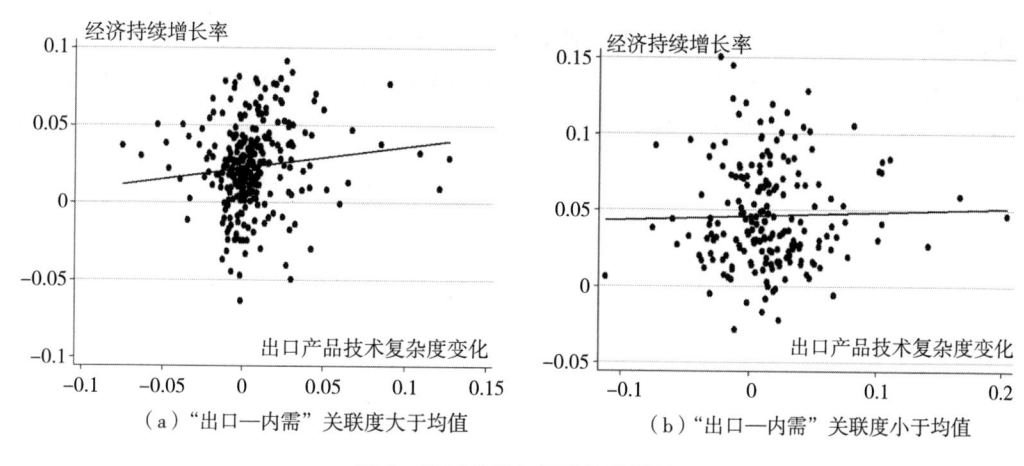

图6 出口升级与经济持续增长

特征事实3：在不同"内需—出口"关联条件下，产品内分工深化与生产率改进以及经济持续增长的关系有明显差异。为有效捕捉产品内分工与生产率的动态关系，以常用的劳动生产率对数的差分值刻画生产率的整体改进程度（$\Delta \log productivity$）。表2显示，当以相关系数度量"内需—出口"关联时，在"内需—出口"关联大于均值的条件下，产品内分工深化与生产率改进显著正相关；在"内需—出口"关联度小于均值的条件下，产品内分工深化与生产率改进的关系并不显著，并且相关系数大幅度下降。这一结论在以 correl_b 度量"内需—出口"关联时并没有本质变化。产品内分工与生产率在不同"内需—出口"关联条件下的不同关系初步说明，出口依托内需的程度会影响融入全球产品内分工对生产率整体改进的促进效应。

表2　　　　　产品内分工深化与生产率改进的条件相关性

变量	条件	与 $\Delta iner\_a$ 的相关系数	与 $\Delta iner\_b$ 的相关系数
$\Delta \log productivity$	$correl\_a > mean = 0.55$	0.0559(0.0617)	0.3633(0.0000)
$\Delta \log productivity$	$correl\_a \leqslant mean = 0.55$	0.0044(0.9497)	0.1103(0.2534)
$\Delta \log productivity$	$correl\_b > mean = 0.35$	0.1119(0.0292)	0.2594(0.0000)
$\Delta \log productivity$	$correl\_b \leqslant mean = 0.35$	-0.0797(0.2226)	0.1519(0.1098)

注：小括号中为显著性水平。

进一步，产品内分工深化与经济持续增长的关系在不同"内需—出口"关联条件下也明显不同。当以中间品比重度量产品内分工时，如图7（a）显示，产品内分工深化与经济持续增长的关系在不同"内需—出口"关联条件下具有显著差异。在"出口—内需"关联度（$correl\_a$）高于均值的条件下，产品内分工深化与经济持续增长的关系显著正相关，相关系数为 0.0877（显著性水平为 0.0431）；而在"内需—出口"关联低于均值的条件下，产品内分工深化与经济持续增长的相关系数为 -0.0645（显著性水平为 0.3691）。同样，当以 KWW 方法度量产品内分工（$iner\_b$）时，产品内分工深化与经济持续增长的关系也在不同"出口—内需"关联条件下具有显著差异，见图 7（b）。这一特征事实初步说明，融入全球产品内分工能否促进经济持续增长，取决于出口依托于内需的程度。

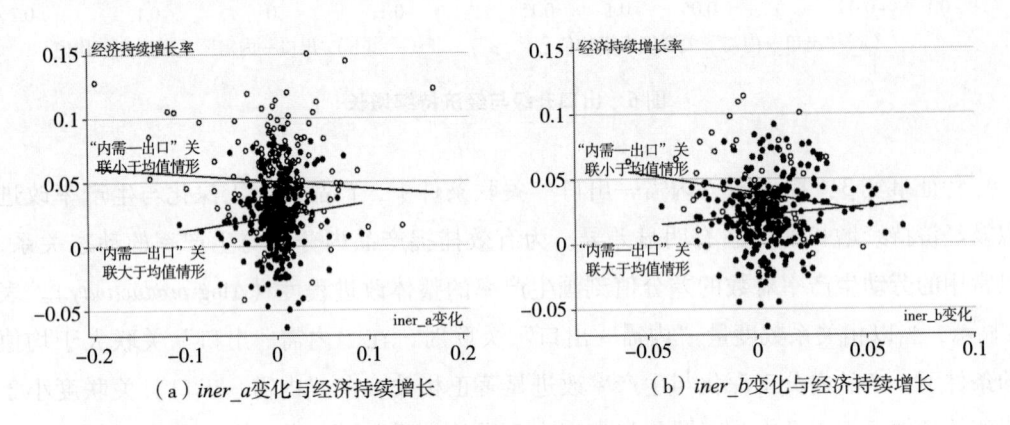

（a）$iner\_a$ 变化与经济持续增长　　（b）$iner\_b$ 变化与经济持续增长

图 7　产品内分工深化与经济持续增长

四、经验检验

（一）产品内分工与"内需—出口"关联的直接关系检验

为检验特征事实 1，首先，用差分方法规避不随时间变化的遗漏变量导致的内生性问题，考察产品内分工与"内需—出口"关联的动态变化关系。表 3 中的第（1）~第（4）列给出简要差分估计的检验结果。当以相关系数（$correl\_a$）度量"内需—出口"关联度时，无论是以中间品贸易比重（$iner\_a$）还是以 KWW 方法（$iner\_b$）度量的产品内分工都与"内需—出口"关联呈现正相关[1]，见表 3 第（1）~第（2）列。

---

[1] 水平方程的 OLS 估计结果显示，产品内分工与"内需—出口"关联在 1% 的显著性水平下正相关，差分方程的显著性水平只有 10%，这可能是由观察期内数据变化较小引致的。但差分方程作为水平方程的稳健性检验，有力说明了产品内分工深化并没有弱化"内需—出口"关联。

当以出口与内需背离度（correl_b）度量"内需—出口"关联度时，虽然以 KWW 方法（iner_b）度量的产品内分工与"内需—出口"关联没有呈现出显著的正相关，见表 3 第（4）列，但没有如一般性理论直觉所预期的那样，产品内分工深化会明显弱化"内需—出口"关联。

表3　　　　　　　　产品内分工与"内需—出口"关联的直接关系检

变量	差分估计				工具变量估计			
	（1）	（2）	（3）	（4）	（5）	（6）	（7）	（8）
	correl_a	correl_a	correl_b	correl_b	correl_a	correl_a	correl_b	correl_b
iner_a	0.009*		0.054*		0.503**		1.217**	
	(0.005)		(0.028)		(0.214)		(0.523)	
iner_b		0.081*		0.071		0.761**		0.685
		(0.047)		(0.120)		(0.368)		(0.937)
常数项	0.022***	0.018	-0.040***	-0.002	0.664**	0.363***	0.318	0.509***
	(0.003)	(0.011)	(0.009)	(0.002)	(0.301)	(0.085)	(0.396)	(0.054)
时间	是	是	是	是	是	是	是	是
个体					是	是	是	是
样本量	498	379	498	379	466	373	466	373
R^2	0.084	0.092	0.133	0.141	0.870	0.776	0.832	0.886
K-Prk LM 统计量					26.547	21.366	18.022	24.268
C-D Wald F 统计量					43.245	47.893	38.842	38.544
Hansen 检验 p 值					0.347	0.287	0.307	0.218

注：小括号中为考虑异方差稳健性标准误，*、**和***分别表示在10%、5%和1%的显著性水平上显著。

由于差分方程估计方法并不能解决逆向因果关系问题。进一步，采用两阶段工具变量（IV）估计方法考察产品内分工与"内需—出口"关联的直接关系。遵循张杰和郑文平（2017）的研究思路，以制造业实际有效关税率作为产品内分工的工具变量。其理由在于，产品内分工很大程度由制造业的国际生产分割带动，制造业关税率能直接影响产品内分工，并且制造业关税率也可能只通过产品内分工影响"内需—出口"关联，因此满足工具变量的相关性和排他性条件。制造业实际有效关税率数据来源于联合国贸易和发展会议数据库。表3中的第（5）~第（8）列呈现了工具变量估计的检验结果。K-P（Kleibergen-Paap）rk LM 统计量对应的 Chi-sq.（1）p 值都为 0，显著拒绝识别不足的原假设；C-D（Cragg-Donald）Wald F 统计量远大于 10% 偏误下的临界值，说明制造业实际有效关税率不是弱工具变量。Hansen 检验 p 值显著拒绝过度识别的原假设。至此，说明工具变量是有效的。工具变量估计结果表明，产品内分工并没有弱化内需与出口的关联，相反，多数估计结果显示，产品内分工强化了"内需—出口"关联。这正如理论基础部分分析的那样，在产品内分工格局下，本土需求不仅可以提升本土中间产品的出口竞争力，而且中间品贸易通过改善国内需求和本土供给能力的途径，强化本土需求对最终产品出口的促进效应，进而强化了"内需—出口"关联。

下面进一步验证特征事实 1 呈现的产品内分工与"内需—出口"关联的非线性关系，纳入其他控制变量，并用系统 GMM 方法处理内生性问题。设定如下模型：

$$correl_{it} = \beta + \alpha_1 iner_{it} + \alpha_2 iner_{it}^2 + \sum X_{it} + \xi_i + \mu_i + e_{it} \tag{4}$$

其中，ξ 代表时间效应；μ 度量不同经济体的个体差异；e 为随机扰动项；X 为控制变量。重点考虑六类控制变量：（1）因为立足于资源禀赋的出口结构与国内需求的关联度较低，为反映资源禀赋对"内需—出口"关联的影响，纳入主要反映初级要素禀赋的原材料出口比例（endowment）。（2）国内制度会影响本土企业能否依托内需形成出口竞争力，进而影响出口与内需的关联度，以常用的法治环境（law）度量国内制度环境。（3）以贸易开放度（open）代表依赖国际市场的程度对"内需—出口"关联的影响。（4）国内市场规模是"内需—出口"关联的重要影响因素，纳入以 GDP 加进口减出口度量的国内市场规模（marketsize）。（5）为规避发展阶段与其他控制变量的严重共线性问题，放弃常用的人均 GDP 指标，以城市人口比例（urban-stage）度量发展阶段。（6）一国的地理位置（locklanded）也可能影响一国与国外市场的联系程度进而影响"内需—出口"关联度。地理位置数据来源于 CEPII，贸易开放度和 GDP 数据来源于 PWT7.1，进出口、原材料出口比例数据来源于联合国贸易和发展会议数据库，法治环境以传统基金会提供的产权保护和无腐败程度两个指标的均值度量，城市人口比例数据来源于世界银行数据库。进出口总值、GDP 等以 2005 年为不变价格。

在进行两步系统 GMM 估计时，将地理位置和时间效应视为严格外生变量，其他变量视为内生变量。采用 Hansen 统计量检验工具变量的整体有效性，为防止工具变量过多而弱化 Hansen 检验的有效性，控制工具变量个数。在通过 Hanson 检验和 AR（2）检验的基础上，选择内生变量的滞后 2 期或者 3 期为工具变量。以 Difference-in-Hansen 检验确定水平方程中的新增工具变量的有效性。

对每一类度量方法，考察两种情况：其一，只纳入产品内分工，以考察产品内分工对"内需—出口"关联的总体效应;其二,同时纳入产品内分工及其平方项,以考察产品内分工与"内需—出口"关联的非线性关系。当只纳入产品内分工时,多数估计结果显示,总体上产品内分工强化了"内需—出口"关联,见表4的第(1)、第(3)和第(5)列。这与差分方程和工具变量估计结果基本一致。当同时纳入产品内分工及其平方项时,每一类度量方法的估计结果都显示,产品内分工与"内需—出口"关联度呈倒"U"形关系,见表4的第(2)、第(4)、第(6)和第(8)列。这一倒"U"形关系说明,一定程度内融入产品内分工有利于发挥内需对出口的促进作用,从而提高了"内需—出口"关联度;而高度依赖产品内分工,以国外需求为导向的出口贸易会降低"内需—出口"关联度①。根据 correl_a 与 iner_a 的倒"U"形关系的拐点估计值,对于大约70.8%观测点而言,产品内分工强化了"内需—出口"关联度。由于"内需—出口"关联反映了出口依托于内需的程度,根植于国内需求是外贸发展的重要优势来源。这说明对于大多数观测点而言,融入全球产品内分工并没有颠覆依托内需发展对外贸易的贸易模式,国内需求仍然是产品内分工格局下外贸发展的重要优势来源。

表4　　　　　　产品内分工与"内需—出口"关联的非线性关系检验

产品内分工指数	被解释变量:correl_a				被解释变量:correl_b			
	(1)	(2)	(3)	(4)	(5)	(6)	(7)	(8)
	iner_a	iner_a	iner_b	iner_b	iner_a	iner_a	iner_b	iner_b
iner	1.109**	1.074*	1.176*	0.775**	0.447**	0.239*	0.303	0.399*
	(0.434)	(0.593)	(0.684)	(0.346)	(0.203)	(0.127)	(0.501)	(0.232)
$iner^2$		-0.943**		-1.629*		-0.203**		-0.738*
		(0.427)		(0.929)		(0.093)		(0.375)
log marketsize	0.045**	0.048*	0.041**	0.044**	0.042**	0.031**	0.059***	0.044***
	(0.019)	(0.027)	(0.020)	(0.020)	(0.016)	(0.014)	(0.012)	(0.010)
endowment	-0.364**	-0.335***	-0.723*	-0.845**	-0.236***	-0.230***	-0.266*	-0.411**
	(0.174)	(0.108)	(0.369)	(0.389)	(0.068)	(0.076)	(0.148)	(0.193)

---

① 为进一步分析倒"U"形关系的形成原因,根据倒"U"形关系的拐点进行分组检验。检验发现,当融入产品内分工程度超过拐点时,小国(国内市场规模小于均值)的"内需—出口"关联才显著弱化,而大国的"内需—出口"关联并没有显著弱化。说明即便融入产品内分工程度较高,巨大的本土需求仍然是大国外贸发展的重要优势来源。这也印证了国家规模对本土企业出口优势来源具有显著影响的研究结论(Bhaumik et al.,2016)。

续表

产品内分工指数	被解释变量:correl_a				被解释变量:correl_b			
	(1)	(2)	(3)	(4)	(5)	(6)	(7)	(8)
	iner_a	iner_a	iner_b	iner_b	iner_a	iner_a	iner_b	iner_b
log open	0.044	0.057	-0.089	-0.111	0.023	0.020	-0.002	-0.026
	(0.084)	(0.074)	(0.109)	(0.126)	(0.034)	(0.033)	(0.067)	(0.103)
log law	0.204***	0.186***	0.230***	0.246**	0.079	0.087*	0.122*	0.114*
	(0.038)	(0.053)	(0.084)	(0.090)	(0.055)	(0.047)	(0.067)	(0.062)
urban-stage	0.002**	0.003***	0.004***	0.004	0.001	0.004**	0.001	0.005*
	(0.001)	(0.001)	(0.001)	(0.004)	(0.001)	(0.002)	(0.005)	(0.003)
locklanded	0.044	-0.029	-0.041	0.017	0.009	-0.029	-0.008	0.071
	(0.048)	(0.036)	(0.073)	(0.077)	(0.033)	(0.033)	(0.107)	(0.095)
常数项	-0.787	-1.106**	0.559	0.562	0.017	0.318	-0.803	-0.523
	(0.512)	(0.522)	(1.243)	(0.992)	(0.315)	(0.441)	(0.860)	(1.285)
样本量	549	549	414	414	549	549	414	414
时间效应	是	是	是	是	是	是	是	是
AR(1)	0.031	0.043	0.046	0.047	0.001	0.064	0.003	0.028
AR(2)	0.893	0.899	0.432	0.314	0.266	0.970	0.341	0.378
Hanson统计量	36.85	31.75	17.34	13.28	27.04	33.47	20.90	25.14
[p]	[0.769]	[1.000]	[0.992]	[1.000]	[0.796]	[1.000]	[0.962]	[1.000]
Difference-in-Hansen	34.61	33.80	13.88	11.15	19.37	38.33	18.73	24.75
[p]	[0.344]	[1.000]	[0.906]	[1.000]	[0.622]	[0.712]	[0.662]	[0.992]

注：小括号中为考虑异方差稳健性标准误；*、**和***分别表示在10%、5%和1%的显著性水平上显著；Hansen检验表明工具变量整体上是有效的；AR(2)检验表明不存在二阶序列相关；Difference-in-Hansen检验确定水平方程中的新增工具变量是有效的。

（二）产品内分工下的出口升级与可持续增长关系检验

为验证特征事实2，考察融入产品内分工对出口升级进而对经济持续增长的影响效应，是否在不同"内需—出口"关联条件下有所差异。设定联立方程组式（5）和式（6），采用系统估计方法，规避对式（5）单独进行OLS估计产生的联立性偏误，即逆向因果关系。这一系统估计方法是将出口升级和经济增长同时视为内生变量，其原理类似两阶段的估计：第一阶段，通过产品内分工对出口升级回归，得到出口升级的拟合值。然后将拟合值代入第二阶段回归式（5）的"出口升级—持续增长"关系中。考虑到两个方程残差之间可能存在的相关性，利用3SLS系统估计方法更有效率。借鉴庞塞特和沃德姆（Poncet and Waldemar，2013）的研究，以当期出口升级解释随后3期的经济增长。同时，为了处理产品内分工与出口升级可能存在的逆向因果关系，以产品内分工的滞后3期解释当前的出口升级，因为融入全球产品内分工对出口升级的影响是一个长期的过程，并且当期的出口升级也难以影响前3期融入全球产品内分工的程度。

$$(\log y_{it+3} - \log y_{it})/3 = \beta + \rho_1 \log upgrading_{it} + \sum X_{it} + \xi_t + \mu_i + e_{it} \quad (5)$$

$$\log upgrading_{it} = \beta + \gamma_1 iner_{it-3} + \xi_t + \mu_i + e_{it} \quad (6)$$

遵循庞赛特和沃尔德玛（2013）的研究，在经济增长方程中，主要控制初始人均GDP（y_{t-1}）、以投资占GDP比例度量的投资率（invest_rate）、以大学生入学比例度量的人力资本（education）、政府消费支出份额（gover_spend）和贸易开放度（open）。数据来源于PWT 7.1和世界银行数据库。出口升级以豪斯曼等（Hausmann et al.，2007）的方法计算的出口产品技术复杂度衡量，使用到的贸易数据来自联合国Comtrade SITC四位数分类贸易统计数据，人均GDP来源于世界银行数据库。进出口值、人均GDP等以2005年为不变价格。尽管"内需—出口"关联的时间跨度为1997~2010年，但实证检验中使用滞后项，为减少样本损失，故而将其他变量的时间跨度延长为1996~2010年。

对于融入产品内分工与出口升级的关系而言，表5中第（1）和第（4）列所有样本的估计结果表明，融入全球产品内分工长期内显著促进了出口升级。正如Staritz等（2011）所预期的那样，融入产品内国际分工可通过获得新信息、进入新市场、学习新技术等途径促进参与国的出口升级。但分组估计进一步发现，融入全球产品内分工对出口升级的促进效应，受到"内需—出口"关联即出口模式的影响。以中间品比重度量产品内分工（$iner\_a$）时，在"内需—出口"关联度较强的国家，融入产品内分工能显著促进出口升级，见表5的第（2）列；而在"内需—出口"关联度较弱的国家，融入产品内分工对出口升级的促进效应并不显著，见表5的第（3）列。以KWW方法度量产品内分工（$iner\_b$）时，虽然在"内需—出口"关联度较弱的国家，融入产品内分工也在10%的显著性水平下促进了出口升级，但其估计系数明显小于"内需—出口"关联度较强时的情形，见表5的第（5）和第（6）列。这一基本一致的结论说明，出口依托内需的程度影响了融入全球产品内分工对出口升级的促进效应。正如理论部分指出的那样，即便在产品内分工格局下，国内需求仍然是本土企业技术能力建设进而实现出口升级的重要优势来源，当"内需—出口"关联较强时，出口依托本土需求的程度较高，有利于发挥本土需求这一出口升级的重要优势来源，这也印证了本土需求对破解全球产品内分工中"低端锁定"具有重要作用的观点（Staritz et al.，2011）。

表5　"产品内分工—出口升级—持续增长"的机制检验

指数	（1）全样本	（2）关联度大于均值	（3）关联度小于均值	（4）全样本	（5）关联度大于均值	（6）关联度小于均值
被解释变量：$(\log y_{t+3} - \log y_t)/3$						
$\log y_{t-1}$	-0.0946***	-0.1559***	-0.0685***	-0.0776**	-0.1585***	-0.0483***
	(0.0115)	(0.0484)	(0.0327)	(0.0316)	(0.0416)	(0.0141)
$\log upgrading$	0.1179	0.8365**	0.09907	1.0698**	0.9721***	0.0932
	(0.1335)	(0.3541)	(0.6439)	(0.4424)	(0.2554)	(0.1846)
$gover\_spend$	0.0003	-0.0021	0.0018	0.0012	-0.0030	0.0077***
	(0.0010)	(0.0048)	(0.0031)	(0.0021)	(0.0028)	(0.0015)
$\log open$	0.0564***	0.5286**	0.0592*	0.0592***	0.0632***	-1.9240**
	(0.0114)	(0.2219)	(0.0314)	(0.0109)	(0.0144)	(0.8703)
$invest\_rate$	0.0006**	0.0014**	0.0011**	0.0008	0.0009**	0.0007
	(0.0003)	(0.0006)	(0.0005)	(0.0008)	(0.0003)	(0.0005)
$\log education$	0.0010	0.0185*	0.0350	0.0279	0.0392**	0.0257
	(0.0162)	(0.0092)	(0.0430)	(0.0456)	(0.0174)	(0.0229)
个体与时间	是	是	是	是	是	是
被解释变量：$\log upgrading$						
$iner\_a_{t-3}$	0.1133*	0.1626**	0.1041			
	(0.0603)	(0.0709)	(0.0917)			
$iner\_b_{t-3}$				0.4358***	0.5759***	0.3028*
				(0.0722)	(0.0682)	(0.1612)
常数项	8.1153***	8.7691***	9.1657***	9.1331***	9.1681***	7.6723***
	(0.1772)	(0.0577)	(0.0844)	(0.0831)	(0.2487)	(0.2549)
个体与时间	是	是	是	是	是	是
样本量	392	215	177	297	166	131
R^2	0.8041	0.7224	0.7841	0.3121	0.3367	0.9018
F	59.7589	15.6340	23.0676	25.1220	11.6043	41.3737

注：小括号中为标准误；*、**和***分别表示在10%、5%和1%的显著性水平上显著。

更为重要的是，融入产品内分工带动的出口升级能否促进经济持续增长取决于"内需—出口"关联度。只有当"内需—出口"关联度较高时，融入产品内分工才能通过出口升级带动经济持续增长。这一结论在以两种方法度量的产品内分工检验中都稳健成立，见表5第（2）和第（5）列。而当"内需—出口"关联度较低时，融入全球产品内分工并不能通过带动出口升级的途径促进经济持续增长，见表5第（3）和第（6）列。这与庞塞特和沃德姆（2013）的研究结论相一致。正如理论部分指出的那样，出口升级促进经济持续增长是有条件的，由"本土嵌入"程度较高的本土企业带动的出口升级才能促进经济持续增长。对"内需—出口"关联较高的国家而言，其出口企业的发展往往遵循了从国内贸易到出口贸易的演进过程，这些根植于国内市场的本土企业的出口升级，不仅通过自身供给能力的提升促进了长期经济增长，也通过与国内经济部门广泛的关联效应带动了本土产业结构的升级，进而促进经济持续增长。而较低的"内需—出口"关联度则意味着，出口企业的本土嵌入程度较低，与国内产业部门的关联较差，这些外向型企业带动的出口升级难以通过与国内产业部门的关联效应带动本土产业供给能力及结构改善，因而对经济持续增长的作用有限。在庞塞特和沃德姆（2013）的研究基础上，本文的这一研究，突破中国特例，以国际经验进一步证实，脱离本土需求、"体外循环"式融入全球产品内分工不仅会弱化产品内分工对出口升级的促进效应，并且"体外循环"式融入全球产品内分工带动的出口升级并不能促进经济持续增长。

（三）产品内分工下的生产率改进与可持续增长关系检验

特征事实3初步说明，融入全球产品内分工能否通过改进整体生产率的途径促进经济持续增长，可能受到融入产品内分工方式的影响。为此，设定联立方程式（7）和式（8），以3SLS系统估计方法检验"产品内分工—生产率改进—持续增长"机制。与"产品内分工—出口升级—持续增长"机制检验相同，为了处理产品内分工与生产率以及经济增长之间可能存在的逆向因果关系，以产品内分工的滞后三期解释当前的生产率改进，以当期生产率改进解释随后三期的经济增长，把生产率和经济增长同时视为内生变量，采用联合估计方法处理内生性问题。遵循庞塞特和沃德姆（2013）的研究，经济增长方程式（7）中的控制变量与式（5）相同，劳动生产率（productivity）数据来源于PWT7.1。

$$(\log y_{it+3} - \log y_{it})/3 = \beta + \alpha_1 \log productivity_{it} + \sum X_{it} + \xi_t + \mu_i + e_{it} \quad (7)$$

$$\log productivity_{it} = \beta + \gamma_1 iner_{it-3} + \xi_t + \mu_i + e_{it} \quad (8)$$

"产品内分工—生产率改进—持续增长"机制检验结果显示,无论以中间品比重还是以 KWW 方法度量产品内分工,融入全球产品内分工对生产率的影响效应在不同"内需—出口"关联条件下具有显著差异。吕越等(2017)认为参与全球价值链改进了根植于国内市场的一般贸易企业的生产率,并没有改进脱离本土需求的加工贸易企业的生产率,本文印证了上述结论。以中间品比重度量产品内分工时($iner\_a$),甚至出现了与包群等(2014)、佟家栋和刘竹青(2012)研究结论类似的负向学习效应,见表 6 中的第(2)列。

表 6 "产品内分工—生产率改进—持续增长"机制

指数	(1) 关联度大于均值	(2) 关联度小于均值	(3) 关联度大于均值	(4) 关联度小于均值
被解释变量:$(\log y_{t+3} - \log y_t)/3$				
$\log y_{t-1}$	-0.0945***	-0.1307*	-0.2334***	-0.1701*
	(0.0105)	(0.0711)	(0.0817)	(0.0886)
$\log productivity$	0.6428**	0.3121	0.1776*	0.3980
	(0.3179)	(0.4882)	(0.1055)	(0.4362)
$gover\_spend$	0.0015	-0.0010	0.0061**	0.0054***
	(0.0034)	(0.0008)	(0.0024)	(0.0017)
$\log open$	0.0593***	0.0589***	0.0680***	-0.0114
	(0.0136)	(0.0113)	(0.0088)	(0.0832)
$invest\_rate$	0.0031**	0.0006	0.0012***	0.0031
	(0.0012)	(0.0008)	(0.0003)	(0.0029)
$\log education$	0.0194***	0.0223***	0.0259**	0.0313
	(0.0041)	(0.0047)	(0.0130)	(0.0239)
个体与时间	是	是	是	是
被解释变量:$\log productivity$				
$iner\_a_{t-3}$	0.3207**	-0.3619**		
	(0.1531)	(0.1798)		

续表

	(1) 关联度大于均值	(2) 关联度小于均值	(3) 关联度大于均值	(4) 关联度小于均值
$iner\_b_{t-3}$			0.3209* (0.1818)	0.5077 (0.5422)
常数项	10.8402*** (0.0797)	9.5635*** (0.1029)	10.9263*** (0.0216)	9.4023*** (0.1603)
个体与时间	是	是	是	是
样本量	212	180	165	132
R^2	0.7851	0.6872	0.8102	0.6849
F	34.3301	19.3490	35.4068	16.0931

注：小括号中为标准误；*、**和***分别表示在10%、5%和1%的显著性水平上显著。

更为重要的是，当"内需—出口"关联度较低时，融入全球产品内分工通过提升生产率进而促进经济持续增长的机制受阻，见表6的第（2）列和第（4）列。因为主要服务于国内需求的本土产业生产率提升才是经济持续增长的基础和关键，当"内需—出口"关联度较低时，融入全球产品内分工的贸易部门与本土产业部门由要素流动、中间投入品、市场竞争以及示范效应实现的关联效应较差，融入全球产品内分工所获得的国际技术溢出难以通过贸易部门与本土产业的关联效应改进本土产业生产率这一经济持续增长基础，因而就难以成为经济持续增长的驱动力。而当"内需—出口"关联度较高时，融入产品内分工的贸易部门根植于本土经济的程度较高，贸易部门与本土产业关联效应较强，融入全球产品内分工不仅通过"出口中学"等途径提升了贸易企业自身的生产率，也会通过与本土产业的广泛关联，改进服务于国内需求的本土产业生产率，从而促进经济持续增长，见表6中的第（1）列和第（3）列。这一结论，从融入全球产品内分工能否促进生产率的整体改进进而实现经济持续增长的角度，再次证实了融入全球产品内分工不应脱离本土需求。

五、结论与启示

长期以来，支撑中国严重脱离本土需求贸易模式顽固发展的一个直觉判断是，脱离本土需求的出口模式顺应了产品内分工深化的客观趋势。本文回归外贸起源和其本质作用,从"内需—出口"关联的视角,以国际经验验证了产品内分工深化并没有颠覆依托本土需求发展外贸的经典理论共识:其一,从外贸起源即本土需求作为外贸优势根本性来源的视角看,产品本土需求仍然是产品内分工格局下外贸优势的重要来源,脱离本土需求融入全球产品内分工会失去这一外贸优势来源,进而抑制出口升级;其二,从外贸发展作为"增长引擎"本质作用的视角看,由脱离本土需求融入产品内分工带动的出口升级和外贸扩张,难以带动国内产业部门供给能力及结构的整体改进,因而偏离了产品内分工格局下外贸发展作为"增长引擎"的作用。

本文的研究对"如何有效参与全球产品内分工"具有丰富的启发意义。其一,尽管从直觉上判断,脱离本土需求的出口模式顺应了产品内分工深化的客观规律,但实际上,国内需求作为本土企业能力成长的立足点和外贸转型升级的重要优势来源,其作用并不必然随着产品内分工的深化而弱化,因为在产品内分工格局下,本土需求不仅可以提升本土中间品的出口竞争力,也可通过中间品贸易改善对国内需求和本土供给能力的途径,强化本土需求对最终产品出口的促进效应。其二,尽管普遍认为融入产品内分工对中国这样的发展中国家宏观经济增长起到了重要的推动作用,然而脱离本土需求、单纯追求"体外循环"式融入产品内分工,不仅会固化粗放型外贸发展模式,并且对改进本土供给能力及结构进而对经济持续增长的作用相对有限。其三,在追求高质量发展的新阶段,割裂贸易部门与本土经济关联融入全球产品内分工的贸易模式亟待调整。我们并不否认,在中国早期经济发展的无需求、无资金、无技术的三无阶段,发展加工贸易的必要性。我们强调的是,在新的发展阶段,通过中间品贸易改善主要服务于国内需求的本土供给能力,进而强化"国内需求—本土供给—出口结构"关联,不仅可发挥不断凸显的内需优势对本土出口企业转型升级的支撑效应,也可通过贸易部门与本土产业部门的广泛关联,改进本土供给能力及结构这一经济持续增长的基础,这可能才是长期内对全球产品内分工的有效利用形式。

参考文献

[1] 包群,叶宁华,邵敏. 出口学习、异质性匹配与企业生产率的动态变化 [J]. 世界经济,2014 (4).

[2] 国务院发展研究中心课题组. 加工贸易全球化背景下工业化的新道路(总报告) [J]. 经济研究参考,2003 (11).

［3］吕越，黄艳希，陈勇兵. 全球价值链嵌入的生产率效应：影响与机制分析［J］. 世界经济，2017（7）.

［4］唐东波. 贸易开放、垂直专业化分工与产业升级［J］. 世界经济，2013（4）.

［5］田巍，余淼杰. 企业出口强度与进口中间品贸易自由化：来自中国的实证研究［J］. 管理世界，2013（1）.

［6］佟家栋，刘竹青. 国内需求、出口需求与中国全要素生产率的变动及分解［J］. 学术研究，2012（2）.

［7］杨小凯. 经济学：新兴古典经济学与新古典经济学［M］. 北京：社会科学文献出版社，2003.

［8］姚洋，张晔. 中国出口品国内技术含量升级的动态研究［J］. 中国社会科学，2008（2）.

［9］易先忠，包群，高凌云，张亚斌. 出口与内需的结构背离：成因及影响［J］. 经济研究，2017（7）.

［10］易先忠，欧阳峣. 大国如何出口：国际经验与中国贸易模式回归［J］. 财贸经济，2018（3）.

［11］尹翔硕. 中国出口制成品结构与制造业生产结构差异的分析［J］. 国际贸易问题，1997（4）.

［12］张杰，刘志彪. 需求因素与全球价值链形成——兼论发展中国家的"结构封锁型"障碍与突破［J］. 财贸研究，2007（6）.

［13］张杰，张帆，陈志远. 出口与企业生产率关系的新检验：中国经验［J］. 世界经济，2016（6）.

［14］张杰，郑文平. 全球价值链下中国本土企业的创新效应［J］. 经济研究，2017（3）.

［15］张少军，刘志彪. 国际贸易与内资企业的产业升级——来自全球价值链的组织和治理力量［J］. 财贸经济，2013（2）.

［16］张翼，陈雯，骆时雨. 中间品进口对中国制造业全要素生产率的影响［J］. 世界经济，2015（9）.

［17］Amiti, M. and Khandelwal, A. K. "Import Competition and Quality Upgrading." *Review of Economicsand Statistics*, 2013, 95（2）, pp. 476–490.

［18］Bas, M. and Strauss-Kahn, V. "Input-Trade Liberalization, Export Prices and Quality Upgrading." *Journal of International Economics*, 2015, 95（2）, pp. 250–262.

［19］Bernard, A. B. and Jensen, J. B. "Exporting and Productivity in the USA." *Oxford Review of EconomicPolicy*, 2004, 20, pp. 343–357.

［20］Bhaumik, S. K.; Driffield, N. and Zhou, Y. "Country Specific Advantage, Firm Specific Advantageand Multinationality-Sources of Competitive Advantage in Emerging Markets." *International Business Review*, 2016, 25（1）, pp. 165–176.

［21］Crozet, M. and Trionfetti, F. "Trade Costs and the Home Market Effect." *Journal of International*

Economics, 2008, 76 (2), pp. 309 – 321.

[22] Dhingra, S. "Trading away Wide Brands for Cheap Brands." *American Economic Review*, 2013, 103 (6), pp. 2554 – 2584.

[23] Dreger, C. and Herzer, D. "A Further Examination of the Export-Led Growth Hypothesis." *Empirical Economics*, 2013, 45 (1), pp. 39 – 60.

[24] Goldberg, P. K.; Khandelwal, A. K.; Pavcnik, N. and Topalova, P. "Imported Intermediate Inputs and Domestic Product Growth: Evidence from India." *The Quarterly Journal of Economics*, 2010, 125 (4), pp. 1727 – 1767.

[25] Hausmann, R.; Hwang, J. and Rodrik, D. "What You Export Matters." *Journal of Economic Growth*, 2007, 12 (1), pp. 1 – 25.

[26] Hummels, D.; Ishii, J. and Yi, K. M. "The Nature and Growth of Vertical Specialization in World Trade." *Journal of International Economics*, 2001, 54 (1), pp. 75 – 96.

[27] Humphrey, J. "Upgrading in Global Value Chains." *Ssrn Electronic Journal*, 2004, 20 (2), pp. 209 – 239.

[28] Koopman, R.; Wang, Z. and Wei, S. J. "Tracing Value-added and Double Counting in Gross Exports." American Economic Review, 2014, 104 (2), pp. 459 – 494.

[29] Krugman, P. "Scale Economies, Product Differentiation, and the Pattern of Trade." *America Economic Review*, 1980, 70 (5), pp. 950 – 959.

[30] Melitz, M. J. "The Impact of Trade on Intra-Industry Reallocations and Aggregate Industry Productivity." *Econometrica*, 2003, 71 (6), pp. 1695 – 1725.

[31] Melitz, M. J. and Ottaviano, G. "Market Size, Trade, and Productivity." Review of Economic Studies, 2008, 75 (1), pp. 295 – 316.

[32] Poncet, S. and Waldemar, F. S. D. "Export Upgrading and Growth: the Prerequisite of Domestic Embeddedness." *World Development*, 2013, 51 (16), pp. 104 – 118.

[33] Porter, M. E. *The Competitive Advantages of Nations*. New York: The Free Press, 1990.

[34] Staritz, C.; Gereffi, G. and Cattaneo, O. (Eds.). Special issue on "Shifting End Markets and Upgrading Prospects in Global Value Chains." *International Journal of Technological Learning, Innovation and Development*, 2011, 4 (1 – 3).

[35] Ueki, Y. "Intermediate Goods Trade in East Asia." *in Intermediate Goods Trade in East Asia: Economic Deepening through FRAs/EPAs*, edited by Mitsuhiro Kagami, BBC Research Report No. 5, 2011.

[36] Wagner, J. "Exports and Productivity: A Survey of the Evidence from Firm-Level Data." *World Economy*, 2007, 30, pp. 60 – 82.

[37] Wolf, H. C. "Intra-national Home Bias in Trade." *the Review of Economics and Statistics*, 2000, 82 (4), pp. 555 – 563.

Can Participating in Global Intra - Product Specialization Deviate from Domestic Demand

Yi Xianzhong, Gao Linyun

Abstract By recalling the origin and essential role of trade, this paper clarified why participating in global intra-product specialization should not deviate from domestic demand from the perspective of demand-export linkage shows. First, intra-product specialization does not necessarily weaken demand-export linkage, suggesting that domestic demand is still an important source of export advantage; Second, participating in intra-product specialization but deviating from domestic demand will inhibit export upgrading, and export upgrading driven by intra-product specialization deviating from domestic demand cannot be a driving force for sustainable growth; Third, trade expansion driven by participating in intra-product specialization deviating from domestic demand can hardly serve the purpose of sustainable growth well, since the productivity of localsupply cannot be improved by such kind of trade.

Key words intra-product specialization, demand-export linkage, domestic demand, sustainable growth

大国开放发展的中国经验[*]

汤凌霄[**]

习近平总书记在党的十九大报告中指出:"开放带来进步,封闭必然落后。中国开放的大门不会关闭,只会越开越大。"这番蕴意深刻的论述,既是当代世界经济全球化发展趋势的科学概括,也是新中国成立以来经济发展和对外开放实践经验的科学总结。因此,认真研究大国开放发展的中国经验,分析对外经济开放的原则和路径,可以为后发大国的经济发展道路提供中国智慧。

一、开放是大国发展的必由之路

中国具有人口众多和幅员辽阔的大国特征,这是经济发展的初始条件。一般来说,在一个超大规模的国家里,由于拥有广大的市场、丰富的人力资源和自然资源,依靠国内市场和资源就可以推动本国经济的自主协调发展。这种大国能够实现自主内生发展的效应,我们将其概括为"大国内生能力"。世界经济发展的历史,比较好地证明了这种大国效应:其一,在古代的经济发展中,像中国和印度这样的大国,往往是经济繁荣的文明古国;其二,在现代的经济发展中,大国经济的外贸依存度偏低,大国外贸占国民经济的比重往往低于小国。从积极的方面看,大国拥有实现自我发展和内部均衡的优势。

在封闭的世界里,大国经济发展的优势可以说是绝对优势。然而,当代世界是开放的世界。在开放的经济环境中,小国可以利用国际市场形成比大国更加广阔的市场,可以利用国外资源获得比大国更加丰富的资源,这就是"全球化的红利"或"开放的红利"。在这种情况下,如果大国闭关自守,就不可能获得这种红利,就有可能丧失经

---

[*] 本文原载于《光明日报》2018年9月5日。
[**] 汤凌霄,经济学博士,湖南师范大学"潇湘学者"特聘教授。

济发展的优势。回顾中国历史，唐宋时期曾经有过世人瞩目的经济繁荣，直到清代，仍然出现过"康乾盛世"。但是，面对世界工业革命的历史大变动，清朝政府夜郎自大，采取闭关自守政策，在短短一百多年时间里就大大落后于西方国家，被马克思慨叹为"奇异的悲歌"。新中国成立以后，国际上的封锁逼迫我们实行了一段内向政策；1978年开始的改革开放，使中国逐渐融入世界经济，积极利用国际国内两种资源和两个市场，创造了经济持续快速增长的"世界奇迹"。

习近平总书记强调，开放是实现国家繁荣富强的根本出路。从本质上说，经济开放就是要发挥各国的比较优势，达到扬长补短的效果。一方面，经济开放是为了学习发达国家的优秀文明成果，通过学习、追赶而实现超越。"中国要永远做一个学习大国，不论发展到什么水平都虚心向世界各国人民学习。"另一方面，扬长补短需要通过各国的经济交流和合作来实现，"发挥优势也好，弥补劣势也好，都不是我们关起门来说了算的"。站在新的历史起点上，为了实现中华民族伟大复兴的中国梦，我们必须适应经济全球化新趋势，以更加积极有为的行动，推进更高水平的对外开放。

二、实行全方位的对外开放战略

中国的大国开放道路，从总体上说是全方位的和双向的开放道路。从沿海开放到内地开放，从单边开放到多边开放，从单向开放到双向开放，从贸易开放到金融开放，从市场开放到规则开放，我们不断扩大对外开放的范围，拓展对外开放的领域，提升对外开放的层次，即"在更大范围、更宽领域、更深层次上提高开放型经济水平"，从而形成全方位开放的战略格局。

中国的经济开放经历了一个循序渐进和不断拓展的过程。创办经济特区，在深圳、珠海、汕头、厦门等地进行试验，为全国的开放提供示范；开放沿海城市，促进沿海经济繁荣，带动内地城市的经济开放；加入世贸组织，使中国市场与世界市场开放同步，中国经济全面融入世界市场；实施自由贸易区战略，建立同国际贸易和投资运行规则相衔接的制度体系，形成法治化、国际化、便利化的商业环境；建设"一带一路"，推进周边国家的互联互通，促进中国经济和沿线国家经济的共同繁荣。经过一系列的建设发展，中国已经形成全方位开放格局，正如习近平总书记所说，20年前甚至15年前，经济全球化的主要推手是美国等西方国家，今天反而是我们被认为是世界上推动贸易和投资自由化、便利化的最大旗手。

随着中国全方位对外开放战略的推进，我们逐步形成了一个表现为"圈层结构"

的对外开放格局。第一个圈层是中国对 G20 成员的经济开放，这是以发达国家和新兴市场国家为主体的国际经济合作平台，在引领和推动国际经济合作方面具有举足轻重的作用，致力于构建"创新、活力、联动、包容"的世界经济。第二个圈层是中国对"金砖国家"的经济开放，这是以新兴大国为主体的国际经济合作平台，它们拥有广大的市场，经济增长速度快，而且面临着共同的诉求，致力于"抱团取暖"。第三个圈层是中国对"一带一路"沿线国家的对外开放，这是以中国周边国家为主体的国际经济合作平台，联结亚太经济圈和欧洲经济带，主要着眼于欧亚大舞台的谋篇布局，推动基础设施和产能合作，带动中国周边国家的经济繁荣。

三、构建互利共赢的人类命运共同体

习近平总书记以创新思维谋划经济开放，提出了"互利共赢"的原则和"人类命运共同体"理念，在新的高度实现了对外开放的实践创新和理论创新。在中国经济进入新常态的条件下，我们必须站在全球视野，更加自觉地统筹国内国际两个大局，全面谋划对外开放大战略，以更加积极主动的姿态走向世界。

贯彻"互利共赢"的经济开放原则。习近平总书记指出："各国要充分发挥比较优势，共同优化全球经济资源配置，完善全球产业布局，建设利益共享的全球价值链，培育普惠各方的全球大市场，实现互利共赢的发展。"在经济全球化条件下，世界经济的强劲增长往往来源于各国的共同增长，产生"一荣俱荣、一损俱损"的连带效应。国家之间的合作动力在于利益融合，要善于寻求各国经济利益的交汇点，从而推动经济合作的良性发展。

在经济开放进程中秉持"人类命运共同体"理念。随着经济全球化的加深，人类已经成为你中有我、我中有你的命运共同体，利益高度融合，彼此相互依存。每个国家都有发展权利，同时都应该在更加广阔的层面考虑自身利益，不能以损害其他国家利益为代价。一方面，全球市场已经形成"你中有我、我中有你"的整体，世界经济高度融合，以全球产业链为纽带，各国在不同的环节分享利益；另一方面，人类面临的一些全球性如资源、环境、安全等问题，不可能依靠一个国家或少数几个国家的力量解决，而需要各个国家的联合行动。正如习近平总书记在纽约联合国总部发表讲话时指出："当今世界，各国相互依存、休戚与共。我们要继承和弘扬联合国宪章的宗旨和原则，构建以合作共赢为核心的新型国际关系，打造人类命运共同体。"

人力资本、国际分工新形态与全球失衡*

蔡兴** 肖翔

摘 要 本文发展了徐建炜和姚洋（2010）的国际分工新形态学说，认为人力资本平均水平和分布的差异是推动当前国际分工新形态形成的重要因素，进而也是全球失衡更深层次的根源。具体而言，人力资本平均水平相对更高、分布相对分散的经济体，在金融服务业具有比较优势，进而出现经常账户的持续逆差；反之，人力资本平均水平相对更低、分布相对集中的经济体，在实体经济具有比较优势，进而导致经常账户的顺差。进一步利用全世界108个经济体较长时期的面板数据进行实证研究，主要实证结果和稳健性检验结果均支持了上述理论观点。本文的研究结论对于进一步认识当前的国际分工新形态和全球失衡具有重要的启示意义。

关键词 人力资本；国际分工；全球失衡；工具变量；中介效应

一、引言及文献综述

全球失衡是指世界各经济体普遍出现的经常账户不平衡现象，是当前世界经济的重要特征之一，也是国际金融领域的学者和政策制定者关注的热点话题。一方面，经常账户逆差的来源国主要集中于以美国、英国为代表的少数发达经济体。美国、英国分别从1982年和1986年开始出现持续至今的经常账户逆差，两国的经常账户逆差与GDP的比值分别于2006年和2014年达到6%的历史峰值，而当前美国一国的经常账户逆差就占到全球总逆差的75%左右（田丰，2012）。另一方面，经常账户顺差的来源国则相对分散，主要包括三类经济体：东亚发展中经济体、石油输出国及日德发达经济体。从历史的发展轨迹来看，全球失衡并不是当代所特有的经济现象，但20世纪80年代以来的失衡却是"和平时期"以来持续时间最长、规模最大的全球失衡（杨盼盼和

---

* 本文原载于《经济科学》2017年第3期。
** 蔡兴，经济学博士，湖南师范大学商学院副教授，大国经济研究中心研究员。

徐建炜，2014）。持续扩大的全球失衡可能导致主要逆差国外债的不断积累，而这将加大世界经济的风险，部分学者甚至认为全球失衡是导致新近全球金融危机的根源（Bernanke，2007；Obstfeld and Rogoff，2009）。

对于全球失衡的原因，不同学者从不同的角度进行了分析和解释，主要观点包括"双赤字"假说（Feldstein，1986）、"全球储蓄过剩"假说（Bernanke，2005）、"布雷顿森林体系Ⅱ"假说（Dooley et al.，2003，2004）、人口结构假说（李兵和任远，2015）、"不完善金融市场"理论（Caballero et al.，2008）等。其中，"双赤字"假说是较早时期的理论观点。该假说是费尔德斯坦（Feldstein，1986）针对20世纪70年代以来美国的贸易逆差现象提出来的，认为美国持续扩大的财政赤字是导致贸易收支和经常账户逆差的重要原因。金和伊藤（Chinn and Ito，2007）利用全球88个经济体1971~2004年数据所进行的实证研究，也表明政府财政收支差额是影响经常账户的重要因素。伯南克（Bernanke，2005）提出的"全球储蓄过剩"假说则将全球失衡归因为东亚经济体和石油输出国的高储蓄率。该假说认为东亚经济体和石油输出国通过向全世界输出制造产品和石油从而积累了巨额的美元，而这些美元又通过购买美国国债等金融资产的方式回流美国，从而导致了美国资本与金融账户的顺差和经常账户的逆差。杜利等（Dooley et al.，2003，2004）提出的"布雷顿森林体系Ⅱ"假说则认为当前的全球失衡是由现行国际货币体系下发达经济体和发展中经济体的经济发展战略所致。王道平和范小云（2011）将以上观点模型化，模型分析发现在现行的国际货币体系下，非储备货币国对国际储备的需求无法由储备货币国的资本净流出来满足，因而只能通过储备货币国的经常账户逆差的方式来供给，由此该研究认为全球失衡的根源是现行国际货币体系。另一些学者研究了人口结构变化对全球失衡的影响（Kim and Lee，2008；李兵和任远，2015）。其中，李兵和任远（2015）较全面地分析了人口结构影响经常账户余额的效应，包括"生命周期"效应、"预防性储蓄"效应以及"谨慎性投资"效应，进一步利用"二战"资料构造了人口结构的工具变量来处理计量模型的内生性问题，实证研究的结果表明"预防性储蓄"效应和"谨慎性投资"效应抵消了"生命周期效应"，从而使人口抚养比对经常账户产生了显著的正向影响。卡巴雷罗（Caballero）提出的"不完善金融市场"理论，认为发展中经济体国内金融市场不完善，无法提供足够的、高质量的金融资产，所以，过剩的储蓄只能通过国际金融市场流向金融市场发达的经济体。门多萨等（Mendoza et al.）则进一步认为金融市场的不完全性不仅体现在无法提供高质量的金融资产，还表现为金融合约的不完全，后者也将导致发展中经济体居民和企业更倾向于选择购买发达经济体的金融资产，从而出现资本的净流出以及经常账户的顺差，而发达经济体在获得资金后又以主权资本的形式回流发展中经济体。

近年来，新形态国际分工学说在国内学界逐渐兴起。徐建炜和姚洋（2010）是这一学说的代表①，其认为"二战"后全世界的国际分工开始呈现出新形态，国际分工已经由实体经济内部的分工演变为金融服务业与实体经济之间的分工。具体表现为：美国和英国的制造业传统优势地位被德国和日本所取代，从而着力发展金融业；德国和日本则成为全球高端制造产品的主要提供者；以中国为代表的东亚新兴市场经济体则依靠廉价劳动力优势成为"世界工厂"，大规模生产和出口中低端制造产品；而石油输出国则成为全球能源的主要供给者。在这种国际分工的新形态下，发展金融服务业的美英两国经常账户呈现持续逆差，而发展实体经济的其他经济体则保持经常账户的持续顺差。徐建炜和姚洋（2010）进一步利用 45 个经济体的数据进行了一系列的实证研究，研究结果与其理论观点相符。在随后的一段时期内，一些国内学者也进行了相近的研究，并得到了类似的研究结论，如佟家栋等（2011）、胡超和张捷（2011）、姜凌和王晓辉（2011）及茅锐等（2012）。该理论无疑是对当前全球失衡更加全面而深刻的认识，具有很强的解释力和启发性。但是，随之而来的一个新问题则是，究竟又是什么因素推动了新形态国际分工的形成，进而对当前的全球失衡产生重要影响呢？对于这一问题，鲜有研究进行探讨。佟家栋等（2011）是仅有的将全球失衡的根源进一步拓展到"金融服务业—实体经济"国际分工背后的研究，他们认为金融创新是金融业比较优势的主要来源，各国金融创新的差异推动了国际分工新形态的形成，并进一步导致了全球失衡。但这一观点具有明显的局限性，金融创新仍是内生的变量，而不是真正外生的根源。各国金融创新能力的差异又受到人力资本状况、制度环境等因素的影响②。

鉴于此，本文试图从人力资本的新视角来解释当前的全球失衡。本文的主要观点是：各经济体之间人力资本水平和分布的差异是推动当前国际分工新形态形成的重

---

① 事实上，徐建炜和姚洋（2010）认为其研究是对不完善金融市场理论的发展和完善，不完善金融市场理论之所以得不到经验研究的绝对支持，是因为他们总是从金融发展的绝对发达程度来考察，而未将金融业与制造业的发展相结合。因此，他们构建了金融市场—制造业显示性比较优势指标来衡量国际分工，以考察金融业相对于制造业的发展程度对全球失衡的影响。但是，从理论观点的角度来看，徐建炜和姚洋（2010）是从国际分工的新视角来诠释全球失衡的，因此可以作为一种区别于以往理论观点的新学说。

② 徐建炜和姚洋（2010）也曾提及当前国际分工新形态背后的两个决定因素：一是劳动力相对成本差异。发达经济体高素质劳动力更为丰富，因此金融服务业更为发达，而发展中经济体则在标准化的制造业具有比较优势。二是制度因素。法律制度对金融市场的发展具有十分重要的作用，而发达经济体健全的法律制度使其金融服务业生产率更高。但该文未对这些更深层次的原因做深入探讨和研究。我们也认可制度因素对国际分工以及全球失衡的重要影响，但这不是本文关注的重点，如有可能将在后续研究中予以探讨。

要因素，也是进一步导致全球失衡的更深层次原因，其逻辑关系可归纳为：人力资本水平和分布的差异—国际分工新形态—全球失衡。具体而言，人力资本水平较高、分布较分散的经济体往往金融服务业也较发达，并通过出口金融资产来换取实际资源，因而，经常账户出现持续性逆差；反之，人力资本水平较低、分布较集中的经济体则往往在实体经济上更具比较优势，而实际产品的大规模出口将导致这类经济体的经常账户顺差。为了验证以上观点，本文还收集全球108个经济体自20世纪80年代以来的面板数据进行实证研究，主要检验结果和稳健性检验结果均支持了以上观点。

本文从两个方面发展了已有研究：第一，理论方面，从人力资本状况差异视角探寻了全球失衡更深层次的根源。虽然近年有多篇文献研究了国际分工形态对全球失衡的影响，但鲜有研究探讨国际分工背后更深层次的根源。第二，实证方面，共收集全世界108个经济体的面板数据，并使用最小二乘法、固定效应模型、工具变量方法及广义矩估计（GMM）等方法对理论假设进行检验，随后还利用中介效应检验方法对影响机制进行了识别，研究结果不仅支持了本文的理论观点，也为全球失衡的相关实证研究提供了启示，即人力资本状况也是影响经常账户的重要控制变量。

二、理论假设

本文的理论分析框架是人力资本水平和分布的差异——国际分工新形态——全球失衡，即人力资本状况推动了国际分工新形态的形成，并进一步导致了当前的全球失衡。后一个环节的影响机制已由国际分工新形态理论做出了解释，因此，结合前人的文献来分析人力资本状况差异推动国际分工新形态形成的机理，从而提出本文的理论假设。

人力资本状况差异主要体现为人力资本平均水平（存量）和人力资本分布两个方面的差异，已有研究表明它们都会对一国的比较优势和国际分工产生重要的影响，进而会影响经常账户平衡。关于人力资本与比较优势之间关系的相关研究最早可追溯到20世纪70年代。为了解释"里昂惕夫之谜"，基恩（Kenen，1970）提出了"人力资本学说"，该理论将人力资本引入到要素禀赋理论框架，理论分析发现美国的贸易仍遵循H－O贸易模式，即人力资本相对丰富的美国出口人力资本密集型产品。随后芬德雷（1983）拓展了基恩（1970）的理论研究，并得到了类似的结论：人力资本水平（或存量）是比较优势的一个重要决定因素。这一结论也得到了相关实证研究的支持。弗里亚斯等（Frias et al., 2000）以欧盟国家为样本的实证研究发现，人力资本相对丰富的爱尔兰、德国、荷兰和法国是典型的人力资本密集型商品的净出口国。以上研究都表明人力资本水平（或存量）的差异是比较优势的重要来源，基于 H-O 理论，人力资本丰裕的经济体，将专业化生产并出口人力资本密集型产品。从现实的情形来看，金融服务业是典型的人力资本（尤其是高端人力资本）密集型的行业。根据美国经济分析局的数据，2015 年美国金融与保险行业的人均工资为 10.3 万美元/年，是全国平均工资的 1.7 倍，其细分行业——证券、商品合同和投资的人均工资高达 22.2 万美元/年，是工资水平最高的行业。中国也具有类似的情形。根据《2016 年中国金融人才发展报告》显示，2014 年中国金融业城镇就业人员平均工资为 10.8 万元，是工资水平最高的行业，其薪资水平是城镇整体水平的 1.9 倍多。高工资水平意味着金融服务业的发展需要投入大量的高学历、高素质劳动力，是典型的人力资本密集型的行业（徐建炜和姚洋，2010）。因此，人力资本相对丰裕的美英等国则在发展金融服务业上具有比较优势，专业化生产并出口金融产品，从而导致其资本与金融账户的顺差和经常账户的逆差。由此得到了理论假设 1。

理论假设 1：人力资本平均水平相对较高的经济体，在金融服务业具有比较优势，并通过向国外出口金融资产换取本国所需的产品和实际资源，因而经常账户呈现持续的逆差；反之，人力资本平均水平相对较低的经济体，则在实体经济的发展上具有比较优势，并专业化生产和出口制造产品及实际资源，从而经常账户出现持续的顺差。

仅考虑人力资本水平（或存量）无法全面解释现实情形。近年来，一些国外学者观察到一种经济现象：一些人力资本水平相近的经济体，贸易模式却截然不同。例如，同属发达经济体的英美与德日人力资本平均水平相当，但英美服务业（尤其是金融服务业）更发达，而德日则高端制造业更强势。由此，这些学者开始从人力资本分布差异的新视角来解释这种现象。其中，格罗斯曼和玛吉（Grossman and Maggi, 2000）最先提出人力资本分布差异是比较优势来源的观点，他们的理论模型发现人力资本分布相对分散的国家，在需要高、低技能劳动力交叉匹配的子模部门具有比较优势，而人力资本分布相对集中的国家，则在要求同等水平技能劳动力匹配的超模部门具有比较优势[①]。布格希斯和里兹曼（Bougheas and Riezman, 2007）的模型分析发现，当两国

---

① 超模部门和子模部门是布格希斯和里兹曼（2000）定义的具有不同生产函数的部门。其中，超模部门具有互补性的生产函数，即一种要素的投入增长将提高另一种生产要素的边际产出；而子模型部门具有替代性的生产函数，即一种要素的投足增加将降低另一种要素的边际产出。其中，互补性部门要求同等技能水平劳动力的相互匹配，而替代性部门则要求高低技能劳动力的交叉匹配。

只存在人力资本分布的差异时,人力资本分布越分散的国家高端人力资本越丰富,因而在高技术产业具有比较优势,而人力资本分布越集中的国家则在初级产品上具有比较优势,由此两国之间将开展贸易。庞巴迪尼等(2012)拓展了格罗斯曼和玛吉(2000)的研究,只考虑更符合现实情况的、常见的超模部门,产业之间的差异只体现在工人技能的互补性上。进一步假设劳动力市场摩擦和工人技能的不可观测性将导致企业与工人之间的随机分配,所以,每个企业的工人技能分布都与整个国家劳动力的技能分布一致。他们的研究结论是,人力资本分布越分散的国家在工人技能互补程度较低的部门具有比较优势。从现实的角度来看,金融业是具有高替代性特征的行业,团队的产出在很大程度上取决于最高素质、最高技能水平的劳动力,因此,在人力资本平均水平一定的情形下,人力资本分布越分散的经济体具有高水平人力资本的劳动者就越多,从而越适合发展金融服务业。另外,庞巴迪尼等(2012)的研究也显示,美英两国劳动力的技能分散程度在19个发达经济体中分别排第四位和第九位,而德国仅排第十八位[①]。人力资本分布相对分散的美英两国金融业相对更发达,并伴随持续的经常账户逆差;而人力资本分布相对集中的德国则在高端制造业上具有比较优势,并保持着经常账户的持续顺差。由此得到理论假设2。

理论假设2:在人力资本平均水平相近的情形下,人力资本相对分散的经济体具有更多的高端人力资本,因而在金融服务业的发展上具有比较优势,其经常账户余额也就越小;反之,人力资本相对集中的经济体具有水平相近的人力资本,因而在需要人力资本相互匹配的制造业等实体经济具有比较优势,其经常账户余额也就越大。

三、计量模型设定、变量测度与数据说明

(一)计量模型设定

为了检验上述理论假设,本文依据有关全球失衡的已有文献(Chinn and Prasard, 2003;Chinn and Ito, 2007;李兵和任远,2015)来设定计量模型:

$$CA_{it} = \alpha_0 + \alpha_1 HC_{it} + \alpha_2 X_{it} + \delta_i + \mu_t + \varepsilon_{it} \tag{1}$$

[①] 庞巴迪尼等(2012)使用国际成人素养调查(International Adult Literacy Survey, IALS)所公布的与工作相关的技能调查得分的均值和标准差来测度人力资本的水平和分布。受限于数据来源,该研究只测度了19个发达国家的人力资本状况,日本不在其内,具体的测度结果可见该文图1和表1。

其中，CA_{it}为被解释变量，表示第 i 个经济体、第 t 年的经常账户余额与 GDP 的比值；HC_{it}为核心解释变量，表示第 i 个经济体、第 t 年的人力资本状况，依据前文的理论分析，影响经常账户平衡的人力资本状况包括人力资本平均水平和人力资本分布；X_{it}为其他控制变量；δ_i为国家固定效应；μ_t为年份固定效应；ε_{it}为随机扰动项。为了保证估计结果的稳健性，本文依据已有理论选取以下控制变量。

第一，人均实际 GDP 及其平方项（rgdp 和 $rgdp^2$）。"国际收支的发展阶段假说"（The "Stages of Development" Hypothesis for the Balance of Payments）认为一个经济体从低收入水平向中等收入水平发展时，会大量吸纳外资流入，从而经常账户出现逆差；当其进一步发展到高水平阶段时，这个经济体则需要通过保持经常账户顺差来偿还之前所积累的外债，并开始向欠发达经济体输出资本（Chinn and Prasad，2003）。此假说表明，经济发展阶段与经常账户余额之间呈现"U"字形的非线性关系。为了更准确地捕捉经济发展阶段与经常账户余额的关系，我们在计量模型中加入人均实际 GDP 及其平方项。

第二，经济增长率（gdprate）。姚洋和邹静娴（2016）指出在不同的理论假设下，经济增长率对经常账户余额将产生不同的影响。基于"永久性家户"假说的传统理论认为，高经济增长率意味着持久性收入的提高，因而本国储蓄率和经常账户余额下降，但这一现象与发展中经济体的情况不相符。姚洋和邹静娴（2016）基于新的理论假说——"生命周期假说"进行了研究，发现经济增长率越高的发展中经济体越倾向于输出资本，因此经济增长率与经常账户余额之间呈现正相关关系。本文通过加入人均实际 GDP 增长率来检验以上两个理论假说。

第三，人口抚养比（adr）。依据莫迪利亚尼（Modigliani，1970）提出的"生命周期理论"，人口抚养比越高的经济体储蓄率越低，进而经常账户余额也越小。但"生命周期"效应只是人口年龄结构影响经常账户的一种效应，李兵和任远（2015）全面分析了人口年龄结构对经常账户产生的三种效应："预防性储蓄"效应、"生命周期"效应、"谨慎性投资"效应。其中，前两个效应是人口年龄结构通过影响储蓄率进而对经常账户产生影响，"谨慎性投资"效应则是通过影响投资率来对经常账户产生影响，而人口年龄结构对经常账户的净影响取决于三种效应的对比。这里的人口抚养比是被抚养人口数（16 岁以下少儿和 65 以上老人）与劳动人口数（16~65 岁人口数）之比。

第四，性别比率（sexratio）。杜和魏（Du and Wei，2010）认为性别比率（即男性人口数与女性人口数之比）失衡是导致储蓄率上升的重要原因之一，相对过剩的男性会通过增加储蓄来提高其在婚姻市场上的竞争优势，这种储蓄的动机被称为"竞争性储蓄动机"。由此可知，性别比率的上升会导致储蓄率的提高，进而引起经常账户余额的增加。

第五，预期寿命（lifeexp）。预期寿命也是影响储蓄率的重要因素，Bloom et al. (2003) 等认为在退休年龄固定的情形下，预期寿命的延长会导致退休后时间的延长，因而，成年人在退休前会增加储蓄，以保障更长时期的退休生活。依此推理，预期寿命与经常账户之间存在正相关关系，部分实证研究也印证了这一关系（如蔡兴和刘子兰，2013），因此，本文在计量模型中加入预期寿命控制变量。

第六，贸易开放度（tradeopen）。金和伊藤（Chinn and Ito, 2007）认为一国的贸易开放度反映了其宏观经济政策的选择，因此会对经常账户余额产生重要的影响。Ju et al. (2011) 的理论模型分析发现：发展中经济体的贸易自由化会导致资本外流，从而出现经常账户顺差；发达经济体的贸易自由化则会导致资本流入，继而出现经常账户逆差。本文依照金和伊藤（2007）的处理，使用进出口贸易总额与 GDP 的比值来衡量贸易开放度。

第七，资本开放度（kaopen）。资本开放度衡量的是一国资本跨国流动的自由程度，因此也是影响经常账户余额的重要因素。金和伊藤（2007）指出资本开放度的提高会强化资本在国际间的流动，因此，更多资本会从金融市场欠发达的经济体流向金融市场发达的经济体，从而放大全球经常账户失衡的程度。依照金和伊藤（2007）、李兵和任远（2015）的处理，本文采用 Chinn – Ito 金融开放指数来衡量各经济体的资本开放程度。

第八，海外净资产存量（nfa）。海外净资产存量会对经常账户余额产生两种截然不同的效应：一方面，海外净资产能带来利息和利润收入，从而增加经常账户余额；另一方面，当前的海外净资产意味着本国过去将储蓄借贷给其他经济体，从"缓冲库存储蓄"的角度来看，海外净资产越多的经济体越不需要依靠自身储蓄，因此随后的经常账户余额越小（Chinn and Ito, 2007）。由此可见，海外净资产存量与经常账户余额的关系是不确定的。本文在计量模型中加入海外净资产额与 GDP 的比值作为控制变量。

第九，贸易条件波动的滞后项（L1.tot）。金和普拉萨（Chinn and Prasard, 2003）认为贸易条件波动衡量了一国经济的波动程度，而经济的波动程度提高将导致该国"预防性储蓄"的上升，从而影响经常账户；经济波动越大意味着更大的风险，投资率会下降，从而导致经常账户余额的增加。但是，李兵和任远（2015）认为贸易条件与经常账户余额之间存在强内生性，因此将其一期滞后项加入计量模型，本文沿用这一处理方法。

(二) 人力资本平均水平和分布的测度

本文的核心解释变量是人力资本平均水平（或存量）和分布，因此，如何准确地对它们进行衡量和测度至关重要。关于人力资本存量的测度方法可以归纳为三种：收入法、成本法和特征法（李海峥等，2010）。其中，特征法因其计算的简便性被实证研究广泛运用，国内外许多学者以平均受教育年限来作为人力资本的衡量指标。巴罗和李（Barro and Lee，1996）无疑是测度平均受教育年限的重要研究。两位学者通过建立相关数据库对全世界100多个经济体的较长时期的平均受教育年限数据进行测算，并长期保持更新，这为有关人力资本的研究提供了重要的数据支持。目前，李和李（Lee and Lee，2015）的研究成果是其研究团队最新的研究成果，该研究测度了全球111个经济体从1870～2010年的平均受教育年限。但是，平均受教育年限只是将不同阶段的受教育年限进行简单加总，而未区分异质性劳动力对人力资本存量的影响，因此是人力资本比较粗糙的、不准确的衡量方法。基于此，李和李（2015）设计了一种新的方法来测度人力资本存量，该方法建立在以下两个假设的基础之上：一是明瑟（Mincer，1974）提出的平均受教育年限与人力资本之间的log线性关系；二是将劳动力区分为熟练劳动力和非熟练劳动力①，假设两者之间是不完全替代的关系，且替代弹性为常数。由此，人力资本存量的计算公式可表示为：

$$h = [h_{it}^{\rho} + h_{s}^{\rho}]^{1/\rho} = [(\sum_{a}\sum_{j=1}^{4} e^{\theta_{j}^{a} dur_{j}^{a} l_{j}^{a}})^{\rho}][(\sum_{a}\sum_{j=5}^{7} e^{\theta_{j}^{a} dur_{j}^{a} l_{j}^{a}})^{\rho}]^{1/\rho} \tag{2}$$

其中，h、h_u和h_s分别表示整体的、非熟练劳动力和熟练劳动力的人力资本存量；ρ为替代参数，而非熟练劳动力和熟练劳动力之间的替代弹性为$1/(1-\rho)$；dur_j^a、l_j^a和θ_j^a分别表示人口年龄组a、教育阶段j的教育持续时间、人口比重和教育的边际产出。基于稳健性考虑，本文同时使用李和李（2015）测算的人力资本存量（HC_stock）和平均受教育年限（HC_eduyear）来作为人力资本平均水平的衡量指标。

弗巴尔迪尼等（Bombardini et al.，2012）是较早对人力资本分布进行测度研究的人，该研究使用国际成人素养调查（International Adult Literacy Survey，IALS）所公布的与日常工作相关的技能调查数据，来计算各国的人力资本分布。IALS的调查对象是由16～65岁成人组成的大样本，通过测试得到每个成人的技能得分。由于该调查数据是大样本的

---

① Lee and Lee（2015）将非熟练劳动力定义为文盲到中学未毕业的劳动力，而熟练劳动力定义为中学毕业以及更高学历的劳动力。

微观数据，因此能更加准确地测算各国的技能分布。但是，该项调查只在 19 个发达经济体进行，从而大大限制了样本覆盖范围，也不符合本文实证研究的数据要求。阿萨亚麻（Asuyama，2012）则利用巴罗和李（Barro and Lee，2000）公布的受教育年限数据测算了中国和印度的人力资本分布，该研究构建了三个衡量指标：变异系数（CV）、基尼系数（GINI）和中小学学历人口比重①。其中，变异系数和基尼系数可分别表示为：

$$CV_{xt} = \sum_{e}(YEDU_{xie} - AVG_{xt})^2 P_{xte} / \sum_{e} YEDU_{xte} P_{xte} \quad (3)$$

$$CINI_{xt} = \sum_{e}\sum_{j=1}^{e-1} P_{ext} P_{jxt}(YEDU_{ext} - YEDU_{jxt})/AVG_{xt} \quad (4)$$

式（3）和式（4）中的 x 代表不同的经济体；t 代表不同的年份；e 代表不同的教育阶段；$YEDU_{xte}$ 表示第 t 年、第 x 个经济体、第 e 个教育阶段所对应的学习年数；AVG_{xt} 表示第 t 年、第 x 个经济体教育年限的均值；P_{xte} 为第 t 年、第 x 个经济体达到了第 e 个教育水平的人口比例。本文借鉴阿萨亚麻（2012）的设计，以 Lee and Lee（2015）的数据为基础测算了各国人力资本的变异系数（HC_cv）和基尼系数（HC_gini），来作为人力资本分布的衡量指标。

（三）数据说明

本文收集了全世界 108 个经济体从 1983~2014 年的非平衡面板数据来进行实证研究②。经常账户余额占 GDP 的比重、人均实际 GDP、人均实际 GDP 增长率等数据来源于联合国贸易与发展会议数据库，其中人均实际 GDP 是以 2005 年美元计价。人口抚养比、性别比率、预期寿命、海外净资本存量占 GDP 的比重、贸易开放度、本国私人部门的信贷额占 GDP 的比重数据均来自世界银行的 WDI 数据库。资本开放程度以 Chinn – Ito 金融开放指数来衡量，该数据来自作者的工作网站：http：//web.pdx.edu/~ito/Chinn – Ito_website.htm。贸易条件波动数据为依照李兵和任远（2015）的方法计算得到③。

---

① 中小学学历人口比重是一个衡量人力资本分布的简易指标，Asuyama（2012）使用该指标主要是为了反映中国与印度人力资本分布的显著差异，即中国劳动力主要以中小学学历为主，但印度则是受高等教育劳动力和文盲均较多，但中小学学历所占比重较小。但在衡量全世界各经济体的人力资本分布时，该指标的准确性则大打折扣，因为它只反映了中小学学历的情况，而未反映其他学历人口的分布状况。

② Lee and Lee（2015）的数据包含了 111 个经济体样本，本文在此基础之上去掉 3 个样本缺失非常严重的经济体（即刚果共和国、法属留尼旺岛和中国台湾地区）后得到 108 个经济体的数据。

③ 贸易条件波动的具体计算方法：从佩恩表 9.0 版本（Penn World Table 9.0）获得各国的进出口价格指数，以出口价格指数除以进口价格指数得到贸易条件数据，进一步利用 HP 滤波方法将贸易条件数据分解为长期趋势和短期波动，用短期波动部分来衡量贸易条件的波动程度。

衡量人力资本水平的平均受教育年限、人力资本存量数据来 Barro 和 Lee 的工作网站：http：//www.barrolee.com/。测算人力资本分布需要各经济体的不同教育阶段的人口比重和教育持续时间数据，前者也来自 Barro 和 Lee 的工作网站，而不同教育阶段的教育持续时间来自世界银行 WDI 数据库的"理论上的教育持续时间"。需要说明的是，Barro 和 Lee 的系列研究只公布逢 0 和 5 结尾年份的间隔数据。为了减少样本损失，同时考虑到人力资本状况的变化十分缓慢，我们借鉴鞠建东和余心玎（2014）、余静文等（2014）处理的方法，使用以 0 和 5 结尾年份数据来补充临近四年的数值，即以 8、9、1 和 2 结尾年份的值等于以 0 结尾年份的值；以 3、4、6 和 7 结尾年份的值等于以 5 结尾年份的值。各变量的描述性统计结果见表 1。

表 1　　主要变量的描述性统计结果

变量及其单位	样本量	平均值	标准差	最小值	最大值
CA（%）	3814	−2.353	9.151	−240.403	117.123
HC_stock	3996	2.153	0.645	1.026	3.760
$HC\_eduyear$	3996	7.207	3.076	0.250	13.240
HC_cv	3976	3.065	1.910	0.321	9.164
HC_gini	3976	0.192	0.129	0.017	0.639
$rgdp$（美元）	3922	10126.31	14588.94	56.14	86796.12
$gdprate$（%）	3939	1.772	6.079	−67.046	102.776
adr（%）	3981	67.860	19.694	32.321	118.780
$sexratio$（%）	3984	99.061	5.2198	85.239	145.088
$lifeexp$（年）	3976	67.246	10.313	20.065	83.980
$tradeopean$（%）	3860	74.101	47.925	0.021	455.277
$kaopen$	3671	0.156	1.582	−1.895	2.389
nfa（%）	3613	11.973	75.043	−1430.824	2309.283
$L1.tot$	3661	0.0002	0.057	−0.396	0.490
$finance$（%）	3605	47.823	42.873	1.267	312.154

注：经常账户余额/GDP，最大值出现在1980年的伊拉克，最小值出现在1991年的科威特。

四、主要实证结果及稳健性检验

在前文理论分析和数据描述的基础上,本节对人力资本平均水平和分布对全球失衡的影响进行实证检验。为了保证实证结果的稳健性,我们采用多种估计方法来进行检验:首先采用静态面板估计方法(OLS方法和固定效应模型方法)得到初步的回归结果;其次使用工具变量方法(即IV方法)和系统GMM方法来处理模型潜在的内生性问题;最后进行稳健性检验。

(一) 基准结果

表2显示了静态面板方法的估计结果,其中估计方程(1)至方程(4)为最小二乘法的估计结果,而估计方程(5)至方程(8)为控制了年份和国家固定效应的估计结果。可以看出,在大多数估计方程中,HC_stock、HC_eduyear、HC_cv和HC_gini的系数均显著为负,表明人力资本平均水平、分散程度的提高,会降低经常账户余额,这一结果与前文的理论假设1和理论假设2相符。另外,我们还采用Hausman检验判别了固定效应模型和随机效应模型的优劣,所有检验结果均支持了固定效应优于随机效应。从控制变量的回归结果来看,人均实际GDP(rgdp)的估计系数显著为正,而其平方项的估计系数为负但在多数方程中不显著,这表明经常账户余额与经济发展阶段之间呈现倒"U"形关系,与"国际收支的发展阶段假说"所预测的关系不相符。经济增长率(gdprate)的估计系数显著为正,表明经济增长速度越快的经济体,经常账户余额越大,这与姚洋和邹静娴(2016)的研究结果相似。人口抚养比的估计系数在所有估计方程中均显著为负,意味着"生命周期"效应起到了主导作用,这与李兵和任远(2015)的研究结果不相符。导致这种研究结果差异可能存在两方面的原因:一是实证研究所使用的样本存在差异;二是李兵和任远(2015)使用工具变量方法较好地处理了人口结构的内生性问题,而人口抚养比不是本文重点关注的变量,因此未处理其内生性,进而可能导致估计系数存在偏误。性别比率的估计系数显著为正,意味着性别比率的提高可能通过提高储蓄率从而增加了经常账户余额,这与Du and Wei (2010)的理论预期相符。贸易开放度和资本开放度在大多数估计方程中显著为负,说明减少对贸易和资本的管制都会导致经常账户余额的下降。另外,预期寿命、海外净资产和贸易条件波动的滞后一期项的估计系数符号和显著性均不稳定。

表2 静态面板方法的估计结果

变量	(1) OLS	(2) OLS	(3) OLS	(4) OLS	(5) 固定效应	(6) 固定效应	(7) 固定效应	(8) 固定效应
HC_stock	-0.885* (0.524)		-1.316** (0.530)		-1.893* (1.050)		-1.396 (1.021)	
$HC\_eduyear$		-0.580*** (0.143)		-0.987*** (0.162)		-1.049*** (0.330)		-0.925*** (0.337)
HC_cv	-0.266* (0.148)	-0.651*** (0.177)			-0.976*** (0.369)	-1.553*** (0.429)		
HC_gini			-7.630*** (2.495)	-20.304*** (3.337)			-10.532* (5.949)	-20.594*** (7.265)
$rgdp$	0.00016*** (0.00004)	0.00017*** (0.00004)	0.00016*** (0.00004)	0.0002*** (0.00004)	0.0012*** (0.0001)	0.0012*** (0.0001)	0.0013*** (0.0001)	0.0013*** (0.0001)
$rgdp^2$	-4.54e-10 (8.32e-10)	-5.55e-10 (8.32e-10)	-4.70e-10 (8.30e-10)	-6.99e-10 (8.27e-10)	-9.93e-9*** (1.86e-9)	-9.77e-9*** (1.86e-9)	-1.03e-8*** (1.87e-9)	-1.06e-8*** (1.87e-9)
$gdprate$	0.148*** (0.036)	0.142*** (0.036)	0.152*** (0.036)	0.149*** (0.036)	0.246*** (0.035)	0.244*** (0.035)	0.247*** (0.035)	0.243*** (0.035)
adr	-0.087*** (0.015)	-0.100*** (0.015)	-0.081*** (0.015)	-0.092*** (0.015)	-0.119*** (0.026)	-0.123*** (0.026)	-0.125*** (0.026)	-0.129*** (0.026)
$sexratio$	0.375*** (0.029)	0.379*** (0.029)	0.369*** (0.029)	0.362*** (0.029)	0.368*** (0.092)	0.372*** (0.092)	0.351*** (0.092)	0.343*** (0.092)

续表

变量	(1) OLS	(2) OLS	(3) OLS	(4) OLS	(5) 固定效应	(6) 固定效应	(7) 固定效应	(8) 固定效应
lifeexp	−0.043 (0.028)	−0.032 (0.028)	−0.056** (0.028)	−0.055** (0.028)	0.057 (0.059)	0.069 (0.059)	0.046 (0.060)	0.041 (0.060)
tradeopean	−0.010*** (0.003)	−0.008** (0.003)	−0.010*** (0.003)	−0.008*** (0.003)	−0.019** (0.008)	−0.019** (0.008)	−0.018** (0.008)	−0.018** (0.008)
kaopen	−0.197* (0.114)	−0.170 (0.113)	−0.185* (0.114)	−0.137 (0.113)	−0.270* (0.152)	−0.270* (0.151)	−0.270 (0.152)	−0.220 (0.152)
nfa	0.020*** (0.003)	0.020*** (0.003)	0.021*** (0.003)	0.020*** (0.003)	−0.003 (0.004)	−0.003 (0.004)	−0.003 (0.004)	−0.003 (0.004)
L1.tot	−3.160 (3.060)	−3.177 (3.053)	−2.937 (3.058)	−2.563 (3.042)	0.879 (2.923)	1.153 (2.921)	1.024 (2.927)	1.428 (2.928)
常数项	−29.017*** (3.998)	−26.053*** (3.885)	−26.493*** (4.120)	−18.803*** (4.148)	−33.803*** (10.314)	−29.488*** (10.376)	−33.083*** (10.483)	−26.544** (10.782)
国家效应	否	否	否	否	是	是	是	是
年份效应	否	否	否	否	是	是	是	是
样本数	2942	2942	2942	2942	2942	2942	2942	2942
Hausman 检验值及 P 值					156.76 [0.000]	158.72 [0.000]	153.98 [0.000]	158.28 [0.000]
R^2	0.160	0.164	0.162	0.170	0.082	0.084	0.081	0.083

注：***、**、*分别表示 1%、5%、10% 的统计量显著水平；括号内估计量为估计系数的标准差；固定效应的 R^2 为组间拟合优度。

以上估计结果都未考虑计量模型潜在的内生性问题，而这种潜在的内生性可能来源自于三个方面。一是测度误差，本文人力资本平均水平和分布的数据是以 Lee and Lee（2015）公布的数据为基础计算得到的，尽管 Lee and Lee（2015）设计了较科学的测算方法，并使用最为可靠的数据来源，但仍无法完全准确地进行测度。另一方面，Lee and Lee（2015）公布的是 5 年的间隔数据，其他年份的数据是以相近年份数据予以补充的，这种处理方法虽然能有效扩大样本量，但也势必导致较大的测度误差。二是反向因果关系，即经常账户余额可能对人力资本的平均水平和分布产生反向影响，因为一国人力资本状况取决于所有受教育者及其所在家庭的教育投资决策，而国际贸易状况（或经常账户状况）会对本国收入水平和收入分配状况产生重要影响，进而影响个人教育投资决策和整个国家的人力资本状况（黄玖立等，2014）。三是遗漏变量，尽管表 2 的（5）~（8）控制了年份、国家固定效应，也只能处理不随年份或经济体变化的变量遗漏问题，而不能完全避免遗漏变量的影响。严重的内生性问题会导致估计结果的有偏性和非一致性，因此需要采用适当的方法进行处理。

处理内生性问题的主要方法包括工具变量方法和 GMM 方法。其中，工具变量方法要求所选工具变量是严格外生的（即与被解释变量不相关），且与内生解释变量强相关。而寻找符合要求的工具变量总是一项十分棘手的工作，因此，大多数研究通常使用内生变量的滞后项来作为工具变量。黄玖立等（2014）认为国际贸易对人力资本投资决策的影响是间接的，是通过改变经济增长预期或居民收入增长预期而产生的影响，而较长时期之前（比如十年前）的人力资本状况对当前的贸易收支（或经常账户收支）只存在较弱的相关性。鉴于此，黄玖立等（2014）使用滞后十年的平均受教育年限作为当期学校教育年限的工具变量，本文借鉴这一处理方法。表 3 的（9）~（12）显示了使用工具变量方法得到的估计结果，可以看出 HC_stok、HC_eduyear、HC_cv 和 HC_gini 的估计系数仍显著为负，并且估计系数的绝对值均有所增加，这表明表 2 的估计结果可能存在向上的偏倚。当然，工具变量方法的估计结果的可靠性还取决于模型是否存在内生性以及工具变量的有效性，因此需要进一步检验模型的内生性以及工具变量的有效性。本文使用杜宾－吴－豪斯曼检验（DWH 检验）来检验是否存在内生性[①]，表 3 中（9）~（12）的 DWH 检验的 P 值均小于 0.1，表明在 10% 的显著性水平下拒绝原假设，模型存在内生性问题，使用工具变量方法进行估计十分必要。同时，

[①] 检验内生性的方法主要是 Durbin – Wu – Hausman 检验和 Hausman 检验，其中 Hausman 检验是建立在同方差的前提上，在存在异方差的情况下不成立，Durbin – Wu – Hausman 检验则在异方差情形下仍然稳健。因此，本文主要报告 Durbin – Wu – Hausman 检验的结果，而事实上 Hausman 检验结果也与之相似，只是限于篇幅，未予以报告。

表3中（9）~（12）的K-P检验值均远远大于了10，表明不存在弱工具变量问题①。为了进一步检验以上结果的稳健性，本文同时使用了系统GMM方法进行估计，我们首先只添加了被解释变量的一阶滞后项作为解释变量，但AR（2）检验拒绝了原假设，这意味着模型设定可能存在问题，因此同时添加解释变量的一阶和二阶滞后项作为解释变量（陈强，2010）。具体的估计结果见表3的（13）~（16）。可以看出，虽然核心解释变量估计系数的绝对值比工具变量方法的估计结果要大，但绝大多数估计系数仍显著为负，这也再次表明上述结果是比较稳健的。另外，表3的（13）~（16）的Sargan检验均接受了原假设，表明工具变量是严格外生的，不存在过度识别问题；而AR2检验的P值小于0.1，表明扰动项的差分不存在二阶自相关，工具变量是有效的。

（二）稳健性检验

在以上实证结果的基础上，本文进一步剔除部分特定样本来进行稳健性检验，以规避特定样本对整体回归结果的影响。Chinn and Prasad（2003）发现实证结果对是否包含非洲经济体样本十分敏感，许多变量的估计系数在两个不同样本下存在显著差异。因此，我们利用剔除非洲经济体以后的样本以及工具变量方法进行了再估计，估计结果由表4的（17）~（20）显示。可以看出，人力资本平均水平和分布仍然对经常账户余额产生了显著的负向影响。

中国经济增长与宏观稳定课题组（2009）认为美元特权是全球经常账户失衡的根源。Mckinnon（2001）认为美元特权使得美国不需要付出实际资源来偿还外债，美国只需要开动印钞机即可，贸易逆差对美国而言只不过是"无泪赤字"而已。美元特权假说强调的是储备货币地位对经常账户失衡的影响，为了进一步辨清人力资本状况对经常账户的影响，我们借鉴李兵和任远（2015）的处理，从样本中剔除美国以及其他主要国际金融中心，包括英国、德国、瑞士和中国香港。利用工具变量方法估计的结果由表4的（21）~（24）显示，结果表明人力资本平均水平和分布显著负向影响经常账户余额的结论仍然稳健成立。

---

① 需要说明的是，对于每一个内生变量本文只使用了一个工具变量，因此是恰好识别的情形，从而无法进行过度识别检验（即无法检验工具变量的外生性），但黄玖立等（2014）从理论上分析了滞后十期人力资本状况的外生性。

表3 内生性处理后的估计结果

变量	(9) IV	(10) IV	(11) IV	(12) IV	(13) 系统GMM	(14) 系统GMM	(15) 系统GMM	(16) 系统GMM
L1.CA					0.676*** (0.015)	0.646*** (0.016)	0.682*** (0.015)	0.662*** (0.016)
L2.CA					-0.069*** (0.011)	-0.094*** (0.011)	-0.065*** (0.012)	-0.083*** (0.011)
HC_stock	-10.655*** (2.502)		-8.522*** (2.190)		-2.360** (1.036)		-2.013** (1.007)	
HC_eduyear		-4.384*** (0.951)		-4.207*** (0.971)		-2.112*** (0.197)		-1.802*** (0.201)
HC_cv	-3.506** (1.524)	-5.320*** (1.725)			-0.988*** (0.224)	-2.702*** (0.232)		
HC_gini			-39.335* (21.007)	-88.715*** (26.861)			-4.616 (3.710)	-29.021*** (4.018)
rgdp	0.002*** (0.0002)	0.002*** (0.0002)	0.002*** (0.0002)	0.002*** (0.0002)	0.0003*** (0.0001)	0.0003*** (0.0001)	0.0003*** (0.0001)	0.0004*** (0.0001)

续表

变量	(9) IV	(10) IV	(11) IV	(12) IV	(13) 系统GMM	(14) 系统GMM	(15) 系统GMM	(16) 系统GMM
$rgdp^2$	-1.47e-8*** (2.26e-9)	-1.50e-8*** (2.26e-9)	-1.60e-8*** (2.23e-9)	-1.75e-8*** (2.3e-9)	-8.9e-10 (1.94e-9)	-9.2e-10 (2.19e-9)	-1.83e-9 (1.9e-9)	-2.45e-9 (2.12e-9)
gdprate	0.264*** (0.037)	0.252*** (0.038)	0.269*** (0.037)	0.254*** (0.038)	0.049*** (0.014)	0.034** (0.014)	0.047*** (0.015)	0.038** (0.015)
adr	-0.016 (0.047)	-0.093** (0.047)	-0.022 (0.050)	-0.052 (0.050)	0.021* (0.012)	-0.010 (0.013)	0.009 (0.014)	0.006 (0.014)
sexratio	0.565*** (0.110)	0.578*** (0.110)	0.484*** (0.103)	0.463*** (0.103)	-0.024 (0.024)	-0.071*** (0.025)	-0.071*** (0.023)	-0.003 (0.022)
lifeexp	-0.181** (0.081)	-0.020 (0.087)	-0.241** (0.107)	-0.214** (0.107)	0.193*** (0.037)	0.301*** (0.031)	0.231*** (0.040)	0.317*** (0.033)
tradeopean	-0.027*** (0.009)	-0.026*** (0.009)	-0.028*** (0.009)	-0.028*** (0.009)	-0.083*** (0.005)	-0.074*** (0.004)	-0.084*** (0.005)	-0.077*** (0.004)
kaopen	-0.489*** (0.177)	-0.500*** (0.176)	-0.408** (0.179)	-0.311* (0.184)	-0.389*** (0.102)	-0.351*** (0.096)	-0.357*** (0.105)	-0.326*** (0.097)
nfa	-0.004 (0.003)	-0.005 (0.004)	-0.004 (0.004)	-0.004 (0.004)	-0.0006 (0.0004)	-0.0004 (0.0004)	-0.0010* (0.0005)	-0.0004 (0.0005)

续表

变量	(9) IV	(10) IV	(11) IV	(12) IV	(13) 系统 GMM	(14) 系统 GMM	(15) 系统 GMM	(16) 系统 GMM
L1.tot	-3.082 (3.408)	-2.679 (3.390)	-2.636 (3.400)	-2.383 (3.396)	-1.922** (0.934)	-2.274** (1.039)	-1.977** (0.870)	-1.790** (0.894)
常数项	-20.567* (11.946)	-10.242 (12.741)	-13.830 (13.149)	9.981 (15.977)				
样本数	2505	2505	2505	2505	2941	2941	2941	2941
R^2	0.395	0.400	0.393	0.394				
DWH 检验值	3.173**	2.483*	2.748*	2.619*				
K-P1 检验值	465.297***	276.535***	451.789***	259.480***				
K-P2 检验值	155.888***	146.932***	177.016***	173.068***				
AR1 检验					-4.857***	-4.911***	-4.865***	-4.900***
AR2 检验					-0.568	-0.211	-0.662	-0.372
Sargan 检验值及 P 值					73.678 [0.147]	76.960 [0.106]	72.329 [0.174]	74.567 [0.132]

注: K-P1 检验值和 K-P2 检验值分别对应人力资本平均水平指标 (即 HC_stock 和 HC_eduyear) 和人力资本分布 (即 HC_cv 和 HC_gini) 的 K-P 检验值; 其余说明同表 2。

表4 稳健性检验结果

变量	(17) IV	(18) IV	(19) IV	(20) IV	(21) IV	(22) IV	(23) IV	(24) IV
HC_stock	−7.250** (3.492)		−6.049** (2.301)		−4.919* (2.921)		−9.628*** (2.410)	
HC_eduyear		−6.505** (3.217)		−3.662*** (1.161)		−2.976 (2.664)		
HC_cv	−7.455** (3.672)	−7.725** (3.648)			−5.356*** (1.901)	−6.164*** (1.764)		−5.237*** (1.146)
HC_gini			−33.165 (32.691)	−77.355** (35.194)			−43.828** (21.845)	−105.026*** (28.486)
rgdp	0.002*** (0.0002)	0.002*** (0.0002)	0.002*** (0.0002)	0.002*** (0.0002)	0.002*** (0.0002)	0.002*** (0.0002)	0.002*** (0.0002)	0.002*** (0.0002)
rgdp^2	−1.56e−8*** (2.54e−9)	−1.48e−8*** (2.54e−9)	−1.57e−8*** (2.36e−9)	−1.70e−8*** (2.40e−9)	−1.53e−8*** (2.54e−9)	−1.51e−8*** (2.56e−9)	−1.62e−8*** (2.47e−9)	−1.81e−8*** (2.60e−9)
gdprate	0.347*** (0.051)	0.318*** (0.053)	0.340*** (0.047)	0.325*** (0.048)	0.261*** (0.041)	0.249*** (0.043)	0.270*** (0.039)	0.249*** (0.040)
adr	−0.002 (0.064)	−0.090 (0.086)	−0.041 (0.067)	−0.052 (0.067)	−0.065 (0.048)	−0.097 (0.064)	−0.033 (0.054)	−0.078 (0.056)
sexratio	0.721*** (0.126)	0.791*** (0.139)	0.715*** (0.121)	0.704*** (0.120)	0.753*** (0.140)	0.729*** (0.151)	0.582*** (0.118)	0.516*** (0.122)

续表

变量	(17) IV	(18) IV	(19) IV	(20) IV	(21) IV	(22) IV	(23) IV	(24) IV
lifeexp	-0.172 (0.249)	0.258 (0.376)	-0.197 (0.307)	-0.048 (0.322)	-0.028 (0.078)	-0.040 (0.104)	-0.253** (0.110)	-0.221** (0.110)
tradeopean	-0.005 (0.014)	-0.015 (0.016)	-0.017 (0.013)	-0.017 (0.013)	-0.023** (0.011)	-0.025** (0.011)	-0.035*** (0.010)	-0.032*** (0.010)
kaopen	-0.685*** (0.214)	-0.801*** (0.212)	-0.678*** (0.220)	-0.627*** (0.219)	-0.562*** (0.196)	-0.574*** (0.201)	-0.320* (0.190)	-0.203 (0.197)
nfa	-0.001 (0.004)	-0.003 (0.004)	-0.001 (0.004)	-0.002 (0.004)	-0.005 (0.004)	-0.006 (0.004)	-0.006 (0.004)	-0.007* (0.004)
L1.tot	1.118 (5.164)	1.875 (5.199)	3.834 (4.475)	3.538 (4.456)	-0.646 (3.887)	-0.298 (3.898)	-2.401 (3.599)	-1.859 (3.619)
常数项	-39.019 (25.859)	-34.374 (25.208)	-51.302* (26.902)	-39.042 (26.697)	-50.957*** (14.965)	-38.384 (26.876)	-21.649 (15.928)	12.891 (19.932)
样本数	1857	1857	1857	1857	2356	2356	2356	2356
经济体数量	74	74	74	74	103	103	103	103
R^2	0.063	0.097	0.085	0.090	0.091	0.098	0.091	0.095

注：同表2。

五、进一步探讨——影响机制的检验

本文理论分析框架表明,人力资本水平和分布是通过影响新型国际分工格局,进而影响经常账户余额。也就是说,人力资本水平和分布均通过国际分工新形态这个中介变量,对经常账户余额产生影响。对前面已经检验了人力资本水平和分布与经常账户余额之间的关系,则进一步利用中介效应检验方法对影响机制进行识别。依据前文的理论分析设定如下中介效应模型:

$$CA_{it} = \alpha_0 + \alpha_1 HC_{it} + \alpha_2 X_{it} + \kappa_{it} \tag{5}$$

$$M_{it} = \beta_0 + \beta_1 HC_{it} + \beta_2 Y_{it} + \pi_{it} \tag{6}$$

$$CA_{it} = \gamma_0 + \gamma_1 HC_{it} + \gamma_2 M_{it} + \gamma_3 X_{it} + v_{it} \tag{7}$$

式(5)~式(7)中,M_{it}表示中介变量,即国际分工格局,用私人部门信贷占GDP的比重来衡量,该数据来源于世界银行WDI数据库,一国私人部门信贷占GDP的比重(finance)越大意味着该国金融业的比较优势越大,从而主要从事金融业;Y_{it}表示影响中介变量的其他控制变量,我们依据钱纳里和塞尔昆(1988)在《发展的型式:1950~1970年》中有关经济结构分析的模型设定,选择人均实际GDP、人口数量及其平方项作为控制变量;κ_{it}、π_{it}和v_{it}分别为各方程的误差项,其中$\kappa_{it} = \delta_i + \mu_t + \varepsilon_{it}$;系数$\alpha_1$为人力资本状况$HC_{it}$对经常账户余额的总效应;系数$\beta_1$为人力资本状况$HC_{it}$对中介变量的效应;系数$\gamma_1$为控制了中介变量的影响之后,人力资本状况$HC_{it}$对中介变量的直接效应;系数$\gamma_2$为中介变量对经常账户余额的效应;其余变量和符号的含义与式(1)相同。

依据巴罗和肯尼(1986)提出的逐步检验法来进行中介效应检验。具体检验步骤如下:第一步,对表2中的(5)进行估计,如果估计系数α_1显著,表明人力资本状况对经常账户余额产生了显著的影响,则检验继续。第二步,对表2中的(6)进行估计,如果估计系数β_1不显著,则表明人力资本状况不能显著影响中介变量,检验终止;反之,如果β_1显著,则检验继续。第三步,对表2中的(7)进行估计,如果γ_1不显著而γ_2显著,表明人力资本状况对经常账户余额产生了完全中介效应,即人力资本状况对经常账户余额的影响,完全通过中介变量M传递;如果γ_1和γ_2都显著,表明人力资本状况对经常账户余额产生了不完全中介效应,即人力资本状况对经常账户余额即产生了中介效应,还存在直接效应。根据上述检验步骤,并使用固定效应方法对表2中的(5)~(7)进行估计。

前面已完成中介效应检验的第一步，表2中的（5）~（8）报告了固定效应方法的估计结果，估计系数 α_1 显著为负，表明人力资本平均水平和分布对经常账户余额产生了显著的负向效应。第二步和第三步的估计结果由表5来报告。从表5中的（25）~（28）可以看出，在控制了国家固定效应和时间固定效应以后，HC_stok、HC_eduyear、HC_cv 和 HC_gini 的估计系数均显著为正，这意味着人力资本平均水平越高、分布越分散的经济体，金融服务业的比较优势越大，因此，在新型国际分工中越有可能主要发展金融服务业。从表5中的（29）~（32）可以看出，中介变量 finance 对经常账户余额产生了显著的负向影响，即金融服务业越发达的经济体，其经常账户余额越小；而 HC_stok、HC_eduyear、HC_cv 和 HC_gini 的估计系数大多仍显著为负，但相较于表2中的（5）~（8）的估计结果，估计系数的绝对值有所下降，这说明人力资本平均水平和分布通过中介变量 finance 对经常账户余额产生了不完全中介效应。由此可见，以上中介效应的检验结果与前文的理论分析相符，即人力资本平均水平的提升以及分散程度的提高将导致经济体在国际分工中更偏向金融服务业，并降低其经常账户余额。

六、结论与启示

当前，全球失衡现象受到了学者和政策制定者的普遍关注，大量研究分析了这一现象的根源。其中，徐建炜和姚洋（2010）所提出的新形态国际分工学说无疑是最具说服力的理论解释。然而，从某种意义上来说，当前国际分工的新形态又是某些长期因素作用下的结果，其也不是外生的根源。那么，又有哪些主要因素推动了新型国际分工的形成，并进一步导致全球失衡呢？徐建炜和姚洋（2010）虽有所提及，但并未进行深入和系统的研究。

本文认为，各经济体人力资本状况（包括人力资本平均水平和分布）的差异导致他们在实体经济部门和金融部门之间的比较优势差异。金融服务业的发展需要投入高水平的人力资本，因此，人力资本平均水平较高、分布相对分散的经济体，在发展金融服务业上具有比较优势，并通过出口金融资产来换取产品和实际资源，从而出现经常账户的逆差；反之，人力资本平均水平较低、分布相对集中的经济体，则在发展实体经济上具有比较优势，因此出现经常账户的持续顺差。为了验证以上理论观点，本文进一步利用全球108个经济体1983~2014年的面板数据进行了实证研究，结果表明人力资本平均水平、分散程度与经常账户余额之间存在显著的负相关关系。本文还使

表 5　中介效应检验结果

变量	(25)	(26)	(27)	(28)	(29)	(30)	(31)	(32)
	固定效应	固定效应	固定效应	固定效应	固定效应	固定效应	固定效应	固定效应
HC_stock	16.441*** (2.608)		16.147*** (2.491)		-1.483 (1.049)		-0.984* (1.019)	
HC_eduyear		3.690*** (0.828)		5.051*** (0.815)		-0.943*** (0.332)		-0.769** (0.337)
HC_cv	3.049*** (0.886)	3.858*** (1.049)			-0.834** (0.368)	-1.386*** (0.431)		
HC_gini			71.876*** (14.357)	114.970*** (17.517)			-7.742*** (5.942)	-16.410** (7.269)
finance					-0.052*** (0.008)	-0.050*** (0.008)	-0.052*** (0.008)	-0.051*** (0.008)
控制变量	是	是	是	是	是	是	是	是
国家效应	是	是	是	是	是	是	是	是
时间效应	是	是	是	是	是	是	是	是
样本数	3128	3128	3128	3128	2923	2923	2923	2923
R^2	0.364	0.360	0.367	0.366	0.095	0.097	0.094	0.095

注：说明同表 2。

用一系列方法来确保实证结果的稳健性,包括使用不同的指标来衡量人力资本水平和分布,使用多种估计方法进行估计,使用工具变量方法和系统 GMM 方法来处理潜在的内生性问题,使用剔除特定经济体后的样本进行回归,使用中介效应检验方法来识别影响机制等等,所有结果均支持了本文的理论观点。

本研究结论对于理解当前的全球失衡具有重要的启示。第一,当前的全球失衡是世界各经济体基于自身人力资本状况差异而形成的相互分工和相互合作的大格局导致的,是市场机制发挥作用的结果,因此,具有一定的必然性和合理性。第二,当前各经济体的人力资本状况是较长时期演变和发展的结果,短时期内难以得到显著的改变,因此,当前的国际分工形态以及全球失衡现象还将持续较长的一段时期,而汇率变动、贸易保护政策等短期调节方式更是无法从根本解决这一问题。第三,对美英两国而言,虽然储备货币地位能在一定程度上为其经常账户逆差提供融资,但这也会加大世界经济的风险,只能通过调整产业结构,降低本国对金融业的依赖,重振高端制造业,才能从根本上降低经常账户逆差。第四,对于顺差国的典型代表中国而言,则需要通过经济转型来实现外部平衡目标:一方面,通过提高人力资本的平均水平来促进产业结构的升级,实现由低附加值的劳动密集型产业向高附加值的高端制造业和服务业转变;另一方面,注重提升金融业的效率,使本国储蓄更有效地转换为投资,从而降低经常账户顺差。

参 考 文 献

[1] 蔡兴,刘子兰. 人口因素与东亚贸易顺差——基于人口年龄结构、预期寿命和性别比率等人口因素的实证研究 [J]. 中国软科学,2013 (9):48-59.

[2] 陈强. 高级计量经济学及 Stata 应用 [M]. 北京:高等教育出版社,2010.

[3] 胡超,张捷. 新形态国际分工与国际经济失衡——基于跨国截面和中美贸易数据的实证 [J]. 产业经济研究,2011 (3):38-49.

[4] 黄玖立,冼国明,吴敏,严兵. 学校教育与比较优势:解构作为渠道的技能 [J]. 经济研究,2014 (4):172-186.

[5] 姜凌,王晓辉. 全球失衡原因:基于"恒久收入—生命周期假说"与国际分工的视角 [J]. 国际金融研究,2011 (2):42-51.

[6] 鞠建东,余心玎. 全球价值链研究及国际贸易格局分析 [J]. 经济学报,2014 (2):126-149.

[7] 李兵,任远. 人口结构是怎样影响经常账户不平衡的——以第二次世界大战为工具变量的

经验证据 [J]. 经济研究, 2015 (10): 119 – 133.

[8] 李海峥, 梁赟玲等. 中国人力资本测度与指数构建 [J]. 经济研究, 2010 (8): 42 – 54.

[9] 茅锐, 徐建炜, 姚洋. 经常账户失衡的根源——基于比较优势的国际分工 [J]. 金融研究, 2012 (12): 23 – 37.

[10] 钱纳里, 塞尔昆. 发展的型式: 1950~1970 年 [M]. 北京: 经济科学出版社, 1988.

[11] 田丰, 徐建炜等. 全球失衡的内在根源: 一个文献综述 [J]. 世界经济, 2012 (10): 143 – 160.

[12] 佟家栋, 云蔚, 彭支伟. 新型国际分工、国际收支失衡与金融创新 [J]. 南开经济研究, 2011 (3): 3 – 15.

[13] 王道平, 范小云. 现行的国际货币体系是否是全球经济失衡和金融危机的原因 [J]. 世界经济, 2011 (1): 52 – 72.

[14] 徐建炜, 姚洋. 国际分工新形态、金融市场发展与全球失衡 [J]. 世界经济, 2010 (03): 3 – 30.

[15] 杨盼盼, 徐建炜. "全球失衡"的百年变迁——基于经验数据与事实比较的分析 [J]. 经济学 (季刊), 2014 (2): 625 – 646.

[16] 姚洋, 邹静娴. 经济增长差异、生命周期假说和"配置之谜" [J]. 经济研究, 2016 (3): 51 – 65.

[17] 余静文, 梁润, 王勋. 金融抑制背后的人口年龄结构因素——基于跨国数据的经验研究 [J]. 金融研究, 2014 (2): 1 – 15.

[18] 中国经济增长与宏观稳定课题组. 全球失衡、金融危机与中国经济的复苏 [J]. 经济研究, 2009 (5): 4 – 20.

[19] Asuyama Y., 2012, "Skill Distribution and Comparative Advantage: A Comparison of China and India," World Development, 40 (5), pp. 956 – 969.

[20] Baron R. M. and D. A. Kenny, 1986, "The Moderator-mediator Variable Distinction in Social Psychological Research: Conceptual, Strategic, and Statistical Considerations," Journal of Personality and Social Psychology, 51 (6) pp. 1173 – 1182.

[21] Barro R. J. and J. W. Lee, 1996, "International Measures of Schooling Years and Schooling Quality," American Economic Review, 86, pp. 218 – 223.

[22] Barro R. and J. W. Lee, 2001, "International Data on Educational Attainment: Updates and Implications," Oxford Economic Papers, 53 (3).

[23] Bernanke B., 2005, "The Global Saving Glut and the US Current Account Deficit," Sandridge Lecture Speech.

[24] Bernanke B., 2007, "Global Imbalances: Recent Developments and Prospects," Bundesbank Lecture Speech.

[25] Bloom D. E., D. Canning, R. Mansfield, and M. Moore, 2007, "Demographic Change, Social

Security Systems and Savings," Journal of Monetary Economics, 54 (1), pp. 92 – 114.

[26] Bombardini M., G. Gallipoli and G. Pupato, 2012, "Skill Dispersion and Trade Flows," American Economic Review, 102 (5), pp. 2327 – 2348.

[27] Bougheas S. and R. Riezman, 2007, "Trade and the Distribution of Human Capital," Journal of International Economics, 73 (2), pp. 421 – 433.

[28] Caballero R. J., E. Farhi and P. Gourinchas, 2008, "An Equilibrium Model of 'Global Imbalances' and Low Interest Rates," American Economic Review, 98 (1), pp. 358 – 393.

[29] Chinn M. D. and E. S. Prasard, 2003, "Medium-term Determinants of Current Accounts in Industrial and Developing Countries: An Empirical Exploration," Journal of International Economics, 59 (1), pp. 47 – 76.

[30] Chinn M. D. and H. Ito, 2007, "Current Accounts Balances, Financial Development and Institutions: Assaying the World 'Saving Glut'", Journal of International Money and Finance, 26 (4), 546 – 569.

[31] Dooley M. P., D. Folkerts-Landau and P. Garber, 2003, "An Essay on the Revived Bretton Woods System," NBER Working Paper, No. 9971.

[32] Dooley M. P., D. Folkerts-Landau and P. Garber, 2004, "The Revived Bretton Woods System: The Effects of Periphery Intervention and Reserve Management on Interest Rates & Exchange Rates in Center Countries," NBER Working Paper, No. 10332.

[33] Du Q. Y. and S. J. Wei, 2010, "A Sexually Unbalanced Model of Current Account Imbalance", NBER Working Paper, No. 16000.

[34] Findlay R. and H. Kierzkowski, 1983, "International Trade and Human Capital," Journal of Political Economy, 91 (6), pp. 957 – 978.

[35] Frias I., A. Iglesias and I. Neira, 2000, "Regional Specialization and Trade Patterns in Europe," Working Paper Series Economic Development, No. 46.

[36] Grossman G. and G. Maggi, 2000, "Diversity and Trade," American Economic Review, 90 (5), pp. 1255 – 1275.

[37] Ju J., K. Shin and S. J. Wei, 2011, "Are Trade Liberalizations a Source of Global Current Account Imbalance," NBER Working Paper.

[38] Kenen P. B., 1970, "Skills, Human Capital, and Comparative Advantage," in Education, Income, and Human Capital, Eds. by Hansen W. L., pp. 195 – 240.

[39] Kim S. and J. W. Lee, 2008, "Demographic Changes, Saving, and Current Account: An Analysis Based on a Panel VAR Model," Japan and the World Economy, 20 (2), pp. 236 – 256.

[40] Lee J. W. and H. Lee, 2015, "Human Capital in the Long Run," Korea University Working Paper.

[41] Mendoza E. G., V. Quadrini and J. V. Rios-Rull, 2009, "Financial Integration, Financial Development, and Global Imbalances," Journal of Political Economy, 117 (3), pp. 371 – 416.

[42] McKinnon R. I., 2001 "The International Dollar Standard and Sustainability of the U. S. Current Account Deficit." Brookings Panel on Economic Activity: Symposium on the U. S. Current Account.

[43] Modigliani, F., 1970, "The life cycle hypothesis of saving and intercountry differences in the saving ratio", in Induction, Growth and Trade: Essays in Honor of Sir Roy Harrod Eds. By Eltis, W., M. Scott and J. Wolfe, London: Clarendon Press.

[44] Mincer, J. A., 1974. "Schooling, Experience, and Earnings," Published by Columbia University Press.

[45] Obstfeld M. and K. Rogoff, 2009, "Global Imbalances and the Financial Crisis: Products of Common Causes," CEPR Working Paper, No. 7606.

Human Capital, New International Division and Global Imbalance

Cai Xing, Xiao Xiang

Abstract Global imbalances is one of the important characteristics of current world economy. Many scholars had discussed the source of global economic imbalances. This paper developed Xu and Yao (2010)'s New International Division theory, and suggested that the difference of the average level and distribution of human capital maybe the important factor to promote the formation of the new international division, which is also the deeper source of global imbalances. Specifically speaking, as for higher human capital average level and more decentralized distribution economies, financial services industry has comparative advantages, followed by continued current account deficit. Conversely, as for lower human capital average level and more centralized distribution of economies, the real economy has comparative advantages, followed by continued current account surplus. By using 108 economies' panel data for a long period of time, the empirical result and robustness testing results were found to support our theoretical perspective, which will have important implications for further understanding of the current new international division and global imbalances.

Key words Human Capital; International Division; Global Imbalance; Instrumental Variable; Mediation Effect

学术研究动态

后发大国怎样培育国家创新优势*

欧阳峣　刘霞辉　黄先海　金邓建

编者按：习近平总书记在党的十九大报告中强调："加快建设创新型国家。创新是引领发展的第一动力，是建设现代化经济体系的战略支撑。"我们要坚定不移地贯彻创新、协调、绿色、开放、共享新发展理念，其中创新发展是居于首位的，创新发展战略在现代化全局中居于核心位置。在中国特色社会主义发展的新时代，实现"两个一百年"奋斗目标，实现中华民族伟大复兴的中国梦，需要贯彻新发展理念，努力培育国家创新优势，为建设现代化经济体系提供有力的支撑。为此，本刊特邀请四位专家围绕"后发大国怎样培育国家创新优势"的主题展开讨论。

主持人：张雁（《经济日报》记者）
嘉　宾：欧阳峣（湖南师范大学副校长）
　　　　刘霞辉（中国社会科学院研究员）
　　　　黄先海（浙江大学长江学者特聘教授）
　　　　金邓建（美国迪金斯学院讲席教授）

一、培育国家创新优势是后发国家发展的核心动力

主持人：党的十九大报告提出"创新是引领发展的第一动力，是建设现代化经济体系的战略支撑"，把创新同建设现代化经济体系结合起来，使创新成为国家兴旺发达的不竭动力的理念更加具体化了。在中国特色社会主义发展的新时代，我们怎样站在历史和现实结合的高度，深刻地理解创新引领发展的重要作用？深刻地理解培育国家创新优势的重大意义？

＊本文原载于《光明日报》2018年1月8日。

欧阳峣：纵观世界文明史，每一次科学技术的革命都给生产和生活带来巨大而深刻的影响，从而推动人类社会的进步。中国古代曾经有过经济繁荣和国家鼎盛，出现了众多的能工巧匠，产生了影响世界历史进程的"四大发明"，向世界展现了繁荣富强的大国形象。然而在现代化进程中成为落伍者，关键原因就是缺乏技术创新和制度创新。近代以来，中国的仁人志士孜孜以求地致力于中华民族的复兴，寻求推动国家走向富强的道路。在中国特色社会主义的实践中，邓小平同志作出了"科学技术是第一生产力"的论断，习近平同志深刻地指出：一个国家只是经济体量大，还不能代表强。我们是一个大国，在科技创新上要有自己的东西。

目前，中国经济发展处在从高速增长阶段向高质量发展阶段的转型时期，这是一个由粗放型增长转向集约型增长的过程，前者主要依靠生产要素的巨大投入推动经济增长，后者主要依靠科技进步推动经济增长。我们要建设现代化经济体系，其核心应该是建设现代化产业技术体系，为此，要把科技创新作为战略支撑。改革开放以来，中国通过大量引进发达国家的先进技术和设备，利用技术扩散效应实现技术追赶，依靠模仿创新缩小了同世界先进技术水平的差距，推动了经济的高速和持续增长。然而，随着国家要素禀赋和技术能力的演进，技术创新将进入换挡期，需要从模仿创新走向自主创新。而要解决当前经济发展中的粗放型增长方式和低端产业结构问题，跨越"中等收入陷阱"，从经济大国走向经济强国，就必须把科技创新摆在国家发展全局的核心位置，努力培育国家创新优势。

金邓建：美国成为 20 世纪的世界霸主，很大程度上来自它对英国和德国科学技术及制度创新的创造性吸收、综合和超越。我们可以看到，美国构建了一整套能够激励创新的制度和政策，使创新活力不衰，推动经济可持续发展。在工业化的过程中，从电灯发明者爱迪生、飞机发明者莱特兄弟到微软公司创始人比尔·盖茨，这些持续不断的重大发明和创新，催生了新的产业，大幅度提高了美国的生产率，增强了经济实力和综合国力。中国自改革开放以来，通过发挥后发优势实现了经济的迅速发展，成为在世界上有影响力的新兴大国。中国要重新走进世界舞台中心，就要在吸收西方现代科技的基础上进行超越，同时应该进行制度创新，真正形成自身的创新优势。

黄先海：怎样推动非技术前沿经济体获得更快的技术进步和经济增长，始终是国际发展经济学的主要议题。后发大国拥有庞大的市场规模，可以依托国内市场规模形成三大创新优势。第一种优势是面向当代前沿技术的跟进创新优势，即通过模仿发达国家的先进技术进行追赶，追踪和跟进前沿技术；第二种优势是面向下一代技术的"蛙跳"创新优势，即在追赶到接近世界前沿技术的时候，通过集成创新和自主创新实现"蛙跳"，超越世界前沿技术；第三种优势是面向未知新兴技术的试错创新优势，即基于后发大国巨大的市场规模和多维的市场结构，不同技术创新方向上的企业和技术均能获得一定的市场回报激励，从而容纳更高的创新试错密度。世界大国经济赶超的历史表明，后发国家很难在现有技术经济模式下超越领先国家，而是要在下一代技术上实现根本性超越。中国作为后发大国，拥有上述三大创新优势，目前最关键的问题是怎样实现"蛙跳"，实现对国际前沿技术的超越。

二、建设国家创新体系是培育国家创新优势的基础

主持人：2016年5月，我国出台了《国家创新驱动发展战略纲要》，提出建设国家创新体系的任务。国家创新优势的基础是国家创新体系，它应该是包括技术创新要素和技术创新方式的有机系统。我们应该怎样增加这些技术创新要素，选择合适的技术创新方式，从而培育国家创新优势？

欧阳峣：建设国家创新体系是复杂的系统工程，主要包括创新主体、创新能力和创新机制以及各种资源优化配置的整体效能。从创新主体看，要明确企业、科研院所、高等学校、社会组织等各类创新主体的功能定位，充分发挥其在技术创新和研发中的作用；从制度安排上看，要构建政府和市场结合的机制，完善激励政策体系和保护创新的法律制度；从创新环境看，要营造鼓励创新的社会环境，激发全社会创新活力。党的十九大报告强调："建立以企业为主体、市场为导向、产学研深度融合的技术创新体系。"建设国家创新体系和技术创新体系，从总体目标看，就是使创新链条有机衔接，创新体系协同高效，构建科学的创新治理体系。

怎样培育国家创新优势？这个问题不仅涉及创新主体的培育、创新链条的构建，而且涉及选择适宜的创新方式问题。前面说过，后发国家有一种技术性后发优势，主要表现为后发国家学习和追赶发达国家，即从先发国家引进各种先进技术，经过模仿和消化吸收，利用技术外溢效应获得后发利益，尽快缩小同发达国家的技术差距。因此，后发国家在工业化初期，可以选择模仿创新的方式，基于后发优势形成国家创新优势；然而，当后发国家的技术水平接近和达到世界先进技术水平的时候，应该实现从模仿创新到自主创新的转变，以自主创新构建国家创新优势，尽快走向国际技术前沿，从而推动产业结构升级，在国际经济分工中进入价值链高端。为此，我们既要瞄准世界科技前沿，实现前瞻性基础研究、引领性原创成果的重大突破，又要突出关键共性技术、前沿引领技术、现代工程技术和颠覆性技术创新，以这样的技术创新支撑国家的产业创新。

刘霞辉：中国属于典型的发展中大国，主要拥有两种优势：首先是作为后发国家，可以模仿发达国家的先进技术，在技术创新中可以减少初期研发投资的风险，从而具有后发优势；其次是作为人口众多的大国，具有规模庞大的技术市场，可以为技术创新提供巨大的消费空间，从而具有大国优势。具体地说，培育国家创新优势，应该从两个方面着手：一是从整体创新系统上进行突破，将技术平台和消费平台结合，才有可能保持技术的长期收益，为此，中国的技术创新应立足于中国的人口规模和消费结构特点，为消费者提供适宜的消费品；二是企业和市场紧密配合，企业的技术创新要适合技术市场的需求。同时，应该形成一套有效的创新支撑系统，如通过产学研结合使企业以更快的速度和更低的成本获得技术，并在税收和金融上支持创新类产品。只有这样，才能使大国优势在技术创新方面得到充分发挥。

黄先海：后发大国庞大的市场规模和多元的结构，使其内生地存在创新优势。推动潜在的创新优势向现实转化，需要三个支撑条件：第一，实现跟进创新优势，需要基于国家要素禀赋和企业技术能力，学习和吸收当代前沿技术，进行"干中学"和"出口中学"，但要避免落入"分工锁定"和"技术锁定"，从而在追赶中实现超越；第二，实现"蛙跳"创新优势，需要面向下一代技术有导向地开展自主研发，在技术迭代和产品换代的临界点，政府应给予合理的创新导向和产权激励，为"蛙跳"创新创造条件；第三，实现试错创新优势，这是为了降低信息不确定性和误判风险。在大量微观企业进行频繁的试错性创新时，企业特别需要自由竞争环境，包括自由进入、创新激励、动态退出和市场筛选等。将三大创新优势有机结合，可以有效地推动后发大国的技术创新和技术进步。

金邓建：后发大国发挥技术创新的后发优势，需要构建相应的动态系统。从纵向看，第一层次是企业战略上的单个产品竞争优势；第二层次是产业及产业群竞争优势；第三层次是国家科技创新制度及产业发展改革的竞争优势；第四层次是在世界文明的演化及兴衰视野中的竞争优势。而从横向看，则包括地理、资源、人口、经济、政治、文化等诸多方面，它们是相互依存和相互影响的。我们应该致力于各种要素的有机结合，各个层次的相互联结，从而形成一根完整的创新链条。中国从20世纪80年代开始的成功发展，主要是通过增加资本投资和劳动力数量扩大国家生产能力，这种以要素投入数量为基础的经济战略，创造了世界最高的GDP增长率。但发展到现在，产业升级遇到困难，就像20世纪80年代的日本和90年代的韩国，中国需要重新规划一种新的发展战略，确立依靠技术创新驱动经济增长的理念，从制造大国走向制造强国。

三、建立以企业为主体的技术创新体系

主持人：企业是技术创新的微观主体，在技术创新体系中处于重要位置，可以在技术创新中发挥重要的作用。我国的科技体制改革有一个重要任务，就是要建立以企业为主体的技术创新体系，激发创新主体的活力。我们应该怎样正确认识和发挥企业家在技术创新中的作用，并且重视弘扬企业家精神？

欧阳峣：当前，中国正在深化科技体制改革，就是要建立以企业为主体、市场为导向、产学研深度融合的技术创新体系，加强对中小企业创新的支持，促进科技成果转化。企业是技术创新的微观主体，企业家在经济活动中愈益受到政府和社会重视。正在着力营造保护企业家合法权益的法制环境，促进企业家公平竞争的市场环境，激励企业家干事创业的社会氛围。特别是支持企业家创新发展，引导金融机构为创新创业提供资金支持；鼓励企业家追求卓越，弘扬敢闯敢试、敢于承担风险的精神，捕捉市场机遇，争创一流企业，培育和发展壮大更多具有国际影响力的领军企业。最近，中共中央和国务院专门就营造企业家健康成长环境、弘扬优秀企业家精神、更好发挥企业家作用的问题下发文件，提出了一些支持企业家创新发展、追求卓越的具体思路和政策措施。

黄先海：培育一批优秀的中国企业家，需要加快建立新的技术进步激励体系，为企业家创新创业营造良好环境。具体而言，要扩大产品市场的进入端自由度，方便新生企业的自由进入，促进企业家创办新企业和开拓新领域；要实施阶梯递进的知识产权保护政策，强化竞争激励和创新预期，切实保护企业家的创新权益；要支持企业家赶超国际技术前沿，实施竞争兼容补贴，鼓励企业家进行试错创新。同时，应该把物质激励和精神激励有机结合起来，健全一套有效的激励机制，使那些对技术进步作出重要贡献的企业家，不仅在物质利益上得到补偿，而且在精神方面得到社会荣誉。

刘霞辉：经过几十年的改革开放实践，中国企业普遍掌握了全球通用技术，有的企业成为了全球创业的龙头，所以，中国的企业家要增强创新发展的信心。据统计，目前中国是世界上第二大风险投资国，每年通过各类风险投资建立的企业有数十万家，很多企业在全球成为独角兽，还出现了阿里巴巴和腾讯这样在全球市值领先的大公司。中国拥有巨大的消费市场，并且具备了相对完善的风险投资系统，创新应该是企业家完全可以尝试的事情。我们的企业家要勇于创新，善于创新，特别是从模仿创新走向技术创新，在追赶前沿技术的过程中抓住机遇，实现关键核心技术的超越。

四、培育创新文化有利于推动国家创新体系的建设

主持人：党的十九大报告提出实现引领性原创性成果重大突破，突出颠覆性技术创新。我们在赶超世界先进技术的过程中，特别需要颠覆性的技术创新，而这种类型的创新离不开创新文化环境。我们应该怎样培育创新文化，从而适应培育国家创新优势的要求？

金邓建：我认为，近现代西方国家科技的兴起，同西方人崇尚怀疑的精神有着密切联系。古希腊哲学家和科学家亚里士多德说过：吾爱吾师，吾更爱真理。中国要建设创新型国家，就应该培养一批不仅拥有世界科学技术最前沿的知识，而且富有怀疑与挑战精神的科学家和企业家，特别是建立一个开放、平等和宽容的平台让这些人公平竞争，从而涌现出一批科学大师和乔布斯式的创新巨人。当今的科学技术只有出现颠覆性创新的时候，后发者才可以利用由此产生的机会进行"蛙跳"，成功地跃入创新高地。应该培育一种创新文化，倡导怀疑和批判的精神，从而使中国企业家成为颠覆性创新的引领者，使中国迈入先发者的行列。

刘霞辉：熊彼特把创新引入"创造性破坏"的过程，使得旧的事情被抛弃，或者转变为新的形式、新的方法、新的需求和新的习惯。从本质上说，创造性破坏一般倾向于通过强化积极的和创造性的发展特征，减少消极的和破坏性的影响，从而实现未来导向的或预见性的发展。在有的西方国家，逆行的思维比发展的思维在公共领域更加盛行，甚至破坏了积极的和未来导向的优势；而在中国，创新不断成为政府和企业最关注的事情，我认为既应该有发展的思维，通过"创造性破坏"实现技术和经济的进步，特别是旧的技术链条的中断和新的技术链条的形成；同时，也要避免这种现象过热，应该协调好快和慢、动态和静态、新和旧之间的自然平衡，从总体上保持发展的连续性和稳定性。

欧阳峣：党的十九大提出了"加快建设创新型国家"和"倡导创新文化"的任务，这是建设现代化经济体系的要求，这三者之间在逻辑上是一致的。倡导创新文化是建设创新型国家的精神力量，建设国家创新体系是建设现代化经济体系的重要内容。从创新文化到创新型国家再到现代化经济体系，这是我们分析问题和制定政策的逻辑链条。为全面建成社会主义现代化强国，实现中华民族伟大复兴的中国梦，迫切需要贯彻新发展理念，弘扬创新精神，用创新文化培育中国的企业家、科学家和全体国民，真正形成促进创新特别是颠覆性创新的文化环境，进而通过自主创新推动技术和产业的升级，真正进入全球价值链的高端，从经济大国迈向经济强国。

技术需求、创新优势和大国发展*
——2017年大国经济论坛观点综述

罗富政

2017年9月23日,大国经济论坛2017年学术年会在湖南师范大学举行,本届年会的主题为"技术需求、创新优势和大国发展",由湖南师范大学商学院和大国经济研究中心共同举办。来自德国奥格斯堡大学、美国迪金森学院、中国社会科学院、浙江理工大学、广州大学、南京审计大学、湖南师范大学、湖南商学院等单位的专家学者参加会议。与会专家学者结合熊彼特理论的发展前沿,对技术需求、创新优势和大国发展等方面的具体问题进行了深入探讨。

一、新熊彼特理论与创新动力机制

新熊彼特理论是技术创新研究的重要框架。那么,当前新熊彼特理论的前沿发展如何?在新熊彼特理论框架下技术创新动力机制又如何呢?

德国奥格斯堡大学霍斯特·汉思奇教授深入分析了工业化的运行机制问题。他强调了"创造性破坏"的良性概念,并提出了熊彼特1942年著作中的观点,即驱动经济发展的并不是市场竞争而是各种创新观点及大公司的力量。同时,他也从贫富差距视角提出了"经济变化中创新性与破坏性极度不平衡"的担忧。他认为,革命性的技术运动在最后实现时能发展出更好的社会,即使其曾是非常具有破坏性的。同时,他认为应对"创造性破坏"的重要前提是这个社会准备好了通过教育、学习和研究来掌控未来,愿意接纳变化,有应对未来不确定性包括"创造性破坏"的弹性。

中国社会科学院刘霞辉教授探讨了新熊彼特理论视域下agent计量经济学的研究脉

---

* 本文原载于《经济学动态》2017年第10期。

络。他分析了基于主体计算经济学（ACE）的概念框架及仿真平台，并从微观、中观及宏观三个层面分析了新熊彼特主义视域下 ACE 的应用前沿。他认为，ACE 发展至今已经二十余年，其从微观机理观测宏观现象的研究思路与新熊彼特主义非常契合，在新熊彼特理论及创新相关的研究领域有着广阔的应用前景与巨大的发展潜力。同时，相对于使用优化与局部均衡模型的主流经济学，ACE 优势主要体现为：第一，ACE 能够将微观个体的交互与宏观经济现象联系起来，从微观到宏观对经济系统进行分析与解释；第二，ACE 能够解决前者需要权衡模型准确性与理论需求的问题，并侧重于定性发展与模式形成；第三，ACE 还能够直观地反映政策决策变量对宏观经济体的影响。

广州大学傅元海教授具体分析了创新驱动机制中的政府与市场作用。他剖析了政府支持与市场化水平对不同类型科技创新活动的影响机理，揭示了政府与市场在实施创新驱动发展战略中的作用机制，并实证考察政府与市场主导的不同类型的科技创新对经济增长集约化水平的作用。他认为，政府支持有利于加快关键核心技术创新成果转化为实际生产技术进步，政府主导的关键核心技术创新有利于形成创新驱动；而市场主导的应用型技术创新有利于形成创新驱动。

二、技术创新优势与大国经济发展

技术创新是推动大国经济发展的重要路径。中国式典型的发展中大国，厘清大国的创新驱动动力机制，可以为经济新常态下中国经济的转型升级提供政策启示。

美国迪金森学院金邓建教授从西方兴起的角度分析了中国走向科技大国之路，并回答了李约瑟难题与钱学森问题。他结合他获得熊彼特奖的著作《知识大超越：西方科技兴起之新解》以及他正在撰写的专著《怀疑的立场：知识超越之理论》来探讨中国建立创新型国家的路径。他强调要真正成为创新型国家就必须培养一批既拥有最前沿知识又有怀疑立场与挑战精神的新型人才，并建立一个开放、平等与宽容的平台让这些人公平竞争，从而涌现出大批科学大师与乔布斯式创新巨人。

湖南师范大学欧阳峣教授从市场规模利益的视角分析了大国创新驱动战略。他认为大国经济发展的核心问题是获得市场规模利益，但市场规模利益可能导致大国经济悖论，既有可能成为发展的优势即促进技术进步，也有可能成为发展的"陷阱"，阻碍技术进步。市场规模利益的优势在于专业化效应引致的分工优势、成本节约效应引致的规模优势、知识溢出效应引致的集聚优势，而市场规模利益的劣势在于创新呆滞效应引致的技术劣势、产业守成效应引致的产业劣势、中等收入效应引致的价值劣势。

解决问题的根本途径就是实施创新驱动战略，推动经济转型升级。

湖南商学院生延超教授探讨了后发大国的技术创新领域及创新方式选择问题。他认为，对于后发大国而言，不能"一刀切"地采取统一的技术创新策略，一定要根据行业、市场结构和企业的技术能力实际情况进行指导，要将着眼点落脚在提升企业的技术能力层面，提升行业技术能力层面，尤其是要重点培育企业基础领域的创新能力，这是构筑国家竞争能力和行业技术能力的关键。另外，他还强调要科学地评价现有的知识产权保护制度，要根据后发大国的实际情况出台合理的知识产权保护制度；要科学地进行技术创新补贴，当企业的技术能力相对比较低时，我们应加大基础研究领域的补贴。

三、中国技术创新的微观动力机制

技术创新的发展是以企业和产品的微观创新为基础的。分析中国技术创新的微观动力机制，对于中国经济转型中的经济增长具有重要的理论和现实意义。

浙江理工大学张海洋教授对中国工业 TFP 的新产品动能变化进行了分析。他认为 TFP 的新产品动能变化由新产品的数量效应变化和效率变化组成，他在进行新产品 TFP 估算的基础上测量了 TFP 的新产品动能。他认为，中国新产品全要素生产率主要来自技术进步，技术效率的作用很小；中国工业 TFP 的增长主要来自技术进步而不是技术效率；中国工业老产品生产率高于新产品生产率，中国工业 TFP 主要依靠老产品驱动；技术效率和技术进步的提升也主要依靠老产品。

南京审计大学易先忠副教授分析了产品内分工、"内需—出口"关联与持续增长问题。他认为，产品内分工与"内需—出口"关联度呈现倒"U"形关系，产品内分工对"内需—出口"关联度的弱化效应只发生在高度依赖产品内分工的小国；产品内分工虽然有利于出口升级，但较弱的"内需—出口"关联弱化了产品内分工对出口升级的促进作用，并且脱离国内需求的出口升级并不能促进长期经济增长；只有在"内需—出口"关联度较高的条件下，融入全球产品内分工带动的出口扩张才能通过促进技术进步成为长期经济增长的驱动力。基于这些讨论，他指出本土需求仍然是一个国家（特别是大国）外贸发展的立足点，脱离本土需求而单纯追求"体外循环"式融入全球产品内分工并不能取得良好的发展绩效。通过中间品贸易改善本土供给能力，强化以"国内需求—本土供给—出口结构"关联为核心的"本土嵌入"，可能才是长期内对产品内分工的有效利用形式。

湖南师范大学袁礼博士探讨了创新步长、技术追赶与中国最优技术创新模式选择问题。自主创新和模仿创新是后发国家技术升级的两种主要方式，而前沿文献却较少关注两类创新转换的机制及最优技术创新模式选择问题。她在引入熊彼特质量阶梯模型演绎技术创新模式的内生选择机理的基础上，基于中国数据数值模拟两类创新步长与技术差距对技术创新模式选择的影响。她认为，研发企业依据技术创新的预期利润分配研发资源和选择技术创新模式，而创新利润受制于创新步长及创新的成功率，不同类型的创新步长对技术变迁路径的作用表现出非一致性，其中自主创新步长对创新增速具有水平效应和增长效应，而模仿创新步长仅存在水平效应，技术升级的关键在于自主创新。同时，并非提高创新步长就可以实现技术追赶，创新步长对技术升级往往表现出非线性"门槛"效应，只有跨越这个"门槛"值，才能破除低水平均衡的锁定而实现技术赶超。

中国经济学界的学术标杆*
——我眼中的《经济研究》杂志

欧阳峣

从在湖南大学攻读经济学博士学位的时候起,《经济研究》就成为我的良师益友。我几乎每期都到资料室阅读,而且似乎形成生物钟,一到发刊时就期盼《经济研究》杂志的出现;后来自己订了一份,阅读就更加方便了。在我眼里,《经济研究》是中国经济学界当之无愧的标杆。读《经济研究》不仅可以观察中国经济学研究前沿,而且有助于理解中国经济发展和改革的理论逻辑。

众所周知,一些好的学术期刊往往把目标放在探讨专业学术问题、追踪国际学术前沿上。《经济研究》在中国学术界具有崇高地位,在国际学术界也得到普遍认同,这主要是因为它善于把中国经济发展和改革中的重大现实问题上升为学术问题,致力于追求真理和学术价值,始终矗立在学术前沿。国内设置经济学院(系)的大学,往往将在《经济研究》上发表论文的数量视为衡量经济学学科水平的重要尺度,引进人才的时候也特别重视在《经济研究》上发表论文的教师;国家自然科学基金委特别认同《经济研究》杂志,面上项目和青年项目结题时若在《经济研究》上发表三篇论文便可评为优秀。我在牛津大学、斯坦福大学做高级研究学者的时候,一些华人经济学家也对《经济研究》杂志的规范化风格和学术质量赞不绝口。我想,如果中国的各种专业学术期刊都能像《经济研究》这样办刊,真正将追求学术价值和现实价值有机地统一起来,那么,中国学术界的国际地位将会有大幅度的提升。

我作为《经济研究》忠诚的读者和作者,感到这本刊物有两个鲜明的特点:第一,追寻中国经济发展和改革的逻辑,讲好中国故事。问题是创新的起点,理论创新只能从问题开始。那么,经济学研究应该选择什么样的问题呢?改革开放以来,中国经济增长令世人瞩目,赋予了它成为经济学的重要研究对象的资格。诺贝尔奖

---

* 本文原载于《经济学家茶座》2018年第4期。

得主米尔顿·弗里德曼曾说:"谁能成功地解释中国经济改革和发展,谁就能够获得诺贝尔奖。"长期以来,《经济研究》杂志将中国问题作为研究对象,试图讲好中国故事,运用经济学原理解释中国经济改革和发展中遇到的重大现实问题,将它提炼为学术理论问题,并提出相应的政策含义。最近,我翻阅了近三年的《经济研究》杂志,除几篇学术文献综述外,几乎每一篇论文都以中国经济发展和改革问题为研究对象,或者选择与中国相关的世界性问题,而且根据中国经济改革和发展的进程,形成了一些学术研究热点。第二,运用规范的概念和方法研究问题,传播中国声音。习近平总书记说:"我国哲学社会科学在国际上的声音还比较小,还处于有理说不出、说了传不开的境地。"为什么说了传不开,一个重要原因就是缺乏国际性的规范和语言,从而导致外国人听不懂。所以,"对现代社会科学积累的有益知识体系,运用的模型推演、数量分析等有效手段,我们也可以用,而且应该好好用"。从20世纪90年代开始,《经济研究》杂志就致力于用国际规范方法探讨中国问题,用国际规范语言讲好中国故事,从而在传播中国声音方面做出了积极贡献。他们先后邀请了有现代经济学素养的经济学家,如林毅夫、钱颖一、田国强等,著文介绍现代经济学研究规范和方法,并且率先实行匿名审稿制度,为论文的规范性和期刊的学术质量创设了制度保障。

我在中国人民大学读研究生的时候,学的是哲学专业,从攻读《资本论》课程中对经济学产生了浓厚的兴趣,开始从事经济学研究。当历史的年轮进入21世纪时,从张培刚先生关于"发展中大国应该成为发展经济学的重要研究对象"的命题受到启迪,以及新兴大国群体性崛起事件的触动,我牵头成立了大国经济研究课题组,集中精力研究发展中大国经济发展的特征和规律,试图从人口数量和国土面积两个初始条件出发,以规模和结构为逻辑起点,系统分析大国经济发展的典型特征、特殊机理和战略选择,致力于构建一个逻辑自洽的理论体系。《经济研究》杂志作为经济学研究的高端平台,为发表和推介我们的大国经济研究成果提供了良好的条件。

2014年,我们连续在《经济研究》发表两篇论文,对课题组是很大的鼓舞。根据"金砖国家"特别是中国持有巨额外汇储备的情况,采用静态和动态的Pearson、Spearman相关系数法证明新兴大国外汇储备波动具有协动性特点,进而发现这种协动性是国际冲击因子和新兴大国特征因子共同作用所致,通过协整分析将两因子内涵具体化,证明代表新兴大国特征因子的经济增长率、通货膨胀率、货币供应增长率、进出口总额增长率四变量及代表国际冲击因子的美元实际有效汇率、美国股票市场波动与储备增长率存在长期稳定关系。为此,我同汤凌霄教授等撰写了《金砖国家外汇储备波动的协动性及其影响因素》一文,其结论凸显出新兴大国加强外汇储备合作的战略意义，也可以为各国实施差异化国内政策提供依据。同时，根据大国拥有庞大的国内市场规模的情况，我们研究了国内市场规模促进出口产品结构多元化的机理，发现制度环境决定国内市场规模对出口产品结构的作用方向，当制度环境高于"门槛"值时，国内市场规模扩张促进出口结构的多元化；而当制度环境低于"门槛"值时，国内市场规模扩张则导致更加集中的出口产品结构。为此，我同易先忠副教授等撰写了《国内市场规模与出口产品结构多元化》一文，其结论凸显出法制环境、金融系统开放性和透明度、政府对投资领域的限制和对企业的管制效率是影响国内市场作用方向的关键制度维度，从而为我国改善制度环境提供依据。这两篇论文分别发表在《经济研究》2014年第1期和第6期，使课题组成员沉浸在成功的喜悦之中，激发了我们研究的热情和动力，对大国经济研究的未来和前景充满信心。

为了构建大国发展经济学的理论体系，我们长期致力于基础性问题和关键性问题的研究。前些年，有的学者对大国经济的研究主要停留在概念上的渲染，特别是混淆大国与强国的概念，甚至把一些经济繁荣的小国说成是大国，而我们的研究则具有明确的研究对象，界定研究对象的标准是人口数量和国土面积两个初始条件。为此，我们从两个自然特征出发推导出"大国效应"的存在以及存在的条件，发现土地面积与国家人均收入有正向关系，而人口规模与国家人均收入呈倒"U"形关系。在土地面积和其他条件给定的情况下，若一个人口规模适度偏大，该国人均收入将会高于小国；但是，若该国人口规模超出一定限度，该大国会因拥挤而丧失其优势；进一步的研究表明，市场交易成本、经济结构差异和国家之间的开放程度，都有可能显著地减弱和逆转大国效应。通过深入研究，我和李君华副教授撰写了《大国效应、交易成本和经济结构》一文，发表在《经济研究》2016年第10期上，该文对国家贫富进行一般均衡分析，用规范的方法从初始条件推演出"大国效应"的存在，并研究了"大国效应"存在的条件，在一定意义上为大国经济研究奠定了理论基础。

在大国经济研究中有一个需要解决的关键性问题，那就是国家规模如何影响经济发展优势？在1957年的国际经济协会海牙会议上，罗宾逊、库兹涅茨等经济学家提出了研究的两条思路：一条是大国的国内需求规模较大，经济外向依存度较低，有利于经济稳定发展；另一条是大国的技术市场需求较大，研究和开发的分摊成本较低，有利于形成技术创新优势。沿着这两条思路，我们进行了深入的研究。首先，以中国为例研究居民消费的规模效应，采用阈值协整模型对1955~2013年的数据进行实证检验，结果表明中国居民消费规模对经济增长的长期效应随居民消费率的变化而变化，这证明中国居民消费存在规模效应，且该效应在不同的消费规模下形成不同的作用机制，导致不同的影响效应。为此，我同付元海教授等撰写了《居民消费的规模效应及其演变机制》一文，发表在《经济研究》2016年第2期上，提出中国要实现经济增长方式由投入驱动向需求拉动转变，关键是要扩大居民消费相对规模，并通过供给侧改革使国内市场能够有效地满足居民消费需求。其次，以中国为例研究大国的创新优势，在讲述中国创新道路故事的基础上，提出一个理论分析框架，即用市场规模解释大国创新优势的形成，用后发追赶解释模仿创新的选择，用经济转型解释自主创新优势的培育。为此，我同汤凌霄教授撰写了《大国创新道路的经济学解析》一文，《经济研究》2017年第9期作为封面重点文章刊登，该文认为中国利用庞大的市场规模优势培育了模仿创新优势，而要实现经济转型升级，还需要实施基于内需优势的自主创新战略。

《经济研究》是展示学术成果的高端平台，偶尔也刊登经济学家撰写的书评，推介经济学人的学术成果。我们团队在这方面受益匪浅。如2011年第7期刊登了著名经济学家张卓元教授撰写的书评《大国经济的优势来源及其发展路径》，推介我的学术专著《大国综合优势》，这部著作是我的博士后出站报告，分别列入"当代经济学文库"和"经典中国国际出版工程"。张卓元教授认为该书在现代经济学研究框架下对大国经济发展的优势来源及其发展规律进行了独特而深入的研究，特别是构建了一套大国综合优势评价指标体系，从动态角度研究了大国综合优势在形成现实生产力、推进对外直接投资、产业结构升级和区域协调发展等方面的运用，提出了基于"大国综合优势"的经济发展模式，在理论创新和政策实践上有重要价值。2014年第6期刊登了发展经济学界前辈谭崇台教授撰写的书评《应该重视大国经济发展理论的研究》，推介了我主编的著作《大国经济发展理论》，这部著作是国家社科基金重大项目的最终成果，入选"国家哲学社会科学成果文库"。谭崇台教授认为该书遵循张培刚教授提出的重要命题，深入系统地探讨了大国经济发展理论，为大国经济发展思想做出了基础性、开拓性和系统化的工作；该书的突出特点就是重视学科基础理论的研究，通过界定大国概念、选择研究对象、概括典型特征和明确核心原理，形成了大国经济发展理论的雏形。这两位经济学家的褒扬和厚望，激励着我们在大国经济领域辛勤耕耘，不断深化大国经济理论的研究，执着于构建中国风格的经济学话语体系。

回顾过去，《经济研究》杂志为推动中国经济学发展做出了重要贡献；饮水思源，我们对《经济研究》杂志及其编辑们满怀感激之情。2014年，我从湖南商学院调动到湖南师范大学后，重新设立了大国经济研究中心，组建了一支开放式的研究团队。2017 年，我们顺利地获得了理论经济学一级学科博士点，吸收了一批优秀的中青年学者加盟。展望未来，我们仍然要做好《经济研究》的读者和作者，从经济学同行的高质量成果中吸吮甘露，并将自己最好的学术成果奉献给这个优秀期刊。伴随着《经济研究》杂志走进新时代的步伐，我们仿佛看到了中国经济学大放异彩的光明前景。

国家自然科学基金项目成果简介

一、研究计划执行情况概述

《基于规模优势的大国经济模型与实证研究》完全按照计划执行：2014 年，主要收集文献和撰写文献综述，进行大国规模优势的测度与典型化事实的刻画，撰写 7 篇学术论文；并到斯坦福大学进行学术交流；2015 年，主要研究国家规模的经济影响，构建大国增长模型，撰写学术论文 5 篇，并到喀山大学进行学术交流；2016 年，主要研究大国经济增长模型的实证检验与应用，提出大国经济发展战略，撰写学术论文 3 篇，并邀请哈佛大学教授德怀特·帕金斯来湖南师范大学进行学术交流；2017 年，主要开展整合成果的研究，探讨大国经济发展战略选择，撰写学术论文 3 篇，并到牛津大学进行学术交流，邀请奥格斯堡大学教授霍里斯·汉斯奇来湖南师范大学进行学术交流。

按照本项目的研究目标，分析大国规模优势的典型化事实和典型化特征，构建了测度发展中大国的评价指标体系；基于规模优势构建了大国经济模型，揭示了大国规模优势促进经济增长的特殊性机理；测度了规模优势在中国经济增长中的利用程度，分析了有效地发挥规模优势的制约因素；研究了发挥规模优势促进中国经济快速持续增长的战略思路，提出了相应的对策建议。

二、研究工作主要进展、结果和影响

主要研究内容有三个方面：一是规模优势的测度和大国典型化事实，包括国家规模影响经济增长优势的实证分析、大国经济的典型特征。二是基于规模优势的大国经济增长模型，包括实现要素供需均衡的大国经济模型、居民消费影响经济增长的阈值效应模型、国家规模影响技术创新优势的大国经济模型、国家规模影响公共产品供给的大国经济模型。三是国家规模影响经济增长的模型检验与应用，包括不同规模国家形成经济增长优势差异性的检验、居民消费规模影响经济增长效应的检验、"金砖国家"创新体系技术效率的检验、国内市场规模影响出口产品结构的检验、"金砖国家"外汇储备波动协动性的检验、大国公共产品供给优势的检验。

取得的主要研究进展、重要结果、关键数据及其科学意义或应用前景。

第一，揭示了发展中大国的基本特征及其影响力。在分析"发展"与"规模"双重特征的基础上，界定发展中大国的含义，并通过聚类分析遴选中国、印度、俄罗斯、巴西、墨西哥、印度尼西亚、巴基斯坦、尼日利亚、埃及、埃塞俄比亚、伊朗、南非、刚果（金）共13个发展中大国，并分析了它们的综合影响力、自然影响力、经济影响力、产业影响力、区域影响力，以及治理影响力水平。这个研究明确了大国经济和国家规模优势的具体研究对象。

第二，揭示了大国经济发展的特征及其层次性。认为大国经济的初始特征是人口众多和幅员辽阔，典型特征是市场需求的规模性与内生性、要素禀赋的异质性与适应性、经济结构的多元性与层次性、产业体系的完整性与独立性、区域经济的差异性与互补性、经济发展的稳定性与持续性，核心特征是规模特征、内源特征和多元特征。从初始特征到典型特征再到核心特征，可以层层深入地把握大国经济的特征。这是目前学术界对大国经济特征的最完善的把握，具有理论创新意义。

第三，揭示了居民消费的规模效应及其演变机制。从理论上分析了居民消费规模影响经济增长的机制，通过构建阈值模型进行检验，发现居民消费率大约高于0.539时，居民消费规模对经济增长的效应明显扩大；居民消费率下降不仅直接导致了最终消费比率下降，而且也导致居民消费规模对经济增长的贡献下降。这一研究说明居民消费规模是大国经济持续稳定增长的必要条件，对于通过扩大居民消费和充分发挥大国优势有重要意义。

第四，揭示了国家规模对出口产品结构的影响及其条件。分析了制度环境约束下国内市场规模对出口产品结构的作用机制，发现制度环境决定国内市场规模对出口产品结构的作用方向，当制度环境高于"门槛"值时，国内市场规模扩张促进出口产品结构的多元化；当制度环境低于"门槛"值时，国内市场规模扩张则导致更加集中的出口产品结构。这个研究对于促进市场导向的制度改革，以充分发挥国内市场规模的积极效应有重要意义。

第五，揭示了"金砖国家"创新体系技术效率及其改善路径。通过"金砖国家"与发达国家的比较，分析"金砖国家"创新资源配置以及管理水平较低的原因，提出了充分发挥大国规模优势，加大创新资源投入力度，合理配置各种创新资源，从而提高创新规模收益的路径。这个研究对于完善新兴大国创新机制,发挥大国规模优势有重要意义。

第六,揭示了大国公共产品供给优势及对经济增长的影响。通过分析大国公共产品优势的形成过程,发现它是经济持续增长的动力,对经济增长有重要影响,这种影响与人口规模相关:人口规模越大,经济增长速度就越快,而当征税成本越高或财政支出效率越低时,人口规模对经济增长的正向影响就越小。这个研究对于降低征税成本、提高财政支付效率,从而发挥大国公共产品供给优势的积极效应有重要作用。

第七,揭示了发展中大国的创新道路及其影响因素。通过讲述中国创新道路的故事,提出了一个逻辑自洽的理论分析框架,用市场规模理论解释大国创新优势的形成,用后发追赶理论解释创新优势的选择,用经济转型理论解释自主创新优势的培育。这个研究对于总结大国创新道路的经验,并在新的发展阶段推动自主创新和经济转型有重要意义。

第八,揭示了国家规模对经济增长优势的影响及机制。通过构建评价国家经济发展综合优势的指标体系,发现国家发展综合优势的形成与国家经济发展基础能力、人力资本、自然资源禀赋、技术能力等因素相关,其中的国家经济发展基础能力、资源要素禀赋对国家经济发展综合优势形成的贡献较大。这个研究对于发展中大国发挥资源优势、提高资源利用效率和提高人力资本质量有重要意义。

第九,初步构建了实现要素供需均衡的大国经济模型。从生产要素供需均衡的角度,构建了一个由生产资料厂商、消费品厂商和消费者所组成的三部门经济增长模型;分析了宏观均衡条件下经济规模对经济发展的影响,论证了经济规模在提升总产出、人均产出水平和实际工资水平方面的作用。这个研究对于刻画大国经济的运行机理、制定大国经济发展战略具有重要意义。

第十,揭示了大国经济发展型式及其演变规律。通过总结经济思想史上的研究成果,提出了以内需为主的大国经济发展型式,分析了中国改革开放以来选择的经济发展型式及其客观条件,揭示了实现基于内需的全球化战略的必然性。这个研究对于处理好经济开放与内需为主的关系,寻找大国内需优势与全球化红利的契合点有着重要意义。

三、研究人员分工和国内外学术交流

参加本项目研究的人员:欧阳峣教授、易先忠副教授、汤凌霄教授、陈琦教授、付元海教授、尹向飞副教授、李君华副教授、杜焱教授、刘雄副教授、李坚飞副教授、李玉双讲师、罗富政讲师、罗会华讲师和盛小芳博士生。主要是湖南师范大学大国经济研究中心的研究人员和特邀研究人员，建立了一种合作交流的机制。

在项目执行期间，举办了三次小型学术研讨会：2015年9月23日召开了"结构转换、市场整合和大国发展"学术论坛；2016年9月23日召开了"供需均衡、内外平衡和大国发展"学术论坛；2017年9月23日召开了"技术需求、创新优势和大国发展"学术论坛。每次学术论坛的会议综述，都先后在《经济学动态》杂志上刊登。欧阳峣教授近年来的重大学术活动有：2014年11月，应邀参加华中科技大学举办的中国发展经济学年会，做了题为《发展中大国的经济发展型式》的报告，全文刊登在《光明日报》名家光明讲坛栏目；2016年7月，应邀出席在加拿大蒙特利尔举办的国际熊彼特学会学术年会，做了题为《中国三种创新模式比较》的报告；2017年1~2月在牛津大学中国中心做高级研究学者，做了题为《中国式创新：追赶与超越》的报告，全文刊载于《光明日报》光明讲坛；在牛津大学期间，同瑞秋·墨菲教授、史蒂芬·不劳伯德里教授、德怀特·芭芭拉教授、凯尔·杰罗斯副教授等专家进行了学术交流。

同时，项目组先后邀请了哈佛大学教授德怀特·珀金斯、奥格斯堡大学教授霍利斯·汉思奇、埃默里大学教授查涛、迪金森学院教授邓金建、亚洲开发银行主任经济学家万广华、中国社会科学院研究员裴长洪、浙江大学教授黄先海、中山大学教授李仲飞、山东大学教授黄少安、上海财经大学教授孙宁等专家来校讲学，并就相关问题进行讨论交流。